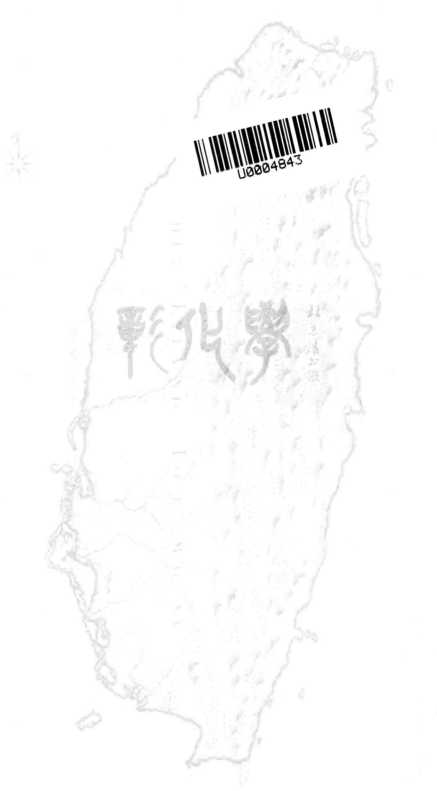

U0004843

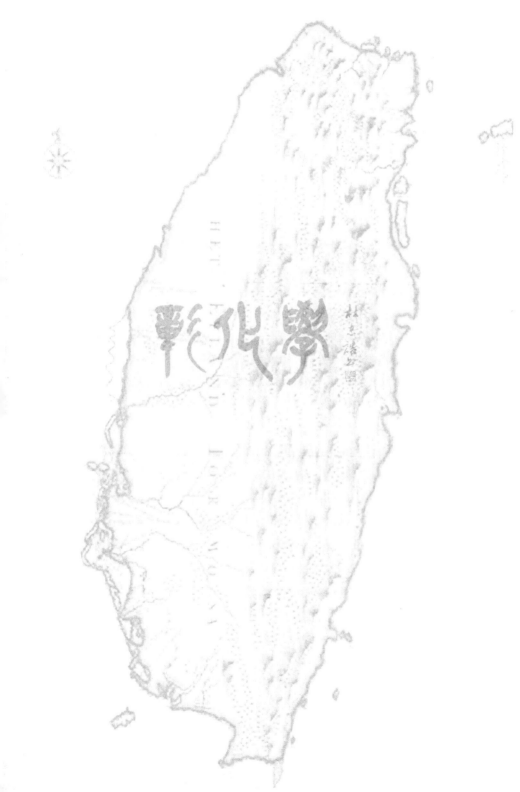

彰化學 041

彰化縣曲館與武館 V
【南彰化臨山篇】

林美容　編著

晨星出版

【叢書序】

啓動彰化學
——共同完成大夢想

林明德

　　二十多年來，臺灣主體意識逐漸抬頭，社區營造也蔚為趨勢。各縣市鄉鎮紛紛編纂史志，大家來寫村史則方興未艾。而有志之士更是積極投入研究，於是金門學、宜蘭學、澎湖學、苗栗學、臺中學、屏東學……，相繼推出，騰傳一時。

　　大致上說來，這些學術現象的形成過程，個人曾直接或間接參與，於其原委當有某種程度的了解，也引起相當深刻的反思。

　　一九九六年，我從服務二十五年的輔大退休，獲聘於彰化師大國文系。教學、研究之餘，仍然繼續臺灣民俗藝術的田調工作。一九九九年，個人接受彰化縣文化局的委託，進行為期一年的飲食文化調查研究，帶領四位研究生進出二十六個鄉鎮市，訪問二百三十多個飲食點，最後繳交《彰化縣飲食文化》（三十五萬字）的成果。

　　當時，我曾說過：往昔，有一府二鹿三艋舺的符碼；今天，飲食文化見證半線風華。這是先民的智慧結晶，也是彰化的珍貴資源之一。

　　彰化一帶，舊稱半線，是來自平埔族「半線社」之名。清雍正元年（1723），正式立縣；四年（1726）創建孔廟，先賢以「設學立教，以彰雅化」期許，並命名為「彰化縣」。在地理上，彰化位於臺灣中部，除東部邊緣少許山巒外，大部分屬於平原，濁水溪流過，土地肥沃，農業發達，有「臺灣第一穀倉」之美譽。三百年來，彰化族群多元，人

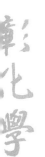

文薈萃，並且累積許多有形、無形的文化資產，其風華之多采多姿，與府城相比，恐怕毫不遜色。

二十五座古蹟群，各式各樣民居，既傳釋先民的營造智慧，也呈現了獨特的綜合藝術；戲曲彰化，多音交響，南管、北管、高甲戲、歌仔戲與布袋戲，傳唱斯土斯民的心聲與夢想；繁複的民間工藝，精緻的傳統家俱，在在流露令人欣羨的生活美學；而人傑地靈，文風鼎盛，舊、新文學引領風騷，成果斐然；至於潛藏民間的文學，既生動又多樣，還有待進一步的挖掘與整理。

這些元素是彰化的底蘊，它們共同型塑了「人文彰化」的圖像。

十二年，我親近彰化，探勘寶藏，逐漸發現其人文的豐饒多元。在因緣俱足之下，透過產官學合作的模式，正式推出「啟動彰化學」的構想。

基本上，啟動彰化學，是項多元的整合工程，大概包括五個面相：課程設計結合理論與實際，彰化師大國文系、台文所開設的鄉土教學專題、臺灣文化專題、田野調查、民間文學、彰化縣作家講座與文化列車等，是扎根也是開拓文化人口的基礎課程，此其一；為彰化學國際化作出宣示，二〇〇七彰化文學國際學術研討會聚集國內外學者五十多人，進行八場次二十六篇的論述，為彰化文學研究聚焦，也增加彰化學的國際能見度，此其二；彰化師大文學院立足彰化，於人文扎根、師資培育、在職進修與社會服務扮演相當重要角色，二〇〇七重點發展計畫以「彰化學」為主，包括：地理系〈中部地區地理環境空間分析〉、美術系〈彰化地區藝術與人文展演空間〉與國文系〈建置彰化詩學電子資料庫〉三個子題，橫向聯繫、思索交集，以整合彰化人文資源，並

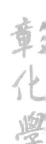

獲得校方的大力支持，此其三；文學院接受彰化縣文化局的委託，承辦二○○七彰化學研討會，我們將進行人力規劃，結合國內學者專家的經驗與智慧，全方位多領域的探索彰化內涵，再現人文彰化的風貌，爲文化創意產業提供一個思考的空間，此其四；爲了開拓彰化學，我們成立編委會，擬訂宗教、歷史、地理、生物、政治、社會、民俗、民間文學、古典文學、現代文學、傳統建築、傳統表演藝術、傳統手工藝與飲食文化等系列，敦請學者專家撰寫，其終極目標乃在挖掘彰化人文底蘊，累積人文資源，此其五。

彰化師大扎根半線三十六年，近年來，配合政策積極轉型爲綜合大學，努力參與社區總體營造，實踐校園家園化，締造優質的人文空間，經營境教，以發揮潛移默化的效果，並且開出產官學合作的契機，推出專案，互相奧援，善盡知識分子的責任，回饋社會。在白沙山莊，師生以「立卦山福慧雙修大師彰師大，依湖畔學思並重明德化德明。」互相勉勵。

從私立輔大退休，轉進國立彰師大，我的教授生涯經常被視爲逆向操作，於臺灣教育界屬於特例；五年後，又將再次退休。個人提出一個大夢想，期望結合眾多因緣，啓動彰化學，以深耕人文彰化。爲了有系統的累積其多元資源，精心設計多種系列，我們力邀學者專家分門別類、循序漸進推出彰化學叢書，預計每年十二冊，五年六十冊。並將這套叢書獻給彰化、臺灣與國際社會。

基本上，叢書的出版是產官學合作的最佳典範，也毋寧是臺灣學的嶄新里程碑。感謝彰化縣文化局、全興、頂新、帝寶等文教基金會與彰化師大張惠博校長的支持。專業出版社晨星的合作，在編輯、美編上，爲叢書塑造風格，能新人

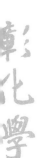

耳目；彰化人杜忠誥教授，親自題寫「彰化學」三字，名家出手爲叢書增色不少，在此一併感謝。

回想這套叢書的出版，從起心動念，因緣俱足，到逐步推出，其過程眞是不可思議。

「讓我們共同完成一個大夢想吧。」我除了心存感激外，只能如是說。

·林明德（1946～），臺灣高雄縣人。國立政治大學中文博士。曾任國立彰化師範大學國文學系教授兼副校長。現任中華民俗藝術基金會董事長。投入民俗藝術研究三十年，致力挖掘族群人文，整合民俗藝術，強調民俗是一切藝術的土壤。著有《台澎金馬地區區聯調查研究》（1994）、《文學典範的反思》（1996）、《彰化縣飲食文化》（2002）、《阮註定是搬戲的命》（2003）、《臺中飲食風華》（2006）、《斟酌雅俗》（2009）、《俗之美》（2010）、《戲海女神龍》（2011）。

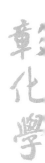

【推薦序】
一個挖掘族群人文的範例

林明德

　　我與林美容教授相識將近三十年，這個機緣非常特別。她出身南投，是知名的文化人類學家，長期推動臺灣文史與宗教研究；我來自高雄，專長中文學門，長期投入民俗藝術的研究與維護。我們交會的場合，或研討會或宗教經典的校釋……，最近一次，則是化理念爲行動，挺身搶救瀕臨拆廟——土城·齋教先天派「普安堂」的系列活動。

　　過程中讓我印象深刻的，莫過於一九九七年《彰化縣曲館與武館》上下兩冊的出版，在心中泛起肅穆又振奮的迴響了。她主編的這套書共二十八章約一百萬字，書型菊八開，由彰化縣立文化中心出版，既是出版界一大盛事，又是學術界的焦點，更爲區域研究提供路向。

　　其實，有關臺灣區域研究，基金會創辦人許常惠教授曾開風氣之先，在彰化推動一系列工作，例如：鹿港「國際南管音樂會議」（1981）、「彰化縣民俗曲藝田野調查」（1984）、「南管音樂曲譜蒐集與整理」（1984～1987）、「彰化南北管音樂戲曲館硬體之規劃」（1986）、「彰化縣古蹟簡介之編輯」（1987）、「彰化縣音樂發展史的調查研究」（1994）……，多年下來，累積相當厚實的資源。但較之於美容主持的區域專題調查與繳交的成績，我認爲她的表現是亮麗的，而且提供一個範例。

　　曲館是村庄居民業餘學習傳統曲藝（如：南管、北管、九甲、歌仔、布袋戲）的場所；武館則指學習傳統武術（如：太祖拳、白鶴拳）的地方。兩者均屬村庄的子弟組織，成員以男

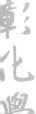

性爲主，在民間的迎神賽會與婚喪喜慶都可看到它們的身影，彰化縣的曲館與武館在中部四縣市首屈一指，很多地區的曲館都由彰化集樂軒與梨春園系統的戲曲先生傳授。美容曾指出它們在社會史上的意義是：一、可做爲探討村庄史的基石；二、透過師承與派別、組織與活動，可以了解村際關係與互動模式；三、藉著民俗曲藝活動，可以探討族群文化特色以及族群關係的歷史。

這項調查計畫工程浩大，自一九九〇年四月至一九九六年九月，期程超過六年之久，調查人員三十八位，組織規模相當龐大，至於物力也頗爲可觀。計畫分兩階段，前半段是運用中研院民族所支援的個人研究經費，與「王育德教授紀念研究獎」的補助，參與調查人員不計酬勞，個個熱心投入，後半段由彰化縣立文化中心支持，才有一定經費支付計畫的開銷。

值得一提的是，該計畫所有調查人員必須參加講習會與半天的田野實習，這是美容的一貫作風：嚴謹、實際，遵循學術原則。團隊總共調查了一八六個曲館、一九一個武館。參與這項文化工程彷彿經歷一次學術洗禮，因此誕生了多位專家學者，例如：陳龍廷、謝宗榮、李秀娥……等。

美容主其事，但她視之爲團隊的調查研究成果，也是學術團隊與彰化人共同書寫的地方社會之文化史紀錄。其學術胸襟於此可見。

二〇〇七年，我們啓動彰化學，擘劃彰化學叢書，康原與我拜會在地企業家，尋求奧援，由於因緣俱足，預計五年六十冊。並揭示：「往昔，一府二鹿三艋舺的符碼；今天，人文彰化見證半線風華」，作爲努力的目標。我們成立編輯委員會，依彰化人文底蘊，規劃幾個面向，同時展開邀稿。我本能想到美容主編的這套書。自出版以來一直成爲圖書館的典藏本，但

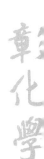

坊間未見流通，相當可惜。與她多次電話聯絡、當面說明後，她雖然同意，但瑣事纏身，無法積極參與。「沒關係，我會投入心神，幫忙處理。」我回應說，無非讓她安心，於是邀請博士生李建德來幫忙，他是位授符籙的道士，深諳臺語以及曲館、武館的語彙，我們在原有的基礎上，進行精校，以保存文獻資料的原始風貌。

原書分上下兩大冊，這次為了配合叢書書型，改為菊十六開五冊，成為叢書中的「套書」，包括：一、彰化與鹿港篇；二、北彰化濱海篇（伸港、線西、和美、福興、秀水）；三、北彰化臨山篇（花壇、大村、芬園、埔鹽、溪湖）；四、南彰化濱海篇（芳苑、大城、二林、竹塘、埤頭、溪州、田尾）；五、南彰化臨山篇（田中、北斗、員林、埔心、永靖、社頭、二水）。原書附錄圖像一二六張，新版增加二百多張，隨文配圖，更能彰顯實錄的內涵。

日治時代，日本專家學者投入臺灣族群、文化、民俗、語言與宗教的踏查與田調工作，成果斐然，例如：伊能嘉矩、國分直一、片岡巖、鈴木清一郎……等，他們的成績影響相當深遠。而美容另闢蹊徑，開出區域專題普查研究，挖掘族媛人文底蘊，見證彰化的文化風華，為文獻平添幾分光彩，毋寧也立下田野調查的範例。

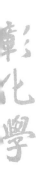

總論

林美容

曲館是村庄居民利用業餘時間學習傳統曲藝（例如南管、北管、九甲、歌仔、布袋戲）的地方，武館則是學習傳統武術（例如太祖拳、白鶴拳）的地方。從組織上來看，兩者都是村庄的子弟組織，成員大多爲男性。從活動上來看，兩者均與臺灣民間的迎神賽會與婚喪喜慶有關係。

曲館與武館深具社會史的意義：

（一）曲館與武館可做爲探討村庄史的切入點，除了村廟之外，曲館與武館亦是建立村庄史的重要基石；

（二）從曲館與武館的師承與派別、組織與活動，可以了解村際關係、村際互動的模式；

（三）由曲館與武館所展現的民俗曲藝活動，可以探討族群文化的特色以及族群關係的歷史（林美容 1992a：79-82）。

彰化縣的曲館與武館在中部四縣市（彰化縣、臺中縣、臺中市、南投縣）中可說是最多的。很多中部地區的曲館都由彰化集樂軒與梨春園系統的曲師傳授（林美容 1996）；很多武館的祖堂也都在彰化縣境內，例如埔心鄉瓦窯厝的勤習堂、永靖鄉陳厝厝的同義堂、員林鎮三塊厝的拔元堂，和員林鎮東山的義順堂等。所以，全面調查彰化縣的曲館與武館，有助於我們了解縣內傳統民俗藝團的發展與現況，了解此一重要的人文社會資源的分布，也可作爲思考縣內民俗藝術傳承與社區組織之關聯的基礎，更可廣泛的了解中部地區民俗藝術發展的脈絡。

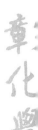

第一節　研究緣起

　　一九九○年四月開始，我在彰化媽祖的信仰圈內，展開曲館與武館的調查研究工作。所謂彰化媽祖信仰圈，是以彰化南瑤宮的主神媽祖之信仰爲中心，區域姓信徒的志願組織（林美容 1989），信仰圈主要爲參加南瑤宮十個媽祖會的會員所分布的地區，範圍大致涵蓋中部四縣市三百多個較靠內陸的村庄。在這個範圍內，我調查了現在仍有活動的曲館與武館，以及已經解散的曲館與武館。調查工作大致於一九九二年八月完成。這些曲館與武館的初步調查研究成果已撰成論文發表（林美容 1992a，1996），詳細的採訪紀錄也分六次發表於《臺灣文獻》（林美容 1992b，1992c，1993，1994a，1994b，1994c），調查報告實際是在一九九五年八月才全部出刊完畢。調查報告一共記錄了二○三個曲館，二一九個武館；其中九個曲館、五個武館是在彰化媽祖信仰圈之外。總計信仰圈內有一九四個曲館，二一四個武館，其中八○個曲館和一○五個武館業已解散，四個曲館存散狀況不詳，現存的尚有一一○個曲館、一○九個武館。

　　一九九四年三月五日我應彰化縣立文化中心之邀，參加彰化縣史蹟資料室的規劃座談會，楊素晴主任因爲看過我發表的南投縣和臺中縣的曲館與武館的調查報告（那時彰化縣的部分尚未發表），向我提起是否可以把彰化縣境內的信仰圈之外尚未調查的曲館與武館一起調查完竣，然後將整個彰化縣的曲館與武館的資料一併以專書出版。當時我未置可否，以爲工程浩大，因爲信仰圈內合計四百個左右的曲館與武館就耗去兩年多的調查時間，加上調查報告的整理、核對、以迄可出版的形式，前後也有五年的時間。而彰化縣內有大半以上的鄉鎮在信

仰圈外，如果要我再進行同樣的調查工作，實在力不從心。

　　一九九四年五月八日我應邀到縣立文化中心演講，楊主任正式提起做計畫的事，當場來聽演講的義工老師也有三人表示願意參加這個研究計畫，協助調查工作。我在盛情難卻之下也就義不容辭，決定主持這個計畫。是年，六月向文化中心提出計畫書，雖然到八月下旬才正式簽約，但實際上七月四日一位專任的助理開始來上班，整個計畫算是在七月四日就開始進行了。

第二節　調查經過

　　一九九四年八月十六日所有參加計畫的人員在彰化縣立文化中心舉行講習會，並有半天的田野實習。後來又陸續有一些人參加了此計畫的調查工作。雖然契約上調查計畫的時間是自一九九四年七月起至一九九六年二月止，只有兩年不到的時間，實際的調查工作迄一九九六年九月做完二林鎮的調查才真正結束。總計彰化縣立文化中心委託的調查計畫共調查了一八六個曲館，一九一個武館。以下將參加這個計畫的調查人員及各人負責調查的鄉鎮，簡列如下表：

　　・林美容（中研院民族所研究員，調查計畫主持人）
　　　　　　——負責芬園鄉之示範調查。
　　・王櫻芬（臺大音樂學研究所系主任，調查計畫協同主持人）
　　　　　　——負責芳苑鄉地區之調查。
　　・羅世明（輔大宗教研究所碩士，調查計畫專任研究助理）
　　　　　　——負責埔鹽鄉、竹塘鄉、溪州鄉、北斗鎮、埤頭鄉、二水鄉、田中鎮、社頭鄉、彰化市、大村鄉、花壇鄉、永靖鄉及田尾鄉一部分地區之調查。

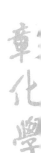

· 張慧筑（輔大應用美術系畢，調查計畫專任研究助理）
　　　——負責秀水鄉、福興鄉部分地區之調查及各鄉
　　鎮市之補查。
· 羅慧茹（政大中文系畢，調查計畫協同研究人員）
　　　——負責田中鎮、社頭鄉一部分地區之調查。
· 方美玲（藝術學院傳統藝術研究所研究生，調查計畫協同
　　研究人員）
　　　——負責溪湖鎮、福興鄉之調查。
· 劉乃瑟（國小老師，調查計畫協同研究人員）
　　　——負責線西鄉之調查。
· 楊嘉麟（國小老師，調查計畫協同研究人員）
　　　——負責秀水鄉部分地區之調查。
· 陳彥仲（臺大歷史系四年級，調查計畫協同研究人員）
　　　——共同負責和美鎮、伸港鄉之調查。
· 陳瓊琪（藝術學院傳統藝術研究所研究生，調查計畫協同
　　研究人員）
　　　——共同負責和美鎮、伸港鄉、大城鄉之調查。
· 李秀娥（臺大人類學研究碩士，調查計畫協同研究人員）
　　　——負責鹿港鎮之調查。
· 蔡振家（藝術學院傳統藝術研究所研究生，調查計畫協同
　　研究人員）
　　　——負責芳苑鄉、員林鎮一部分地區之調查。
· 黃幸華（美國伊利諾大學歷史音樂學碩士，調查計畫協同
　　研究人員）
　　　——共同負責大城鄉之調查。
· 林昌華（臺灣神學院碩士，新莊教會牧師，調查計畫協同
　　研究人員）

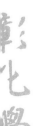
彰化學

———只負責二林鎮一部分地區之調查。

· 陳龍廷（法國巴黎高等實驗研究院宗教與人類學系博士候
選人，編纂計畫助理編輯）

———負責二林鎮大部分地區之調查。

除上述調查人員之外，尚有彰化媽祖信仰圈內曲館與
武館的調查工作，其中彰化縣的調查報告（林美容 1994a，
1994b，1994c），亦納入本書一起出版。茲將當時參與調查者
之名單，一併臚列於下：

· 林美容（中研院民族所研究員）

———調查和美鎮、芬園鄉、花壇鄉、大村鄉、員
林鎮、彰化市、永靖鄉、田尾鄉。

· 林淑鈴（東吳大學社會所碩士，民族所研究助理）

———調查和美鎮。

· 李秀娥（臺大人類學研究碩士，民族所研究助理）

———調查芬園鄉、大村鄉、員林鎮、社頭鄉、埔
心鄉。

· 周益民（中興大學行政系三年級，畢業後任本人研究助理）

———調查秀水鄉、芬園鄉、花壇鄉、溪湖鎮、員
林鎮、彰化市、永靖鄉、田尾鄉、溪州鄉。

· 江寶月（中興大學社工系四年級學生）

———調查彰化市。

· 王國田（中興大學社工系四年級學生）

———調查彰化市。

· 陳錦豐（中興大學社會系四年級學生）

———調查和美鎮、永靖鄉。

· 劉璧榛（中興大學社會系二年級學生）

———調查彰化市。

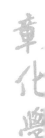

· 林雅芬（中興大學社會系學生）
　　　　——調查彰化市。

· 林淑芬（中興大學社會系一年級學生）
　　　　——調查芬園鄉、員林鎮、彰化市。

· 劉秀玲（中興大學社會系學生）
　　　　——調查芬園鄉、員林鎮。

· 張筆隆（中興大學行政系四年級學生）
　　　　——調查彰化市。

· 劉文銘（中興大學行政系三年級學生）
　　　　——調查彰化市。

· 鄭淑芬（中興大學行政系三年級學生）
　　　　——調查彰化市。

· 鄭淑儀（中興大學行政系三年級學生）
　　　　——調查秀水鄉、員林鎮。

· 許雅慧（中興大學行政系三年級學生）
　　　　——調查彰化市。

· 林玉娟（中興大學行政系三年級學生）
　　　　——調查彰化市。

· 陳儀妙（中興大學行政系三年級學生）
　　　　——調查員林鎮、彰化市。

· 劉安茹（中興大學行政系三年級學生）
　　　　——調查彰化市。

· 梁淑月（中興大學行政系三年級學生）
　　　　——調查花壇鄉。

· 邱詩晴（中興大學行政系三年級學生）
　　　　——調查彰化市、田尾鄉。

· 邱詩文（東吳大學政治系一年級學生）

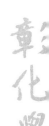

——調查和美鎮、彰化市、田尾鄉。

· 林昌華（臺灣神學院研究生）

——調查員林鎮。

· 張碩恩（臺灣神學院研究生）

——調查員林鎮。

· 梁恩萍（臺灣神學院社會教育系學生）

——調查員林鎮、彰化市。

· 徐雨村（臺大人類系學四年級生）

——調查員林鎮。

　　總計，前後兩階段參加彰化縣之曲館與武館的調查人員共三十八人。調查期間自一九九〇年四月起至一九九六年九月，前後共六年多。動員的時間、人力、物力均相當可觀，惟財力上卻是最節省的。研究經費的來源，前半段是用中研院民族所支援的個人研究經費，以及「王育德教授紀念研究獎」的少許補助，參與調查的學生幾乎是在無償的情況下工作，不像後半段因有彰化縣立文化中心之計畫的支持，而能有合理的工作酬勞。

第三節　撰寫與編排

　　所有的調查資料經初步整理之後，皆由我過目，修改文詞字句，再寄交有詳細住址的受訪者過目補正，但並非全部收到信函的受訪者皆會回函。以後半段的調查為例，迄一九九六年九月底為止，受訪者回函共收一一六封，其中有五十九封有修正意見。不過大部分的修正意見，只是人名或地名等錯別字的更正，對內容有大量修改意見的情形並不多。

　　除了根據回函補正之外，有些訪問初稿如果記錄不夠詳細，或彼此有矛盾的地方，或是覺得某些受訪者還可能提供更

多的詳情，我常常以電話訪問的方式，再進一步和受訪者交談，以核對、釐清與獲取更多的資料。我常常反覆的看稿，順中文、抓疑點、補資料，特別是前半段的調查資料，費心尤多。無論前半段或後半段的調查資料，因在本書編纂的階段有彰化縣立文化中心之編纂經費的支持，編輯方面得到更多的協助，可讀性必會更高。不過，此書總的文責還是我應擔負的。

因為所有的調查採訪都是以台語進行，訪問稿難免國台語交雜，文詞不順，我雖然盡量更正，但還是覺得不夠好。前半段的調查資料承蒙莊永明先生幫忙修改潤飾中文，後半段的調查資料，王月美小姐亦曾協助修改潤飾，謹此致謝。

成書階段，最後的編纂工作主要是由張慧筑小姐、陳龍廷先生、馬上雲小姐、朱益宇先生協助完成，其中張慧筑小姐統籌行政事務、電腦初步排版及圖片篩選，陳龍廷先生負責文字編輯及索引，馬上雲小姐負責體例之統整及核對，朱益宇先生負責繪圖。邱彥貴先生、游維真小姐、蔡米虹小姐、王月美小姐協助校對，江惠英小姐協助版面設計，亦一併致謝。

本書各章節順序的安排，除了總論與最後一章資料分析之外，各鄉鎮之曲館與武館的調查資料皆各自編成一章。整個順序的安排大致是將彰化縣分成兩部分，一部分是沿海地區，一部分是靠山地區，兩個地區內的鄉鎮再依由北而南，自西向東的順序排出。在地理位置之外，當然也考慮了曲館與武館之文化生態接近與否的因素，以定出這兩個地區的界線。

在這本書裡，我盡量提供讀者認識自己鄉土文化的多重角度。要認識一個地方的文化，除了由民俗藝術的角度，及曲藝的類別，如北管、南管、四平、南唱北打（九甲）、歌仔陣、車鼓陣等，以及武藝的類別，如獅陣、龍陣、宋江陣之外，我更重視曲館、武館的組織對當地村庄的生活意義，意即：他們

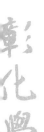

是如何凝聚庄人對土地的感情？如何團結家鄉年輕人的向心力？在田野調查的過程中，我常發現庄廟與曲館、武館或陣頭都是當地重要的標誌。譬如人們口中的「溝頭車鼓陣」，竟然是車鼓陣這樣的戲曲類別與當地地名緊緊相連，甚至至今仍被視爲溝頭那樣一個小庄頭的鮮明標幟。因此我們在曲館與武館名稱的安排上，以庄頭名稱爲主，而且盡量以地圖標明其地理位置，希望讀者更深切體會到民間盛行的曲館、武館是由那樣的土地才能自由地綻放出文化花朵。

這本書不只是單純的田野報告書而已，我更希望它可以帶動更多人投入撰寫自己家鄉之社會史與文化史的神聖工作。因此，這本書附有索引，重要人名、地名與曲藝種類，讀者可以很方便的查到民間著名拳師，如阿善師，在人們口述中的各種不同形象。期盼這本書的誕生是鄉土文化得以永續經營的踏腳石。

本書得以順利完成出刊，要感謝彰化縣立文化中心的支持，計畫諸工作同仁的盡心協助，以及參與本書各個階段之審查工作的呂錘寬教授、李殿魁教授、張炫文教授、徐麗紗教授、許常惠教授，他們的寶貴意見已被盡量採納。也要感謝臺灣省文獻會慨允將原在《臺灣文獻》連載的〈彰化媽祖信仰圈內的曲館與武館〉中有關彰化縣的部分，蒐羅在本書內，重新編輯出版。

總的來說，彰化縣的地方父老熱誠提供資料與接受訪問，他們在曲藝傳承上的努力、心得與回憶，是促成這本書的最大貢獻者。本書雖由我主其事而總括其名，但我視它爲團隊的調查研究成果，是我們這個學術團隊與彰化人共同書寫的地方社會的文化史紀錄。

寫於一九九七年六月

凡例

一、**年代**：一六八三～一八九四年，清朝統治臺灣階段，以
「清領時期」稱之；一八九五～一九四五年以「日
治時期」、「日治時代」或「日本時代」稱之；
一九四五年以後，逕以西元紀年。凡清領時期、日
治時期之年號（如清道光、日治昭和等），皆加附
西元紀年，如大正二年（1913）。

二、**慶典**：因書中多有與傳統社會宗教信仰、民俗活動相關之
資料，皆依農曆，相關慶典日期，如三月廿三「媽
祖生」，皆略去「夏曆」、「農曆」二字。

三、**稱謂**：正文所列之人名，皆省略「先生」、「女士」稱
謂，於文末放置採訪資料。每篇曲館或武館的訪問
資料中，首次提及之人物，盡可能表示其本名，若
有別名、外號，則於人物本名的（）補述，如楊坤
火（「火師」）。為方便閱讀，在訪問資料中，
凡遇以外號稱呼人物時，一律加「」，如「臭獻
先」。

四、**行文**：為方便閱讀，本文盡可能將採訪時的口語改為書面
用語，如「做土水」改為「泥水匠」，「牽電火」
改作「水電工」等。至於曲館、武館之專業用語，
則以「」方式保留原貌，並在其後以（）方式夾註
說明，如「點斷」（各時辰血流之過程）等。

五、**刪改**：由於受訪者所提供之資料，未必符合真實情況，故
使用（）方式夾註採訪者之按語。至若受訪者誤受
神魔小說影響，提供錯誤資料：如竹塘崁頭厝□樂
軒的受訪者，受《封神榜》影響，將「通天教主」

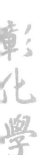

納入道教三清道祖之列，並稱其「較邪」，則直接刪除，不另說明。或有鼓勵以法術害人、怪力亂神現象之虞，如埤頭公頭仔振興館、牛稠仔振興館、新庄仔館魁軒，載有以符法打賭、害人之事，則保留其事，以資警惕。

六、館名：各鄉鎮之曲館或武館名稱，以聚落名、館號、技藝類別之順序標示。如鹿港之「北頭郭厝遏雲齋（南管）」，即是「北頭郭厝」（聚落名）、「遏雲齋」（館號）、南管（技藝類別）。至於非屬村庄性質之曲館與武館，皆列名於各鄉鎮資料之末，並於標題前方以＊註明。

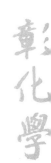

【目錄】contents

第七章　二水鄉的曲館與武館 ··········· 322

第一章　田中鎮的曲館與武館

　　田中鎮位於彰化縣東南部，東倚八卦台地，西南部屬濁水溪沖積扇，中間為彰化隆起海岸平原。本地原為洪雅（Hoanya）平埔族之大武郡社，清領雍正年間（1723～1735）屬彰化縣武東堡、東螺堡，日治大正九年（1920）始改名田中庄。地名由來，係因居民在水田之中築屋建村，故有此名。

　　目前所知，田中鎮曾有十六個曲館，其中包括十個北管館閣、一個大鼓陣、一個南管九甲館、一個八音團（兼大鼓陣）、二個國樂社。此外，還有一個由歌仔戲演員發起的北管樂團，但未正式設館。

　　十個北管館閣中，有九館源自社頭鄉的三個古老曲館，其中，又以社頭鄉石頭公同樂軒的影響最鉅。社頭石頭公的「尤先」來平和里帝爺廟（又稱太平）的合和軒教曲，該館的陳金龍、陳金榜、謝金榜等師兄弟學成後，又到本鎮大紅毛社和樂軒、田中仔集和軒、舊街仔集和軒、崁頂集興軒授藝。此外，本鎮王爺廟（普興庄東興里）的新和軒雖成立於清領時期，請過數位「先生」，但戰後也是請陳金龍的師兄弟們來教。

　　除了石頭公同樂軒之外，社頭鄉另外二個老曲館的成員也分別來此教曲，其中，社頭鄉舊社和樂軒的盧金長，任教於本鎮排仔路頭的永樂軒，而社頭鄉崙仔蕭梧桐（雅樂軒成員）則

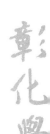

任教於本鎮新庄仔新樂軒及崁頂集興軒。此外，社頭鄉張厝庄的朱俊成遷入本鎮梅州庄仔後，在玉成軒開館，但只教了四個月，就解散了（有關玉成軒的歷史，另一受訪者表示，是由布袋戲後場的葉發創始並教曲，在時間、年代上，與前說有相當大的出入，有待進一步查證）。

本鎮唯一與社頭無明顯師承關係的館閣，是內灣的成樂軒，其「先生」有黃串（黃阿串）、陳慶田二位，但不知出身何館。據其他鄉鎮的資料顯示，黃氏應是大村鄉犁頭厝義樂軒的成員。此外，由歌仔戲演員發起的北管樂團位於同安寮，是本鎮少數泉州移民後裔居住的村庄。

本鎮南管系統的曲館有二，一個是普興的錦興珠南管八音藝術團，一個是外三塊厝的玉順軒。其中，錦興珠的師承也像前述北管曲館一樣，源自社頭鄉張厝庄的錦明珠南管九甲館。錦興珠在成立之初，學九甲仔，曾上棚演出，二年後解散，後來便重組為八音團（大八音）和大鼓陣二陣，目前二陣合為一團。至於玉順軒原來學的是四平，「散館」後，於一九五八年左右，又請「先生」來教南管，但只教了幾年，就又解散了。

綜上所述，可見幾乎田中鎮所有的北管館閣，皆與社頭鄉的曲館有師承關係，其中又以社頭鄉石頭公同樂軒的影響範圍最大，而本鎮的南管八音團（原是九甲館）也師承社頭鄉的九甲曲館，因此，社頭鄉可說是田中鎮南北管曲館的主要源頭。至於本鎮的二個國樂社（大崙社區國樂社及崁頂頂潭國樂社），則是近幾年的新興團體，分別成立於一九九一年及一九九二年。

田中鎮已知的武館有十八個，現存五個，解散十三個。這些武館中，以振興館系統聲勢最大，共九館，包括至今尚存的埔頭仔振興館和同安寮振興社，以及已解散的帝爺廟振興

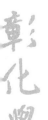

館、卓乃潭振興館、王爺廟振興館、田中仔振興館、新庄仔振興館、內灣振興館、舊街仔振興社等七館。其中，教武的師傅來自田尾的陳松，武功很好，曾在各地教過許多武館。田中鎮的埔頭仔、田中仔、同安寮等地的振興館，皆由陳氏傳授。其他的武師則有陳仁成（教新庄仔、內灣、王爺廟等振興館）、蕭傑（來自社頭舊社振興館，教帝爺廟振興館）、楊桐生（教卓乃潭振興館）、「阿貓師」（來自同安寮，教舊街仔振興社）。

同義堂在本鎮的聲勢也很大，常與振興館激烈「拚館」，館號「和義堂」則與同義堂同一淵源。田中鎮屬於同義堂系統的武館，有已解散的四塊厝同義堂、普興同義堂、外三厝和義堂、梅州庄仔武館；傳同義堂獅套的，有目前仍活躍的崁頂義英堂和榕樹下中興金獅陣。另有十多年前解散的紅公宅同興堂，最早是由集英堂系統的「蕃薯師」傳武，戰後也請二水海豐寮同義堂師傅來教過。因此，與同義堂系統相關的武館，共有七個。

在本鎮同義堂系統傳館，值得一提的武師也不少，如在崁頂義英館傳獅套的劉守東（來自社頭鄉枋橋頭同義堂）及武功精絕的老師傅蕭安宅。義英館以舊布家槌聞名。本鎮集英館出過蕭家再、江榜等武師，也從外地請師傅教行功拳（澎湖黃福榮所教）及硬拳（竹山同義堂師傅羅子龍所教）。其他各館亦多從外地請師傅傳授武藝，如社頭「阿乾師」、永靖「子明師」及「六經師」父子、花壇「蕃薯師」等。

振興館系統的陳松所教的獅套是「三角馬」，獅頭向三面耍弄，同義堂（和義堂）是用「四平馬」，獅頭上下舞動。這是二大系統在拳式（同義堂著重硬拳）不同之外，又一相異之處。

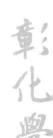

　　不屬於二大系統的武館只有二個，其中，四塊厝武耀館現在仍有出陣，除了本鎮，武耀館館號也見於田尾新厝仔、社頭邱厝及溪湖巫厝庄等地。另一個武館是田中鎮義消金龍隊，目前已解散；他們先前與溪州義消金龍隊常互相支援，後來又將龍贈與溪州義消，助其成立龍陣。

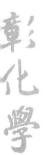

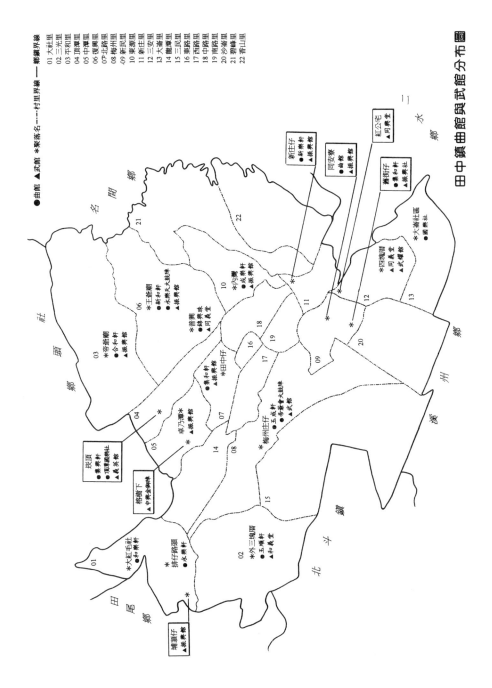

田中鎮曲館與武館分布圖

●曲館 ▲武館 ＊聚落名 ……村里界線 ─鄉鎮界線

01 大社里
02 三光里
03 平和里
04 頂潭里
05 中潭里
06 復興里
07 北路里
08 梅州里
09 東源里
10 東新里
11 新庄里
12 三安里
13 大崙里
14 體潭里
15 三民里
16 東路里
17 西路里
18 中路里
19 南路里
20 沙崙里
21 碧峰里
22 香山里

新庄仔
＊新樂軒
▲振興館

同安寮
●曲館
▲振興館

紅公宅
●同樂宅

舊街仔
＊景和軒
●振興社

大崙社區
●國樂社

四塊厝
＊同樂居
●武樂軒
▲武爛館

王爺廟
＊新和軒
●永成天人帖埠
▲振興堂

內灣
＊成樂軒
●振興館

06

10

11

12

13

03

＊帝爺廟
●合和軒
▲振興館

曹興
●錦興味
▲同義堂

18

16
17
19

20

09

22

21

＊田中仔
●景興軒
▲振興館

07

卓乃潭＊
▲振興館

05

04

14

08

坎頂
●景興軒
●雨果義興社
▲義英館

榕樹下
▲中果金姝㑇

梅州庄仔
＊五成軒
●帝爺會大帖埠
▲武館

15

01

大紅毛社＊
●和樂軒

拜仔路頭
＊永樂軒

02

外三塊厝＊
●五興軒
▲和義堂

埔頭仔
▲振興館

田尾鄉

名間鄉

社頭鄉

二水鄉

濁水溪

北斗鎮

大紅毛社和樂軒（北管）

大紅毛社屬大社里，有四鄰，八十多戶，五百多人，整個大社里共十鄰，二百多戶，一千五百人左右，主要姓氏為祖籍福建漳州府平和縣的陳姓。據受訪者陳文鳳表示，大紅毛社的陳姓人家，都是從外三塊厝遷來的。庄廟世芳宮，主祀「林媽」，這尊神明的來歷，據說清領嘉慶年間（1796～1820），有人從水溝中撈出一塊神主牌位，並加以供奉，發生顯靈的事蹟，庄人就建了一間小草寮，因而產生「林媽廟」，一九六〇年左右才重建為今日的廟貌。

和樂軒創立於日治時期，學習北管，由蕭紀發起，召集一群人共同學曲，請田中鎮太平里（現屬平和里）的陳金榜（若健在，約一百一十多歲）來教，當時教了二館，一館一百天。之後，本館成員就向館裡已學過不同樂器的人請教，不斷地練習，但學習的人就漸漸流失了，再加上老一輩的成員相繼去世，和樂軒沒辦法維持。時至今日，只剩下陳文鳳仍健在。嚴格來說，和樂軒在「先生」只教二館後就解散了。

「先生」陳金榜曾經到田尾小紅毛社和社頭鄉里仁村教過，在本庄教過的劇目有《放關》與《走三關》。本館真正學習北管的時間不長，成員都是靠自己事後的練習，每逢附近庄頭「好歹事」來邀請，本館就會出陣。若其他庄頭缺人手，來邀請本館幫忙，有時也會和崁頂大鼓吹互調人手。每次出陣前，多半是由學過的成員湊人數。此外，陳文鳳曾被邀請擔任布袋戲後場，只要有人邀請，就會前去。但自從被請到宜蘭演出之後，因為太累，就不再外出演出。

—— 1994年10月24日訪問陳文鳳先生（76歲，成員），羅慧茹

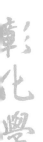
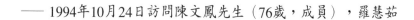

採訪記錄。

排仔路頭永樂軒（北管）

　　排仔路頭屬大社里，原本為外三塊厝的一部分。大社里共有三庄，即排仔路頭、大路店仔、大紅毛社。排仔路頭有三鄰，六十七戶，三百多人，主要姓氏為祖籍福建漳州府平和縣的陳姓。庄廟鎮南宮，主祀輔順將軍，建於一九八六年，未建廟之前，神明供奉在爐主家，例祭日為九月十四日。

　　永樂軒創立於一九四九年，由館主鄧卿召集，並在鄧氏祖厝學習北管。目前仍剩下五、六名成員，都是六、七十歲的老人，越來越不容易維持。

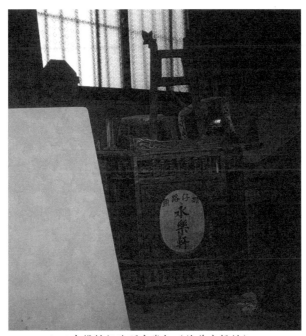

▲ 田中鎮排仔路頭永樂軒（林美容提供）。

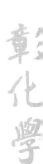

永樂軒的「先生」是社頭鄉舊社村的盧金長（若健在，約八、九十歲），曾到永靖鄉竹子腳教過，對於北管的樂器非常專精，也會唱曲。本館所學的劇目有《王寶釧回窯》等。

永樂軒最盛時，人數有二十一人，無論「好歹事」或廟會，只要有人邀請，就會出陣，以前酬金為一百元上下，現在大概三、四千元，有時由五個人組成，也收取四千元。永樂軒沒有設置「公金」。酬勞都由成員平分。

永樂軒成立以來，未曾「拚館」，這是因戰後學習北管的人數驟減，其他庄頭也不熱衷，再加上西樂的流行，傳統樂曲不受重視。在鄧氏小時候，「拚館」的風氣極盛，尤其是豐原和員林，鄧氏記得員林公園現址，曾有南北管分開排場，並開始「拚館」，觀眾覺得很過癮。

—— 1994年10月24日訪問鄧卿先生（76歲，現任館主），羅慧茹採訪記錄。

埔頭仔振興館（獅陣）

埔頭仔又名牛埔頭，原屬外三塊厝，後來區域重新劃分，又稱埔頭仔，和新厝合為三光里。三光里共有九鄰，二百五十多戶，一千五百多人，埔頭仔有二鄰，七十八戶，三百多人。主要姓氏和現在的外三塊厝同屬祖籍福建漳州府平和縣的陳姓。庄廟是外三塊厝的參天宮，由三民、三光二里共組管理委員會，董理廟務。每年三月三日玄天上帝聖誕，參天宮還會到松柏坑「刈香」。

日治時期新厝地主較多，這些地主有好幾十甲地，埔頭仔的居民就向他們租田，每年以米代替租金繳納。戰後實施

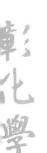

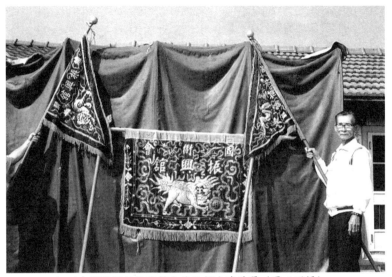

▲ 田中鎮埔頭仔振興館大旗及館主陳漢嚴（羅世明攝）。

三七五減租，新厝地主的土地逐漸成為埔頭仔的佃農所有，埔頭仔的居民多成為自耕農。本庄居民多半務農，農閒之時，子弟們喜歡學一些武術，也可出陣。而埔頭仔因沒有曲館，就請田尾鄉饒平村的大鼓陣來「鬥鬧熱」。相對的，新厝則沒有自己的獅陣或曲館。

　　振興館設立於日治時期，曾一度停止，戰後重組，一直延續至今。振興館和振興社同一祖師，只是後來的弟子各自收徒，分成不同館名。埔頭仔振興館現在只剩下七、八人，都是七、八十歲的老人，每次出陣，為了湊人數，就會找些曾學武的人負責獅頭、獅尾，通常每次出陣，人數約十五、六人。

　　戰後，振興館曾請田尾鄉福田村振興館的師傅陳松（若健在，約一百歲左右）來指導。陳氏有很深的內功，最獨到的功夫是「吹針」，所吹的針可以刺進樹幹，還能夠站著不動，

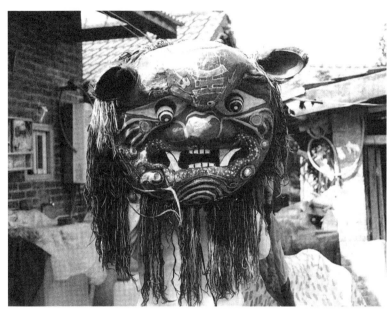

▲ 田中鎮埔頭仔振興館獅頭（羅世明攝）。

讓人搥打胸部，絲毫沒有受傷。陳氏所教的獅套，屬「二角馬」，獅頭向三面要弄，和「四平馬」的獅頭上下舞動不同。陳氏教的武術很多，包括猴拳等硬拳。陳氏武藝高強，教過竹山、水里、埔里、田中的舊街仔、同安寮等地。陳氏也懂得一些藥理，其子目前在田尾經營接骨所。

　　日治時期曾不允許私藏金屬物品，當時埔頭仔振興館的「傢俬」都被沒收，戰後也沒有再添購，故本館以徒手空拳出陣，以前曾練過「獅鬼仔」，但後來也不練了。

　　振興館獅陣的經費由成員出錢，並收取出陣酬金。師傅平時義務傳授，本館會由出陣時賺取的酬金中，撥取部分，買禮物送給師傅，作為答謝。振興館以前每年三月二十三日「媽祖生」，會跟著田中乾德宮到彰化南瑤宮「刈香」。早期「拚

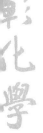

館」風氣很盛，本館也曾參加。此外，受訪者陳漢嚴表示，打算於一九九五年開辦社區活動，可能會邀集老人家們，並嘗試組成大鼓陣。

—— 1994年10月15日訪問陳漢嚴先生（78歲，現任里長），羅慧茹採訪記錄。

帝爺廟合和軒（班）（北管）

〈訪問周清發先生部分〉

　　太平即現在的平和里，又稱帝爺廟，係因庄廟順天宮主祀玄天上帝之故。平和里包括原太和、平和二里，共二十鄰，四百四十三戶，二千五百九十六人，主要姓氏有陳、蕭和周姓，以陳姓最多。村民祖籍有福建泉州府、漳州府漳浦縣及南靖縣等處。據說南投縣松柏坑受天宮供奉的玄天上帝是由本庄「分靈」。順天宮祭祀日為每年三月三日，當天會有來自全臺的三十幾間廟宇進香團前來參拜，非常熱鬧。

　　順天宮的現址，原為一座王爺廟，因位居蛇穴，王爺無法發揮神力，遂讓渡給玄天上帝，王爺公遷移到復興里的保安宮。順天宮於一九七〇年左右重建，當時為了向後方遷移，就把廟後一棵幾百年的相思樹連根拔起，樹根竟盤結在一起，有龜根、蛇根，樹根相當堅硬。庄人把這些樹根剪開，照著樹根的形狀雕刻，栩栩如生。

　　帝爺廟合和軒成立於日治大正年間（1912～1925），日治末期一度暫停。戰後，在蕭坤造任里長時，重新組織北管，直到一九五〇年左右才解散。

　　合和軒最早請來的「北管先生」是社頭鄉石頭公的「洪尤

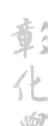

先」（若健在，約一百多歲），後來才由本庄的陳金龍、謝金榜師兄弟（陳金龍胞弟陳金榜也是「北管先生」，比謝金榜年長約十餘歲。若健在，陳金龍約九十三歲，謝氏約八十餘歲）學成來教。陳氏師兄弟並未就學，但唱曲、樂器樣樣精通，每次擔任布袋戲後場或排場時，表演都很出色，當時還曾在內灣派出所前「拚館」，受到觀眾稱讚。

陳金龍教過田中鎮崁頂、東興、溪洲鄉下壩庄、社頭鄉埤斗、邱厝等地，謝金榜則教過南投縣名間鄉鹿崛（鹿鳴）、田中鎮大紅毛社等地。當時，擔任後場的「朗仔」、蕭金獅二人（若健在，皆一百多歲）的吹都很厲害，其他的樂器也很在行。

〈訪問蕭坤造先生部分〉

本庄順天宮起初奉祀王爺，後來改祀玄天上帝，有人訛傳原本的王爺已遷至復興里保安宮，並不正確。保安宮的王爺另有來源，順天宮原本的二尊王爺，現仍奉祀於順天宮內。

合和軒的「先生」教了好幾年，但並未連續教，尤其是陳金龍、謝金榜到外庄教曲時，偶而住在外庄，庄裡就暫時沒有授藝。

日治時期，在合和軒學北管的人，必須自己出錢請「先生」來教，戰後要學的人則免費。本館練習的地方在店邊或廟前，通常有十五、六人左右，只在庄人「好歹事」時義務出陣；廟會時，偶而會在廟前排場。本館當時學過的劇目很多，蕭氏記得包括《彩樓配》，是搬演王寶釧拋繡球的故事。

—— 1994年11月13日訪問周清發先生（87歲，成員）、蕭坤造先生（80歲，成員），羅慧茹採訪記錄。

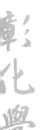

帝爺廟振興館

　　帝爺廟振興館成立於戰後，只學幾個月就解散了，當初是請社頭鄉舊社的師傅蕭傑（若健在，約一百多歲）來教。由於學武的時間很短，成員又嫌工作之後打拳太累，解散後也就沒再繼續練習了。

── 1994年11月13日訪問蕭坤造先生（80歲，曾任里長），羅慧茹採訪記錄。

崁頂集興軒（北管）

　　崁頂集興軒在日治時期即已成立，當時是由庄廟晉天宮發起，練習地點設在廟內，由平和里人「金龍先」（陳金龍，若

▼ 田中鎮崁頂集樂軒舊鼓座（羅世明攝）。

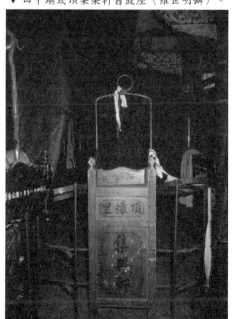

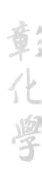

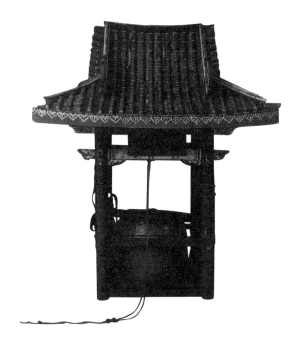

▲ 田中鎮崁頂晉天宮大鼓吹陣鼓亭（太子樓）（羅世明攝）。

健在，現約八十多歲）來教，陳氏來崁頂教了約四、五館的時間，「先生」並非每天來教，而是有空才來本庄。集興軒會計算日數，再核算該給多少酬勞。酬勞以米代金，一館約一千多斤稻穀的花費。「金龍先」起初教扮仙戲《三仙會》，還教過【鬥鵪鶉】、【一江風】、【下小樓】等曲牌。此外，「金龍先」曾到田中鎮平和里、復興里及溪州鄉圳寮、下壩、大庄等地教過。

受訪者蕭木泉是集興軒目前僅剩的吹手，也是田中鎮目前最厲害的吹，可與二水鄉的董仁朝並稱。蕭氏小時候利用下雨天或到田裡較少人的地方練習，以免吵到別人，二十歲時，就常被邀請，在迎娶隊伍前吹嗩仔，還曾跟一位從永靖搬到庄裡的曾德鑑（若健在，約七十三、四歲）學吹，那時，蕭氏常到

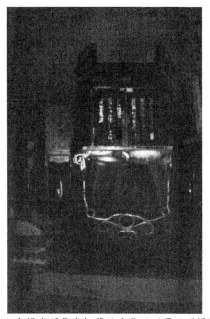

▲ 田中鎮崁頂集樂軒舊鼓座背面（羅世明攝）。

曾家。曾氏會演布袋戲及歌仔戲，家中有吹，若蕭氏沒事便拿來吹，曾氏教了很多，後來，還帶蕭氏擔任「蕭仔波」布袋戲團後場的二手。蕭氏表示，吹嗩吶必須用鼻吸氣，吸氣短促快速、小口入氣，用臉頰力量將空氣擠入嗩吶內，才能夠存氣，若不能存氣便無法學吹。蕭氏對俗諺「年吹、月品、萬世弦」並不服氣，認為學吹必須要有天賦，並非純然為努力是否足夠的問題。蕭氏和二水的曲館也有「交陪」，在二水震樂軒巡迴全國期間，館主藍沛林多次邀蕭氏加入演奏，蕭氏曾隨團到臺北公演二次，也在高雄、彰化文化中心各演出一次。

　　集興軒以前約有十六、七人，現在成員多半已過世，只剩八位成員繼續出陣，要角包括蕭木泉（吹）、紀登科、蕭順庭（弦）、蕭添隆（鑼鼓）、蕭興賢（唱曲），這些人現年多

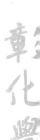

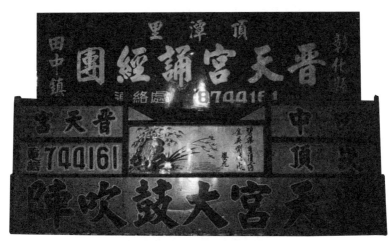

▲ 田中鎮崁頂晉天宮大鼓吹陣招牌（羅世明攝）。

為六十多歲。三年前，蕭木泉為了傳承曲館，曾請「金龍先」在南投鹿谷的「頭叫師仔」陳輝煌來教，曲簿都由蕭氏免費供應，結果，幾個年輕人學了不久，就紛紛離去，只剩下一位，但最後也告放棄，總共只開了一個月的課。

蕭氏學了龍華派誦經團後，集興軒又有新的變化，可分為二部分，一個是原有的子弟戲及大鼓陣，另一個則以原有北管子弟戲為底，配合龍華派曲調，組成誦經團。子弟戲目前已很少出陣，大多以晉天宮大鼓陣名義出陣，因現在邀請北管演奏的人，多半不願意花大錢，而子弟戲現在最多能出九人，相較於大鼓陣每次三、四人，顯然要花較多錢，故鮮有人邀請，遂將人手拆成二個大鼓陣，較為實際。另外，誦經團每次出團需八人，原有曲館成員負責鑼鼓、吹（或以電子琴代替）、三弦，另外五人誦經，晉天宮誦經團現有二十多人，包括許多女性團員。

晉天宮大鼓陣和誦經團都已變成職業性質，「好歹事」、

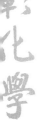

迎神都可以邀請出陣，若庄人邀請，純爲義務性質；若庄外邀請，每出一人則需九百元。不過，若是喜事，不能吹【五馬調】，因爲該曲聽起來較悲哀，不適合歡樂氣氛。每次出陣的酬勞中，會抽出一部分作爲「公金」，。

此外，集興軒有一個舊式典雅的鼓座，還花了三、四萬元，仿效員林雷震天製作二座太子樓鼓車，可以推著走，節省人力，同時也顯得美觀隆重。

—— 1994年10月12日訪問蕭木泉先生（65歲，館主），羅慧茹、羅世明採訪，羅世明整理記錄。

崁頂頂潭國樂社（北管）

頂潭國樂社約成立於一九九一年，在頂潭里活動中心練習，由北斗人邱燈賜免費傳授，甫成立時的社長是蕭家再，現在則由謝振雄擔任，副社長謝萬福、總幹事蕭選木，成員約四、五十人，原本有三十多人，一年多前，又加入約十位新人，每逢六月二十四日西秦王爺聖誕，或「先生」邱燈賜的村庄有喪事，都會前往北斗鎮演奏，所得的酬金皆充作「公金」。

邱燈賜十多歲開始學習北管，因家境富裕，故能全額供給學費。邱氏會上棚並擔任後場總綱，在日治時期讀到高中，知識程度高，也極有天分。另外，邱氏在北斗武英殿也有一團國樂社，約二十多人，已練習五、六年。

—— 1994年10月2日訪問蕭家再先生（62歲，首任社長），羅世明、羅慧茹採訪，羅慧茹整理記錄。

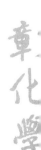

崁頂義英館（張基祖獅陣）

〈訪問蕭家再先生部分〉

　　崁頂義英館獅陣，可確定在日治時期之前就已存在。戰後，練武風氣十分興盛，形成一群人共同練武的情況，但並沒有特定的負責人組織，而是以蕭坤和那一群的人數最多。

　　義英館原先的獅套雖然是「同義堂底」，但並不清楚和同義堂的關係。大概三十五年前，本館從社頭鄉枋橋頭請來同義堂的師傅劉守東傳獅套。當時一起練武的，有謝俊再、江榜、蕭塗城、蕭俊雄、蕭國垣、蕭文裕、蕭仁壽等，並在蕭清霸家中練習。義英館在上一輩成員蕭坤和傳武時，還有蕭同育、蕭文溪、蕭清歪等前輩，約二十多人，平時練舊布家槌，另外，本館還曾向「澎湖師」黃福榮學行功拳。

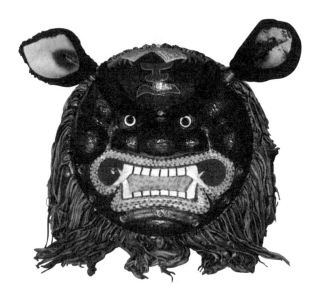

▲ 田中鎮崁頂義英館獅頭（羅世明攝）。

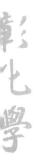

　　義英館所練的槌，始於清領時期，是從舊布家傳來的。義英館在日治時期的老師傅蕭安宅，功夫堪稱絕技，能舞獅跳過三層桌子，打對台時，「丈二」一出手，飛鏢也同時射出，百發百中，十分厲害。

　　義英館早期傳習舊布家槌，到了謝俊再那一輩，才傳獅套，在蕭坤和傳武時，練武者較集中，傳到蕭文溪之後，就解散了。後來，再由受訪者擔任館主傳習武藝，請竹山同義堂的師傅羅子龍來教拳、軟鞭等。大約傳了幾十年，等到蕭家再離鄉外出，獅陣遂沉寂下來，後來才由蕭寅祖擔任館主，和江滂、江武良一同傳授；在此之前，江滂在蕭家再傳館時，也一直任教。

　　目前義英館的負責人是蕭敏雄，情形和以前不太一樣，上

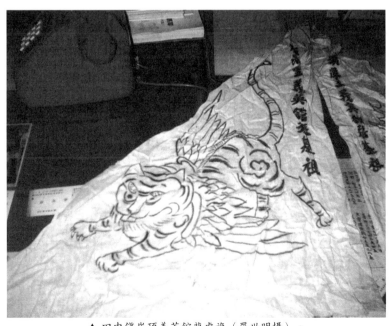

▲ 田中鎮崁頂義英館龍虎旗（羅世明攝）。

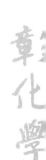

一輩原爲免費出陣，且「刈香」才會出陣，但現在年輕人不願義務出陣，就收取酬勞並平分，大家才較有意願參加。然而，能召集的人數也有限。目前負責傳授的師傅有江武良、蕭秋得、蕭興泉、蕭國垣、蕭瑞恭等，所教的內容有舊布家槌、行功拳、獅套，學習者包括國中生、高中生，但能長久練習的人並不多。

在蕭家再任館主時，武師羅子龍堅持傳統的禮貌、規矩。例如出陣時，老師傅給的紅包不可收下。而且，若沒有四、五十人，羅氏絕不出陣，所以出陣的場面非常盛大。羅氏所傳授的拳，則是硬拳。

義英館的獅陣沒有「獅鬼仔」，受訪者蕭家再表示，端看師傅會不會，並非專屬哪種堂號。至於其他的醫理、藥理，因

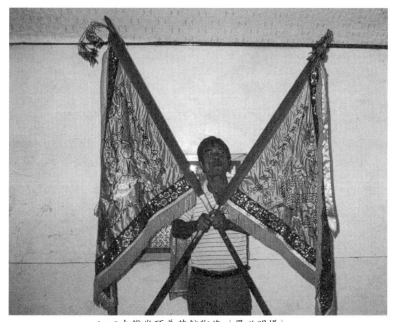

▲ 田中鎮崁頂義英館獅旗（羅世明攝）。

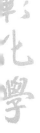

蕭氏擔心本身教育程度不足，若學不好，反而會害了別人，故並未學草藥知識。

〈訪問蕭敏雄先生部分〉

　　崁頂屬頂潭里，有十二鄰，居民約三百多戶，二千多人，庄內居民全為祖籍福建漳州府南靖縣的蕭姓，但並非同一廟宇的祭祀圈。庄裡的晉天宮最初是座小廟，供奉三尊草紮的大將爺，後來改為二尊元帥（康、趙元帥），等到重新翻修後，改供奉玄天上帝。翻修落成至今，已有二十四、五年了。每年三月三日玄天上帝聖誕和十月二十八日落成紀念日，都會到松柏坑「刈香」。

　　自從一九九一年復館之後，「傢俬」仍在，但出陣的方式有所改變，必須計算酬勞是否划算，才找得到人出陣，並均分

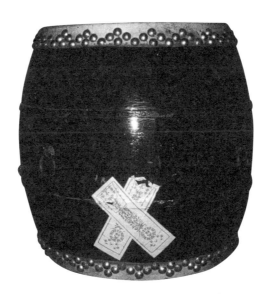

▲ 田中鎮崁頂義英館大鼓（羅世明攝）。

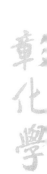

酬勞，若有剩餘，則作爲「公金」。

本館出陣時，不和別庄混雜，是爲了維持庄頭的名聲。在收費上，如果不是陣頭成員，庄人的喪事會收取六千元；若是里長介紹，則會給折扣。目前出陣主要有迎神、候選人邀請助陣、喪事三種情況。若是陣頭成員辦喪事，除免費出陣外，還會以「公金」致贈奠儀。對於太遠的外地，不但耗時，收入也不多，就不太願意答應，故有時獅陣半年才出陣一、二次。

獅陣原有老師傅教武，後來，因爲老師傅脾氣差，和庄人發生爭執，遂轉而前往中潭，該庄現有的獅陣，就是那時候開始的。

—— 1994年10月2日訪問蕭家再先生（62歲，曾任館主）、蕭敏雄先生（50歲，負責人），羅世明、羅慧茹採訪，羅慧茹整理記錄。

外三塊厝玉順軒（四平）

〈訪問陳成美先生部分〉

外三塊厝玉順軒在日治大正初年（1912）就已存在，一九五〇年左右解散，爲時不長。

玉順軒是依「先生」師承的館號命名，由里長作爲連絡人。日治時期，曾請一位「先生」來教南管，但並非傳習鹿港正統南管的唱法，而是「四平」的樂曲，俗稱「南管反」。據說，北管可分爲四平和亂彈，演奏時，也有八種樂器。受訪者陳成美表示，曾學過一齣劇目《下陳州》。

本館的成員利用夜間在庄役所練習，並請「先生」來教，大家圍成一圈，坐在椅子上，有的學習演奏，有的學唱曲、對

譜和口白。玉順軒只有排場，未曾上棚演戲，陳成美的父親還擔任過頭手鼓。

若庄人有喜事或入厝，都會邀請本館排場，只有遇到喪事的排場必須大一點，才會到別庄調人手。出陣大約二十人左右，收取的酬金全數交給「先生」，這是因爲本館平時並沒有支付「先生禮」，「先生」有時則會分些錢給成員。玉順軒並沒有「公金」，要學唱曲的人，必須自己出錢買「傢俬」。

玉順軒每年都會跟附近田中、北斗、田尾的庄廟，到鹿港、北港、彰化等地「刈香」，也會前去「拚館」、「鬥鬧熱」，那時「拚館」風氣很盛，在廟前廣場，分成南、北管，各圍成一個圓圈，表演拿手絕活，又彈又唱，觀眾看哪邊比較好，就把紅包掛在館旗上，做爲獎賞。

〈訪問陳正宏先生部分〉

玉順軒解散之後，在一九五八年左右，村人爲了讓子弟不會學壞，就私下請一位「先生」蕭再興來教南管，「先生」是中潭人，只教幾年就解散了，當時沒有立館號，因爲子弟多到都市發展，較沒興趣學習漢樂，大半轉向西樂。

受訪者陳正宏是陳成美之子，小時候就喜好音樂，曾到田中新庄仔看過北管子弟戲，因而產生興趣，十七、八歲時，又向蕭再興學習南管，還學唱一齣劇目《秦世美》，很受讚賞。

跟著「先生」學習的這段時間，還曾到彰化、鹿港、北港、松柏坑等地「刈香」，也曾出陣過，所得的酬金都交給「先生」，所用的「傢俬」則由自己出錢購買，並沒有「公金」的制度。

陳正宏除了學習南管外，也學過西洋樂器，還能將漢樂和西樂的曲調互換。陳氏表示，西樂稱調，漢樂則稱管，其實都

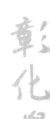

是一樣的彈法。蕭再興所教的子弟們解散後，陳氏就被請到廟裡教誦經團，其唱腔屬於龍華派，使用南管樂器，也有電子琴演奏，團員都是中年婦女，她們多半是爲了識字、積功德。

—— 1994年10月14日訪問陳成美先生（84歲，曲館成員）、陳正宏先生（54歲，誦經團師傅），羅慧茹採訪記錄。

外三塊厝和義堂（獅陣）

外三塊厝以前涵蓋三民里、三光里全域及部分的大社里，由於人口增加，現在三民里分爲外三塊厝、十張犁二庄，而三光里則包含埔頭及新厝。

三民里共有十六鄰，包含外三塊厝十二鄰及十張犁四鄰，共三百八十多戶，二千多人，主要姓氏爲祖籍福建漳州府平和縣的陳姓。庄廟參天宮主祀玄天上帝，由名間鄉松柏坑「分靈」而來，日治時期即已存在，當時奉祀在庄人家中，後來才蓋了一間小廟，戰後擴建完成。祭祀日是每年三月三日的玄天上帝聖誕。

和義堂成立於日治時期，戰後不久就解散了。那時，庄人陳金枝（若健在，約七十多歲）三兄弟到外地學武術，再回來教導子弟，也曾到南投教武。本館通常有三十多人出陣，學了雙刀、「丈二」等「傢俬」，獅套屬於「四平馬」，沒有「獅鬼仔」，拳式則是硬拳。參加獅陣的成員須出錢買「傢俬」，出陣的酬勞照例交給師傅。不過，由於社會型態轉變，子弟向外發展，武館在後繼無人的情形下，自然就解散了。

和義堂除參加彰化南瑤宮等各地廟會之外，並不參加「好歹事」的演出。當時「拚館」風氣很盛，不同武館的成員拿著

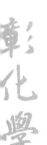

「傶俬」鬥毆之事，時有所聞。

—— 1994年10月14日訪問陳正宏先生（54歲，成員），羅慧茹
採訪記錄。

卓乃潭振興館（獅陣）

龍潭里以前與頂潭、中潭二里同屬卓乃潭，現在龍潭里
仍維持原稱。從地理環境來看，這三里（龍潭、中潭、頂潭）
的外圍，剛好被二條大圳圍繞，形成一個潭穴，故取名為潭，
頂潭居北，中潭居中。龍潭里一共十二鄰，二百多戶、一千多
人，大姓為祖籍福建省泉州府的蕭姓。庄廟原名新興宮，搬至
現址重建後，才改名龍門宮，主祀媽祖，每年三月二十二日都
會到鹿港「刈香」。據說二百多年前，這尊媽祖原先供奉在田
中一間以土墼厝搭建的廟中，二度被洪水損毀，只剩下媽祖神
像留在原位，後來就將媽祖奉祀在庄人家中，直到二十六年
前，廟體落成，才移到龍門宮供奉。

卓乃潭振興館成立於日治時期，一度中斷，戰後才重組，
歷經十幾年後解散。昭和十六年（1941）左右，卓乃潭振興館
由楊桐生（若健在，大約九十多歲）召集庄民學武，並由楊氏
傳授。戰後，仍由楊氏重新召集成員。楊氏是南投水里鄉人，
來本庄教武時，就在卓乃潭租屋，等到武館解散之後，才搬離
這裡。

楊氏武藝很厲害，具有內功。曾有二個二林人想要欺負
他，楊氏就把那二人一起摔到水溝裡。楊氏蹲著的時候，二人
一起拉他，都拉不起來。楊氏雖只有一百五十公分左右，但身
手很矯健。楊氏除武術之外，還會傳授符法。要學習符法的

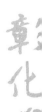

人，必須對天起誓、行善救人。楊氏年輕時，曾到過中國拜師學藝，所學的拳式有猴拳、鶴拳等，也學過符法救人濟世，為人醫病解厄，也略懂膏藥、草藥，武館解散後，楊氏就到其他各庄「走江湖」。

卓乃潭振興館出陣時，多半用空拳而少用「傢俬」，也有「獅鬼仔」。所挑選的「獅鬼仔」裝扮者，都是找手腳較伶俐的，如此裝扮，會比較活潑可愛，動作也較柔軟。

卓乃潭振興館的「公金」，是由村人支付，請來的師傅並不收費，有時候則會支付紅包作為謝禮，「傢俬」是由學員自行購買，「公金」則作為出陣時的開銷。成員平時都在前任里長蕭連生家練習，並沒有參加庄裡的「好歹事」，只有廟會才出陣，也曾經到鹿港天后宮「拚館」。

卓乃潭附近的田尾小紅毛社振興館，有位師傅叫陳松，後代子孫目前經營接骨所。陳氏人品不錯，功夫也很好，有一位師兄叫「竹骨師」，功夫也很好。「竹骨師」曾為了自己和別人出裡的排水問題，發生爭執，結果將對方「點斷」，對方不久就死了。死者的小兒子懷恨在心，十八年後，這年輕人找上門，「竹骨師」以為有人請益，未攜帶「傢俬」就出門，沒料到，這位年輕人一見到他，拿起武士刀一劈，「竹骨師」就被殺死，復仇者也因觸犯刑法，坐了好幾年的牢。

受訪者蕭景崧還提起社頭鄉一位精通符法的拳師蕭英棋，但未用於正途，在埤頭鄉新庄仔當廟祝時，曾濫用符咒，使庄中不平靜，甚至有人發瘋。由此可見，學符法雖然可以救人，但若誤用、濫用，甚至會傷天害理。

—— 1994年10月25日訪問蕭景崧先生（66歲，武館成員），羅慧茹採訪記錄。

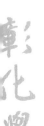

榕樹下中興金獅陣

〈訪問許金雄先生部分〉

　　榕樹下是中潭里的一個庄頭，有四鄰，近六十戶，五百多人。中潭里全域十四鄰，二千五百多人，主要姓氏為祖籍福建漳州府南靖縣的許姓。榕樹下的庄廟為天峰寺，主祀觀世音菩薩，是三百多年前從中國請來的，每年由爐主奉祀，直到一九六○年左右才建廟，每年於六月十九日觀世音菩薩出家紀念日祭祀。

　　本館成立於一九九一年，是由受訪者許金雄聘請崁頂獅陣的師傅江榜來教，並由天峰寺觀世音菩薩降示，命名為中興金獅陣。清領時期，本庄就已傳授太祖拳，但只傳庄人，不傳外人，直到最近才有所改變。

　　榕樹下所傳的拳式是從慧豐師祖、達尊祖師傳下來的，沒有自己的獅套。早期是請社頭鄉舊社的振興館來傳獅套，拳式是庄裡的太祖拳；後期則採用同義堂的獅套，因為許氏在一九九一年前往松柏坑，看到很多獅陣參加「刈香」，陣頭表演中，以江榜率領的崁頂義英館張基祖獅陣最好看，其獅套屬「同義堂底」的，舞得相當靈活，遂請江氏來庄裡傳授獅套，但本身的拳式依然不變，仍為太祖拳。

　　在許金雄祖父那一輩（若還健在，約一百多歲，即清領時期），庄裡獅陣出陣是拿「青頭獅」。「青頭獅」是獅王，把獅頭漆成青色，沒有其他顏色。當時，每次西螺的武館出陣，其它地方的人若要去試功夫，都會來庄裡調人手，因為庄人曾到西螺出陣，西螺人以「烏心石」（一種材質堅硬的木頭）擋路，庄人順手一劈，變成兩半，對方甘拜下風而讓道。庄人的功夫因而受到肯定，可用「青頭獅」出陣。之後，西螺的高手

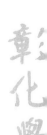

來本庄調人手共同出陣，拿著「青頭獅」，就沒人敢招惹。許氏表示，現代人因為功夫不佳，又怕惹禍，就不敢用「青頭獅」出陣。

當時，振興館和同義堂「拚館」的風氣很盛，經常一碰面，排好陣式，就開始「拚館」。但是，若「青頭獅」一拿出去，就沒有獅陣敢和他們較量。

中興金獅陣目前在中潭里活動中心練習，並利用每週三、五晚間練習，每次一小時，約二十多人參加，國中生與高中生的部分，有十二、三人，是相當有活力的一支隊伍。

〈訪問江榜先生部分〉

中興金獅陣由許金雄請江榜來榕樹下傳授，拳式不變，只教義英館的獅套。一九七〇至八〇年間，江氏曾帶領崁頂義英館張基祖獅陣，參加五縣市獅陣比賽，獲得第一名。比賽的成績以獅的精神、動作以及鑼鼓、演技等項目評分，尤其指定比賽者必須將獅出洞、進食、發威的形態，遇到人的表現、動作、心理狀態妥善呈現，譬如獅子出洞之前，要表現向洞外左探右看，觀察有無危險之後，才慢慢出來；出洞後，大開眼界那種愉快的表情，確定是否可吃食物的謹慎小心，都要細膩地呈現出來。所以，瞭解獅套的動作、精神、馬步，都非常重要。

經過這次比賽，江氏更注意獅子的精神和動作表現。此外，舞獅者還要懂得走八卦、七星和四門，因為入厝時，金獅一踩八卦，地理就會被鎮住，可保安寧；也要注意入廟門的禮貌、動作、馬步。江氏再三強調獅在獅陣中的重要性，因此，花了很多的功夫去體會獅子的精神和動作表現，才能贏得許氏的讚賞，而請江氏到榕樹下教獅套。

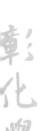

　　江氏與神明有緣，年輕時曾經在崁頂學過一段時間的獅陣，後來一度中斷十年之久。一九七八年，晉天宮神明顯靈，希望江氏出來教獅陣，前往松柏坑「刈香」，因當時年長一輩的獅陣成員已不能成陣，江氏遂接下崁頂義英館張基祖的獅陣。

　　江氏所教的獅套，要求舞獅時能蹲下去，表現出獅子匍伏的樣子，還有抓耳、梳髮、觸齒、淨身，前後腳，以及咬、舔腳的要領，都要掌握得很明白。江氏所用的獅頭和臺灣南部「龍鳳獅」有些差異，臉較小、較薄，腳部前後寬度較窄，舞起來較輕，但舞獅時，獅被的長布在拉扯時，也會產生力量，手臂依然覺得沉重，舞起來不見得比較省力。「龍鳳獅」的獅頭臉較大，前後的寬度較寬、較厚，舞一陣大概要換五人，獅身又較長，布面較寬，可以將人身全部掩蓋。

　　除了獅套外，太祖拳的「請拳」是合拳，先右而左，最後回到中間，太祖拳比振興館和同義堂的拳式硬。以前在崁頂教武時，江氏家裡的庭院，都有六、七十人學拳。學拳若懂得訣竅，一下子就能學會。但一段時間後，容易忘記，必須重新學習，故打拳不宜過快，而要分段練習，才能持久。學拳的人更要修善、忍耐，不可逞凶鬥狠。

　　現在，中興金獅陣每次出陣有二十多人，價碼一、二萬元，但若公家機關邀請（例如田中農會的活動、東和國小十一月二十日的落成典禮），則隨意收取酬勞。中興金獅陣無論喜事、入厝、選舉服務處成立、入廟、落成，都會出陣。有一次，國術會理事長劉清喜的喪禮，來的獅陣一共七陣，只有其中二陣能做到送殯的真諦，其他的獅陣只有看熱鬧的份。當入殮之後，由獅子作證，到墓地破解、祭掃，由於每一墓穴都有土地公，所以要先向土地公請安，表示敬意。在「洗淨」時，

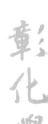

對墓地做得雅觀、妥當與否,都要表示出來。這些儀式,只有江榜和其師父的獅陣能確實達成。

江氏師承社頭鄉枋橋頭的劉樹意,劉氏到崁頂義英館張基祖獅陣教武,江氏就是在崁頂學的。江氏後來於一九七八年在崁頂傳授,直到一九九一年,才轉到榕樹下教武,已經三年。另外,江氏還略懂地理、青草及接骨,曾在臺中縣龍井一帶教獅陣,並到田中復興里教拳。

中興金獅陣的經費,都是由出陣所得抽出一部分作為「公金」,當作獅陣的開銷,因為中興金獅陣的成員較年輕,獅套也比較好看,所以經常受到機關團體邀請表演。

—— 1994年11月4日訪問許金雄先生(65歲,成員)、江榜先生(67歲,師傅),羅慧茹採訪記錄。

王爺廟新和軒(北管)、永樂天大鼓陣

王爺廟是指普興庄東興里的部分,以庄廟主神作為地名,現併入復興里,受訪者林登綿曾任里長。普興庄在行政上包含東興、復興二里,之後,因為戶數不足,東興、復興二里,再加入部分的平和里,合併為復興里。

王爺廟共有九鄰,一百多戶、一千多人,主要姓氏為祖籍福建漳州府漳浦縣的陳姓。庄廟保安宮是王爺廟,主祀池府王爺,一九七三年重建後,增祀五府王爺,祭祀日為六月十八日。

大約二百五十多年前,即清領乾隆年間(1736~1795),據傳有一位翰林學士發現本庄地形像一頂王帽戴在頭上,認為將有王者出現,必須奉祀王爺,方能確保地方安寧。社頭鄉清

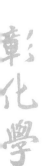

水岩建寺的因緣，也是這位翰林學士此次上疏稟奏的。另一說法則認為，這是清朝敗壞臺灣地理的作法。

關於平和里帝爺廟原先奉祀的王爺，是否遷來王爺廟的說法。林登綿認為，有些是以訛傳訛造成的。不過，王爺廟供奉的王爺確實是從中國請來，而非從帝爺廟移過來，可能因為帝爺廟建廟的時間比王爺廟早了約二十多年，讓人誤會這裡的王爺是從平和里移來的。當然，也有一種可能，就是平和里供奉的王爺，本身來到王爺廟接受供奉，而帝爺廟裡的王爺神像，已經「退神」，故有此傳說。

王爺廟新和軒成立於清領時期，已有百餘年歷史。附屬新和軒的永樂天大鼓陣，形成的時間較晚。但因北管人才日漸凋零，三、四人即可成陣的大鼓陣，反而較易組織、易學，故新和軒目前雖仍存在，但已經無法湊齊人數排場演出，大鼓陣出陣的機會倒很頻繁。

新和軒在林登綿的父親林圳那一輩，由林圳等六人（若健在，約一百多歲）共組，每人各出一百斤稻米，作為請「先生」的「館禮」，一切支出也由他們負責。戰後，新和軒由林登綿等四、五人重組，林登綿任館主時，負責全部經費，後來才請幾個人共同負擔數百斤稻米，作為「先生」的「館禮」，其他各項費用，也由他們支出，但沒有「公金」制度，學員也不需負擔費用。現在的永樂天大鼓陣則不同，學員都需自費，也經常被邀請出陣，賺取酬金因應開銷。

新和軒成立的時間很早，「先生」已換過數人，終戰前後請來的「先生」是平和里合和軒的陳金龍、謝金榜，來教的時間也有前後之分。每一館一百天，大概教了三、四館，持續二、三年以上，之後就不再向外聘請「先生」。後來，新和軒由資深學員（若健在，約八、九十歲以上）教導新進，目前館

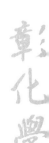

裡學北管的人，都未曾受教於起初的二位「先生」。

新和軒現在由林舜隆、林興容（二人現年約五、六十歲）指導訓練，他們也不是陳金龍、謝金榜的學生。林興容這十幾年來，曾接受其他鄉鎮村里社區活動的邀請，前去指導北管，包括田中鎮崁頂、二水鄉番仔寮、十五莊等多處，也曾到鹿港參加比賽，但因無法看懂由北京話寫成的曲譜，故不能入選。

新和軒目前由陳萬法、謝達棋二人負責連絡，本館以永樂天大鼓陣出陣，大鼓陣只需三、四人即可成陣，在人數不夠的情形下，新和軒很難以排場方式演出。不過，新和軒的老一輩成員，偶而也利用晚間在廟前練習排場，「傢俬」都放在廟裡。

新和軒以前無論「好歹事」都會義務出陣，現在出陣有時會賺些酬勞，也曾在「王爺生」當天，到臺南縣的南鯤鯓代天府「刈香」。

—— 1994年11月21日訪問林登綿先生（81歲，曾任館主），羅慧茹採訪記錄。

王爺廟振興館（獅陣）

王爺廟振興館成立於戰後，維持一、二年就解散了。當時是由陳圍軍（若健在，約八十多歲）任館主。尚健在的成員都已七、八十歲，多半住在東河國小附近。

陳圍軍任館主時，請來的武師是田中鎮新庄仔的陳仁成，只教了一、二年，出陣時大約二、三十人，也有「獅鬼仔」的設置。

王爺廟振興館的經費，是由學員出資支付，出陣所得的酬勞，則全部交給師傅。成員都在陳圍軍家中練習，有時會跟著

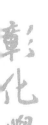

庄內的私壇興安堂，到社頭鄉枋橋頭的祖廟「刈香」，本館曾跟庄裡同義堂的人在街頭「拚館」，後來有人認爲庄裡因學武而分派系，會造成庄中不安寧，才予以禁止。

贊天宮是普興（復興里）的庄廟，受訪者陳新河現爲該廟廟祝，贊天宮的祖廟位於中國，所以會到海邊「刈天香」，在海岸設壇，向中國遙祭。

—— 1994年10月28日訪問陳新河先生（76歲，成員），羅慧茹採訪記錄。

普興錦興珠、南管八音藝術團（九甲、八音、大鼓陣）

普興錦興珠成立於一九四七年，屬南管九甲，由當時的里長陳金成組成，受訪者陳運泉當時才十八歲，本館原爲子弟戲，曾上棚演出，演出的收入皆作爲「公金」，由里長收管，支付曲館的開銷。歌仔戲上棚一次四、五百元，本館一棚則有三千元。本館維持了二、三年，後來，陳金成聲明經費用罄，遂解散。之後，由陳崑三（現年七十五歲）組成大鼓陣，學了一館半的時間。現在則由陳連泉負責連絡，組織大鼓陣初期的人數，曾有二、三十人。

錦興珠解散後，重組爲大鼓陣、八音團二陣，也就沒有再演戲了。八音團是將南管曲改爲大八音，後來又把大鼓陣和八音團合成今天的「南管八音藝術團」，人手調度就比較容易，甚至可隨時轉爲誦經團，有時別庄的北管也會來調人手。受訪者陳連泉也學過北管，精通曲藝。

普興錦興珠學過的曲牌有【玉交】、【相思引】、【三條四】、【金錢北】、【將水】等三十多支唱曲；劇目則有《趙

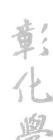

匡胤困南唐》、《梁山伯祝英台》、《斷機教子》等。

　　普興錦興珠的「先生」是社頭鄉張厝庄錦明珠的「火墩」、「阿輝」二兄弟（師承田尾鄉饒平厝的「大肚」、「蟾蜍」二位「先生」），「火墩」負責文武場，會所有的「線路」，「阿輝」則教口白、唱曲、「腳步」。所有曲本都是「阿輝」寫的，這些曲本在陳連泉退伍時，因爲行李太重而燒掉了。「阿輝」教「腳步」時，相當嚴格，陳連泉學小旦，要先腳跟著地，再走疊步，屁股才會一扭一扭地，比較好看。「先生」要陳氏在雙腿間夾磚塊，不可以掉下去，若掉下去，會被狠狠處罰。經過門庭、走樓梯時，都要把旦角的樣子表現出來。學南管的戲要注意「腳步」，唱曲要配合板撩，從班鼓、通鼓、鑼、吹的順序，掌握曲調的起落。「阿輝」起初先教唱【將水】，從聲音來判斷有無學南管的天賦，同時分配適合的角色，因爲這位「先生」可以從唱的十八個「一」的調子中試出天賦，若未通過考驗，就沒資格學南管。目前社頭鄉張厝庄的錦明珠，也只剩下石定（現年八十四歲）一人。

　　陳連泉對於文武場、演戲、唱曲都很在行。錦興珠成立的那二、三年，大多演小旦的角色，在錦興珠解散後組成的大鼓陣，陳氏才開始學「線路」，原來有三人學吹南噯，但另外二人嫌累，遂只剩下陳氏吹南噯。

　　當時，普興錦興珠上棚的戲服是租來的，「公金」收入幾乎都用在租戲服，才會很快就撐不住，故不久就解散了。其他的「傢俬」都是學員自己出錢買的，陳連泉即擁有全部的南管樂器。本館請「先生」的「館禮」，都是以米代金，祭祀的祖師是西秦王爺和田都元帥。練習的場所則在公廳。

　　普興錦興珠現在除了「刈香」之外，也爲喪事出陣，只要有人邀請，都會出陣，每人的酬勞約幾百元。近年來，二水、

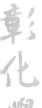

田中、永靖、北斗、員林、社頭等地，都會來邀請出陣，北斗車站邊的曲館及社頭張厝庄錦明珠，也都會來調人手。本館以前曾在田中永樂戲院、乾德宮及員林火燒庄等地上棚演出。田中車站開始有對號列車停靠的時候，為了表示祝賀，本館在車站旁搭好戲棚，準備和新庄仔新樂軒互別苗頭，孰料錦興珠一演出，新庄仔新樂軒就遠遠避開，沒有上棚。當時，本館野台戲演苦旦的成員聲音很悽楚，表演得很可憐、很感人，台上台下哭成一片，演出非常逼真，演員也很入戲，不像現在的歌仔戲，大部分是裝出來的。陳氏又提到「真鑼假鼓」這個觀念，鑼點可以聽得準、拍子比較能掌握，而鼓聲落點就較多而雜，不易聽清楚，所以鑼聲為真，鼓聲只做點綴之用。

普興錦興珠大鼓陣的部分，主要由陳崑三負責班鼓，陳氏約七、八歲時，有一回，曲館的成員都在「吃館」，所有樂器放在屋外，陳氏好奇地打起鼓來，打得很好，大家都很意外。後來，陳氏開始參加南管，擔任頭手鼓，算得上神童。陳氏在演奏時很害羞，不敢看人，別人以為陳氏在打瞌睡，其父就捏他的眼皮。陳氏的記性很好，只要看一看樂譜就會練了，不需要別人教。

八音團裡還有一位鬼才陳登科，曾待過歌仔戲班，笛子、「線路」都很厲害，但不曾在本館學過。陳氏只要聽過的曲調，都能吹出來，笛子吹得很響亮、很好聽，三弦也拉得很好，受到大家的稱許。陳氏是個很特殊的人，大家都很喜歡和他一起合奏，因為陳氏個性也很好相處，可惜現在必須上班，能夠出陣的機會比較少。

—— 1994年11月3日訪問陳連泉先生（63歲，連絡人），羅慧茹採訪記錄。

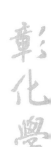

普興同義堂（獅陣）

復興里包含東興、普興二部分，原本分屬東興、復興二里，由於人口外移及學區劃分等因素，東興里併入復興里（普興），原復興里的一部分再劃歸東源里，今天的復興里總鄰數為十九鄰，二百五十戶、二千多人。普興的鄰數較東興多，共十鄰，一百多戶、一千多人。

復興里的大姓為祖籍福建省漳州府漳浦縣的陳姓，庄廟贊天宮（文武廟）主祀關公和孔子，位於八卦山脈的半山腰，一百多年前，以竹子搭建而成，舊廟位置比現址還高，因風災受損，才移到現址重建，幾經翻修，直到一九八八年才修建成今日的廟貌。農曆六月二十四日、國曆九月二十八日為例祭日。

復興里有二個武館，一館是振興館，另一館是同義堂，有時候同一家的兄弟分別在不同的武館學習，但從人數多寡的分布來看，東興多半參加振興館，而普興則多屬同義堂。

普興同義堂成立於日治時期，戰後不久就解散了，當時是由受訪者陳文龍的叔叔陳有義（若健在，約九十五歲）發起，是為了保護庄頭和廟裡「鬧熱」所需而組成。

普興同義堂所請的師傅是社頭鄉舊社同義堂的「阿乾師」（羅乾章）和永靖鄉的「火師」（楊坤火），「阿乾師」和「火師」他們都免費傳授，之後，再由「火師」之子「六經師」來傳授武術，這些師傅前後教了十多年，他們傳授的地方很多，包括社頭、員林、永靖、二水等地。

普興同義堂為義務出陣，不收酬金，一切費用都由成員支付，練習的地方在庄人家的大埕，以前練習場地鋪泥土，比現在水泥地來得好。普興同義堂都在贊天宮「逡庄」才出陣，

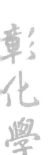

每次出陣，就在街上和庄裡的振興館「拚館」，社頭鄉舊社的人經常會自動來助陣。本館每次出陣有二、三十人，人數不夠時，就從社頭鄉舊社調人手過來。此外，普興同義堂沒有「獅鬼仔」的設置。

當時，社頭鄉舊社的振興館和同義堂「拚館」很屬害，崁頂有位師傅曾將舂米的石磨壓在身上，相較之下，復興里的「拚館」情形就較不激烈。

—— 1994年10月28日訪問陳文龍先生（83歲，成員），羅慧茹採訪記錄。

田中仔集和軒（北管）

田中仔集和軒成立於日治時期，由當時的里長許英高組成，戰後一度中斷，直到一九七六年才重組，由其子許文豪召集，但只維持幾個月就解散了。

集和軒早期由許英高當館主時，曾請平和里陳金龍來教曲，之後則由本庄許炳林（已逝）續教，許炳林曾向陳氏學過，也曾向其他「先生」請益，算得上當時庄裡曲藝較精的人，故由他教了一段時間，此外，許氏也到舊街仔（新民里、沙崙里）教過。

受訪者許文豪重組集和軒時，本來想再請許炳林來教曲，但因為許炳林的本業是興建廟宇的匠師，相當忙碌，甚至遠到日本工作，遂請東興庄的林舜隆、林再旺二位「先生」來教，只教一、二個月，而許文豪就是在這時候學的。

教曲的「先生」之間，可以相互切磋、補強不足，故許文豪經常向其他的「先生」請益，許氏大多學北管的「武棚」

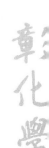

（鼓、鑼等）；不會文的「線路」（吹、弦等）。許氏現在也會教北管，以大鼓為主。許氏三歲就會打鼓，其父曾拿一面小鼓供他敲打。為了學「兩廣獅」獅鼓，還特地到南投縣竹山鎮找師傅學。許氏表示只要知道節拍，多練習幾次，就能把鼓打得靈活了。此外，許文豪小時候還會舞獅頭，菜市場的攤販曾經故意逗弄他。

許文豪的父親許英高擔任里長時，曾組織武館及曲館，「傢俬」都放在他家裡，故有機會接觸這些「傢俬」，再加上許氏肯用心學習，從一九八○年左右至今，經常受邀參加國內藝術季等活動，表演的場所包括中正紀念堂、青年公園、新公園、國軍英雄館及高雄中正文化中心等地。為了參加演出，許氏每年準備的節目都不同，必須試著學習不同的演奏方式。許氏覺得南、北管打鼓的方式互摻，比較不單調，也有變化，甚至把獅陣與南、北管合在一起，應該也是很有意思的嘗試。

集和軒早期以米代金，由子弟各自拿出一部分作為「先生」的「館禮」，後來才改用現金。本館出陣的酬勞會均分給每位參加者，剩下的部分則作為購買「傢俬」的「公金」。經費由成員分攤，但館主要多負擔一些，例如「先生」的點心、「館禮」短缺時，都要由館主負責。

集和軒目前已解散，許文豪只在別庄來調人手時，才會參加，有時入厝等「好歹事」的場合，若受到邀請，他也會前往。

許氏認為政府重視社區發展、大力提倡社區活動，搞了幾場大型的表演，然後煙消雲散，造成大筆經費無端浪費在購置新樂器上，一旦學員喪失興趣，樂器遭到閒置，就壞掉了。因此，許氏建議政府應確實調查民俗曲藝練習的情況，再予以補助。不過，許氏也承認，推動民俗曲藝並非一件易事！

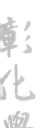

—— 1994年11月14日訪問許文豪先生（50歲，成員），羅慧茹
採訪記錄。

田中仔振興館（獅陣）

田中仔即現在的田中鎮市區，而田中昔日市區則是新民
里的舊街仔，因爲災害，才遷到田中仔這一庄，本庄以前都是
農田，市街轉移之後，才逐漸繁榮，形成目前的東、西、南、
北、中路里。北路里有十六鄰，八百多戶、四千多人，主要姓
氏爲祖籍福建省漳州府南靖縣的許姓。二百多年前，許氏三兄
弟來到田中墾荒，分據中潭里、北路里、西路里三處，並在中
潭里興建許氏宗祠，這三里的居民也大多姓許。

北路里庄廟萬受宮，主祀池府王爺，是由許氏三兄弟從中
國「分靈」而來，每年以六月十八日的「王爺生」舉行祭典，
還曾遠赴臺南縣麻豆鎮代天府「刈香」，目前正在重建。廟體
共二樓，樓下奉祀王爺，樓上則供奉佛像，作爲佛教蓮社的共
修場所。

田中仔振興館在戰後才開始活動，當時是由里長許英高
（受訪者許文豪之父，若健在，約九十一歲）召集村人學習。
許文豪那時才十幾歲，並不清楚振興館的情況，當初的學員現
年也已八、九十歲，泰半凋零，能知道詳情的人並不多。本館
請來的師傅是田尾鄉的陳松，教了一段時間。解散之後，有興
趣的人仍請陳氏來教，但都是個別傳授，沒有再形成陣頭。

振興館除了教拳式之外，也傳獅套，不過，主要仍以練
拳、鍛練身體爲主，出陣多半是爲了廟會「鬧熱」爲主。

—— 1994年11月14日訪問許文豪先生（50歲，曾任鎮民代

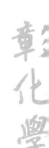

表），羅慧茹採訪記錄。

梅州庄仔玉成軒（北管）

〈訪問莊木藤先生部分〉

梅州庄仔現屬梅州里，日治時期隸大新庄。梅州里共有梅州庄仔、六甲和八分三庄。八分的地名由來，是因為當年有一些天主教徒買下了這塊八分地，才叫八分，該庄原來都是天主教徒居住，後來因人口遷移，逐漸有不同信仰者遷居。清領時期，這裡最初的主要居民為葉姓，但這些人家並非同一祖籍，分別來自福建漳州府平和縣與南陽縣。據說，梅州庄可能取自南陽縣梅州庄（即中國的祖居地）而來。梅州里共九鄰，四百二十多戶、二千人左右；梅州庄只有四鄰，一百六十戶、八百人左右。庄廟福神宮，奉祀土地公，創建至今約五十九年；另外，福安堂則供奉玄天上帝。

梅州庄北管陣始於日治時期，一九三七年二戰爆發後，人力外調南洋，遂告解散。當時是由葉發（若健在，大約一百多歲）發起，主要擔任布袋戲的後場，葉氏的北管習自東路里，精通所有的樂器，故由葉氏傳授。有廟會活動時，本館常被請去彰化、鹿港、北港、松柏坑等地，擔任布袋戲的後場，一般都在六、七人左右。本館經費由成員負擔，利用庄人家的大埕練習，規模不大。當時的成員多半已去世，即使健在，年齡也都有七十歲以上，至於葉發的子孫，早已不管曲館的事。

〈訪問葉牛先生部分〉

梅州庄仔玉成軒在昭和十五年（1940）八月二十五日開館，學了四個月後就解散了，之後不再復館。

玉成軒屬於北管，「先生」是社頭鄉張厝庄的朱俊成（若健在，大約一百多歲），朱氏搬來本庄之後，開館教庄人北管，可惜只教四個月就解散了。後來，朱氏在本庄過世，其子孫大多搬離梅州庄仔，到外地發展。

本館存在的時間很短，大家只曾練過排場，但不夠久，樂器也學得不熟，故未演出過，本館練習的場所則是庄人家門口的大埕。

當時，受訪者葉牛只有十幾歲，學的時間不長，知道的情況也有限，當時的學員現在都已七、八十歲以上，只剩幾位成員還健在。

—— 1994年10月23日訪問莊木藤先生（79歲，村民），11月10日訪問葉牛先生（72歲，成員），羅慧茹採訪記錄。

梅州庄仔帝爺會大鼓陣

梅州庄仔大鼓陣在日治時期就已成立，因為庄人較窮，早期買不起鑼和大鼓，只好以小鼓權充。戰後社會環境變遷，庄人出外工作，大鼓陣找不到成員，因而暫停。

十年前，庄人賴昭男（現年五十四歲）擔任頭手鼓，並召集庄人學曲，這些成員現年大約五十歲左右。因當時別庄有獅陣、北管、大鼓陣，廟會時很熱鬧，故梅州庄仔的人也想組織，庄人認為大鼓陣所需人手較少，調人手比較容易，也好學，十分熱鬧，因而組織大鼓陣。取名為帝爺會大鼓陣，係因庄裡的帝爺壇（福安堂）組織帝爺會，由爐主輪祀，並處理神壇的相關事務。

梅州庄仔的大鼓陣是由賴昭男和葉重雄（負責大鼓，現年

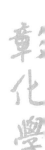

五十多歲）共同教曲，練習的場地有時在土地公廟前，有時在福安堂門口，經費由成員共同分攤，沒有「公金」制度。

本館大多因「刈香」而出陣，曾到過新營太子宮、高雄三鳳宮和南投松柏坑等地，除了廟會之外，也會參加私人的喜事、落成典禮，庄裡的喪事則由誦經團負責，本館並不參加。梅州庄仔大鼓陣經常和別庄的獅陣配合，如崁頂、中潭都曾邀本館一起出陣。

—— 1994年11月10日訪問葉銓先生（65歲，成員），羅慧茹採訪記錄。

梅州庄仔武館（拳頭館）

梅州庄仔在日治時期就有武館的存在，曾學過的人現已八、九十歲以上，大多已去世，健在的成員身體狀況也不佳，無法言語。武館似乎是同義堂的系統，但館名已不記得，本庄沒有獅陣，只單純練拳。傳到受訪者葉銓曾祖那一輩，武館大概就解散了。

—— 1994年11月10日訪問葉銓先生（65歲，第七鄰鄰長），羅慧茹採訪記錄。

新庄仔新樂軒（北管）

新庄仔屬新庄里，共十六鄰，六百多戶，約三千多人，庄內姓氏主要為祖籍福建漳州府陳留縣的謝姓，只有二戶姓陳。庄廟是謝氏家廟寶樹宮，前殿奉祀謝府元帥，即謝氏的祖先謝

玄；後殿則奉祀湄州天上聖母。為了避免大拜拜過於頻繁，近年來，將中元節、三月二十三日「媽祖生」、十月平安戲三項慶典，合併於十一月二十六日謝府元帥聖誕時舉行。

新庄仔新樂軒成立於戰後四、五年（1949～1950），解散之後，部分武師及當地居民組織為子弟戲，從學習樂器到唱曲、角色分配、配樂演奏，然後上棚演戲，當時臺中、員林都有人來邀請，出陣並不議價，全看彼此交情，請主會依陣頭的大小，決定酬金的多寡。

本館大多在各地的媽祖廟（如田中乾德宮）上棚演出，演出結束後，請主宴請曲館成員時，會用八仙桌招待，八人一桌，十分豐盛。武館出陣時則吃「水桶飯」（用一個大碗公放著飯、菜和湯，混合著吃），比較簡單。相較之下，可見當時曲館受到的禮遇。

本館成立時，經費有限，曾向斗六借戲服，像戰甲（張飛、關公所穿），一件都要上百、上千元，相當貴重。因為戰甲很厚，太過密封，在戰甲裡，要穿上用草蓆做的內襯吸汗，也能保持戰甲的清潔，後來因為借的次數太多，乾脆自行添購。

新庄仔新樂軒請來教曲的「先生」，是社頭鄉崙仔人「梧桐先」（若健在，約九十多歲）。「先生」雖不識字，但能依著曲譜教戲，曾扮過大花、小花；當成員排練時，「先生」以曲譜逐一點出曲子加以傳授，還能發現錯誤所在，也負責從臺中的歌仔戲班找人來為成員畫臉譜。

北管子弟戲的「腳步」、唱曲都有固定的形式，劇目有《王寶釧守寒窯》、《三進宮》及三國的故事，角色有花旦（細口）、苦旦、老旦、老花（性格比較雞婆的年老女性），還有文生、武生、小生、大花、小花等。角色的分別可從臉譜

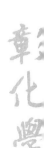

看出，像扮白花的周瑜、戴鬍鬚屬文生的劉備，以及扮紅臉的武生關公。還要注意的是，臉型尖的人不適合扮大花，只適合老旦、老花的角色，選角必須配合臉型，才能讓角色安排恰當。

選角之後，再配合曲譜，由頭手鼓搭配「腳步」，就可以上場了。依照「腳步」來，稱作科介；若屬於改良過的歌仔戲，就可以不依「腳步」。以前的請主要支付紅包，若戲團不依照劇目、「腳步」演出，會受到內行人指責，若發生這種情形，會影響曲館的名聲。如果穿插其他的劇情、技巧，而不更動原先戲曲的梗概，這樣的表現方式，還是合乎要求，可被接受。

子弟戲沒有女性演員，清一色由男性扮演，各個角色都依唱腔和服裝來辨別。上棚後，演員坐在台上，演出者先以口白說明曲目及演出內容，後場有班鼓、鑼等樂器，約七、八人。

—— 1994年10月12日訪問陳如猛先生（68歲，現任里長），羅世明、羅慧茹採訪，羅慧茹整理記錄。

新庄仔振興館

新庄仔振興館成立於日治時期之前，大正十幾年（1921～1925）仍存在，後來因為政府限制武館活動，約在昭和十年（1935）左右解散。戰後，新庄仔振興館重新組織，戰後三、四年（1948～1949）還曾到二水鄉復興村水尾（今復興國小附近）、南投縣名間鄉下竹圍村等地傳授武術。傳授武術是為了團結當地子弟，但當時社會環境已改變，本庄遂解散武館，轉而發展曲藝。

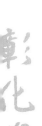

日治時期，本館由受訪者陳如猛的曾祖父陳清擔任館主，並傳給三子陳仁成，陳仁成曾到水尾謝厝教過武術。戰後，陳仁成、謝阿嘆、謝環、謝鳥四人合力教武，傳授子弟，武館解散而轉換爲曲館時，他們也合作經營。

—— 1994年10月12日訪問陳如猛先生（68歲，現任里長），羅世明、羅慧茹採訪，羅慧茹整理記錄。

舊街仔（沙崙街）集和軒（北管、大鼓陣）

舊街仔集和軒成立於一九五〇年左右，由天受宮當時的主任委員陳壽安創立，大約於一九七一年解散，目前僅存大鼓陣仍有出陣。

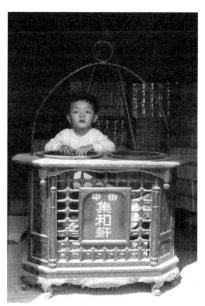

▲ 田中鎮舊街仔集和軒鼓架
（羅世明攝）。

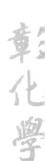

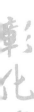

舊街仔集和軒由廟方管理，一切支出都由廟方負責，廟中的經費則由庄人募款。本館的「先生」是田中鎮平和里的陳金龍、田中街仔的許炳林二位（若健在，現年九十多歲，二人享壽約七、八十歲），他們先後來教，彼此的關係則是師徒，二位「先生」只來教了半年，學員有十多位。本館學的劇目有《三進宮》、《秦叔寶》、《破五關》、《郭子儀拜壽》等，自從北管解散後，樂器現在僅剩一、二件用於大鼓陣的鑼鼓而已。

本館練習的場所在廟前，只在庄裡義務出陣，沒收取酬勞，場合包括廟會、結婚、入厝、新春迎春等。

—— 1994年12月15日訪問黃保海（70歲，成員），羅慧茹採訪記錄。

舊街仔振興社（獅陣）

舊街仔是田中鎮昔日街市所在，因水災而遷到現址。舊街仔包含沙崙、新民二里，共二十六鄰（沙崙里十一鄰、新民里十五鄰），居民一千三百四十二戶（沙崙里四百五十八戶、新民里八百八十四戶），共六千多人。主要姓氏為祖籍福建漳州府龍溪縣的陳姓，但黃姓居民也不少。庄廟天受宮，主祀玄天上帝，已有四十年歷史，每年三月初三都有盛大慶祝活動。

舊街仔振興社創立於一九五〇年左右，是由同安寮的「阿貓師」來教的，「阿貓師」來教了許多年，再傳給黃木杞、陳為煌（現已七、八十歲）等人，但維持不久，約在十幾年前解散，不再出陣。

舊街仔振興社以前出陣，大約可召集五、六十人，由沙

崙、新民二里的里長擔任「頭人」，負責召集人手出陣，受訪者陳樹山擔任過二任沙崙里長，同時也是獅陣的「頭人」，召集人手及武館經費方面，都由陳氏負責。

—— 1994年9月18日訪問陳樹山先生（66歲，曾任里長），羅世明採訪記錄。

內灣成樂軒（北管）

內灣早期包括今日香山、碧峰、東源三里，現在的內灣則單指東源里。日治時期，內灣分為一堡、二堡、三堡，戰後則析為香山、碧峰、東源三里。當時，東源和碧峰二里往來頻繁，成樂軒的學員中，也有很多碧峰里的人，祭祀活動也是由三里共同參加，但香山里位置居南，地處偏僻的山腳下，平時較少跟外界接觸。

香山、碧峰、東源三里現在的鄰數分別為十四鄰、九鄰、七鄰，東源里目前有二百五十戶，一千一百多人。東源里人口雖較少，但因較接近市區，又是庄廟所在地，生活條件較好，故歷代的館主都是東源里居民，他們也有能力供應曲館的開銷。

東源里的大姓為祖籍漳州府漳浦縣的陳姓，庄廟德安岩，為三里共有。清領嘉慶年間（1796～1820），有人從中國購得一尊觀音菩薩像，因而建廟奉祀，後來又購得一尊湄州媽祖，同樣供奉在德安岩，故廟裡主祀觀音和媽祖。祭祀日期為每年三月二十九日。

內灣成樂軒創立於日治時期（約1930），直到戰後十多年才解散。內灣成樂軒由陳隆文創立，館名也由陳氏取名，屬

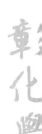

於北管系統。本館由陳隆文傳給陳鴻苗、陳鴻獻、陳能言與陳源虎，經歷五代館主，請來的「先生」有黃串（若健在，約一百一十多歲）、陳慶田等，經費大半由館主負責。陳隆文與受訪者陳漢周的祖父同輩，當年請來的「先生」黃串全家都安頓在陳隆文家中，並支付生活費，黃氏後代目前仍住在本庄，生活得很好。後來的「先生」陳慶田（若健在，大約九十多歲）是本庄人，爲黃氏的徒弟，但學藝不精。

本館義務出陣，經費由館主支出，用來買「傢俬」，平時在德安岩前廣場練習，一般出陣都有二十多人，很少參加私人喜事，多半是每年三月二十九日到鹿港「刈香」，並會多調一些人手去「拚館」。由於「先生」黃串來內灣之前，曾到霧峰教曲，所以，本館都會請霧峰的師兄弟前來助陣。當時「拚館」分爲「軒」、「園」二派，只要同屬「軒」派的館號，都可以互相助陣。

—— 1994年10月26日訪問陳漢周先生（76歲，現任里長、成員），羅慧茹採訪記錄。

內灣振興館（獅陣）

清領時期，本庄的秀才陳望熊聘請武師來教其子弟武術，用以保護家產。戰後，本庄的陳源虎（若健在，大約七、八十歲）再聘請師傅來指導武功，當時的成員有三十多人，純粹是爲了興趣而學武，且僅參加鄰近庄裡的廟會活動，維持十幾年就解散了。

本館的師傅是田中鎮新庄仔振興館的陳仁成，當時都在陳源虎家中練習，費用多半由陳氏支付，故屬於私人的獅陣。本

館的陣頭雖不小，但武藝不精，因此，陳望熊還特地請人來家裡教子弟武功，而未參加外面的武館。受訪者鄭如楠認為，在武館裡所學，只是雕蟲小技而已。

內灣振興館與田中新庄仔振興館師出同門，以師兄弟相稱，由於是鄰庄的關係，有時候也會互調人手。

── 1994年10月26日訪問鄭如楠先生（74歲，成員），羅慧茹採訪記錄。

同安寮曲館（北管）

同安寮屬三安里，有五鄰、百餘戶，約一千多人，主要姓氏為祖籍福建省同安縣的曾姓，故本地稱為同安寮。庄廟東天宮，奉祀天上聖母，已建廟三十多年，建廟之前，天上聖母奉祀在村民家中，庄裡分為東南西北四角頭，每年由輪值的角頭擲筊請示神明，明年要移到哪一處奉祀，當時雖未建廟，但每年都有盛大的祭祀活動。

同安寮並沒有正式的北管陣頭，一九五○年左右，庄裡一位長年在臺北歌仔戲班工作的曾萬春（若健在，約八十五、六歲）退休返鄉，興起組織北管陣頭的念頭，才號召組成。每逢庄裡迎神或嫁娶時，本館會跟在轎後一路演奏。曾氏幼年家境不佳，因而外出參加歌仔戲班，長期濡染之下，不僅會編會導，對後場的樂器也都十分熟練。

曾氏返鄉時，年紀並不大，約近四十歲，大概是因眼力變差，才從戲班退休，其妻也是同團的歌仔戲成員，目前仍健在。曾氏教曲十多年後去世，樂團成員也逐漸解散，主要原因有幾項，一是成員年紀都與曾氏相仿，同齡的這一輩，現在皆

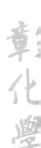

已去世，故沒有成員仍健在；二是五○年代經濟工業化，農村生活型態改變，許多人經商或到工廠工作，不像早期農業社會晚上的空閒時間，可以學樂器；三是以前用轎子迎娶，北管跟隨演奏，相當熱鬧，後來汽車發達，北管就沒有人邀請了。此外，同安寮的獅陣歷史悠久，庄人本來就很熱衷，在受訪者曾茂郎童年時，庄裡還邀請過雲林西螺「阿善師」的弟子來教過，庄人的興趣和重心都放在武館，曾萬春組成北管樂團時，自然不易吸引很多成員加入，聲勢也無法壯大，因而維持不久就解散了。

—— 1994年9月17日訪問曾茂郎先生（54歲，里長），羅世明採訪記錄。

同安寮振興社（獅陣）

同安寮振興社成立於一九三○年代，當時是由田尾鄉睦宜村的陳松（若健在，約百餘歲）來傳授武藝，因為朋友交情之故，傳授時間很長。陳松在同安寮的「頭叫師仔」為曾金連（已去世），曾金連所傳的，就是受訪者游金山這一輩的武師，武藝較差一些，故未產生「頭叫師仔」。而且，到游氏這一輩時，武館開始逐漸少有年輕人再加入。

初設館時，同安寮振興社約有四、五十人參加，且曾金連、王文彬這些武師還曾到沙崙、新民二里（即分屬沙崙、新民二里的舊街仔）教武。戰後武館盛行，最興盛時，曾有百餘人出陣的紀錄，一九四八年的雙十節，田中鎮各武館都出陣慶祝，游氏等人堵在十字街口（當地人稱田中車站前的幾條十字路為十字街），讓同義堂的獅陣不能通過，就地「拚館」。當

時，全庄幾百人出動支援，捐錢、準備點心，和對方持續較量。

本館現在出陣的機會很少，人手也較難找，但若進行動員，仍可找到三、四十人出陣。本館的「傢俬」、獅頭尚未損壞，放置於庄裡的東天宮，只要里長通知，便可出陣，現在出陣是以「刈香」的場合最多。

—— 1994年9月17日訪問游金山先生（62歲，武師），羅世明採訪記錄。

紅公宅同興堂（獅陣）

紅公宅屬三安里，共六鄰、二百多戶，居民一千多人，主要姓氏為祖籍福建的卓姓。庄廟仁德宮，在清領時期就已存在，主神「尪公」（即保儀尊王張巡、許遠），每年正月初八為例祭日。

紅公宅的獅陣同興堂，最早是由「蕃薯師」來教，在日本政府禁止練武之前，獅陣的活動便十分盛行，本庄還曾有老師傅到同安寮傳授武術。獅陣每逢日本國定節日或迎神時，都會出陣。某次，神社落成時，紅公宅獅陣還曾和同安寮振興社「拚館」，互爭面子。

戰後復館時，曾另請二水鄉海豐寮同義堂的師傅來教武，彼此往來密切。若在二水鄉「拚館」時，海豐寮的獅陣就會邀紅公宅獅陣去助陣；同樣地，這裡的獅陣和同安寮振興社「拚館」時，海豐寮獅陣也會前來助陣。

後來，因本庄子弟外出工作，人口大量外流，在無法召集人手學習的情形下，被迫於十多年前解散獅陣。受訪者卓玉安

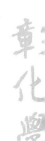

在當時擔任里長，僅在迎神或需要獅陣助興時，才進行連繫，故對紅公宅獅陣的歷史沿革無從深溯。

—— 1994年10月8日訪問卓玉安先生（79歲，曾在日治公所服務，戰後任里長三年），羅世明、羅慧茹採訪，羅慧茹整理記錄。

大崙社區國樂社

大崙里分為四塊厝及大崙尾二庄，四塊厝約七鄰半，二百七十多戶；大崙尾有一鄰半，約一百多戶，二庄合計九鄰，一千六百八十八人，主要姓氏為祖籍福建南安的張姓。四塊厝庄廟昭天宮，主祀蘇府王爺，從鹿港「分靈」，清領時期已建廟，原為一座小廟，後來逐漸擴建完成；大崙尾的庄廟崑崙宮，建於三、四年前，主祀哪吒太子，原來奉祀在庄人家中的廳堂。

大崙社區國樂社創立於一九九二年七、八月間，是由受訪者張壽郎（大崙社區理事長兼大崙里里長）創辦，由於社區成立，參與社團活動的人有興趣學習傳統曲藝，張氏遂前往斗六延請林桂烈老師來指導。林氏年約四十多歲，主持南聖宮聖樂團，曾傳授的團隊多達十四處，包括斗六善修宮聖樂團、斗六長青樂苑、斗南新光社區國樂社、林內長青樂苑、崙背長青樂苑、古坑長青樂苑、北斗華嚴寺國樂社、鹿谷鄉初鄉國樂社、崙背天衡宮國樂社及田中大崙社區國樂社等。

大崙社區國樂社排定每星期練習二小時，團員二十多人，年齡層從二十多歲到六、七十歲都有，女性占三分之二以上，經費以團員負擔，學習的樂器有古箏、三弦、揚琴、大阮、中

阮、中胡、二胡、高胡、笛等，曲目有〈花香襯馬蹄〉、〈青梅竹馬〉、〈白牡丹〉、〈期待再相會〉等。張氏本人也參加該團，並學習南胡。

—— 1994年10月10日訪問張壽郎先生（56歲，現任里長兼社區理事長），羅世明、羅慧茹採訪，羅慧茹整理記錄。

四塊厝同義堂（獅陣）

　　四塊厝同義堂成立於日治時期，戰後不久就解散了。最早的師傅是永靖陳厝厝的楊六經，「六經師」武藝高強，可用手拿著獅頭跳過三張桌子，十分厲害。教了二、三年後，本館又請「六經師」的師兄弟劉朝慶來教，他們二人都已去世，若健在，大約一百歲左右。

　　本館出陣約一、二十人，沒有「獅鬼仔」。經費由學員出資，作為購買「傢俬」和聘請師傅的開銷，出陣的收入都由參加者平分，並沒有「公金」。

　　本館在庄人家的大埕練習，除隨庄廟到鹿港「刈香」外，其他活動都不出陣。。更因為本館主要是為了保護庄中安全而組成，故未參加「拚館」。

—— 1994年12月15日訪問張清德（80歲，成員），羅慧茹採訪記錄。

四塊厝武耀館（獅陣）

　　四塊厝武耀館成立於戰後，當初是請雲林縣古坑鄉的「胡

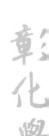

師」來教，拳式是太祖拳和鶴拳的混合，軟硬適中，獅頭則是獅嘴可以開合的那種。現由大崙里鎮民代表陳澤彰負責，目前仍有出陣。

武耀館除四塊厝之外，在田尾新厝仔、社頭邱厝也有傳承，成立的時間較其他武館晚。

── 1994年12月16日訪問張壽郎先生（56歲，現任里長），羅慧茹採訪記錄。

田中義消金龍隊（龍陣）

一九七三年，在田中義務消防隊的一次例行會議上，有人提議除了救火之外，大家也可以利用晚上空閒的時間，做些有益身心的活動，因當時的分隊長陳溪文（若健在，約六十五歲）曾學過龍陣，大家一致決定組織龍隊，也在同年成立田中義消金龍隊。

陳溪文是北港人，但全家住在田中鎮，金龍隊成立時，擔任田中義消分隊長已四、五年，當金龍隊解散時，陳氏仍任田中義消分隊長，前後一共擔任分隊長職務約二十年。

義消金龍隊在陳氏的組織、指導之下，特別請北港的龍陣來教，本隊這條龍就是在北港訂製的。該館成員並前來田中指導隊員舞龍的各種花樣、「腳步」，如龍頭、龍尾相觸，鑽過龍身，龍頭躍過龍身、龍尾，以及各種跑、跳的動作。此外，義消隊員若有人開設國術館，也會幫忙指導。

組織龍陣需要很多人手，田中金龍隊這條龍出陣一次，就需要十一人舞弄，再加上拿龍珠的人，共十二人。可是，若出陣表演，就必須六十人參加，因為有的成員要負責敲鑼打鼓，

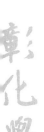

有的準備替換舞累的人，龍頭大概有三十斤，需要六人輪流支援，而龍尾也要四人輪流替換，如果出陣的人數太少，就無法舞完全場。所以，義消金龍隊在一九八六年面臨解散。因為舞龍需要的運動量大，要跑、跳，手腳都要靈活，對五、六十歲的人而言，比較吃力，這些人退出之後，龍陣的人手去掉大半，雖然加入了二、三十歲的年輕人，但由於他們工作量重，不便參加。解散之後，遂把這條龍送給溪州義消。

溪州、田中二地的義消在田中義消金龍隊未解散前，是相互支援人手的，雙方活動也相互幫忙，每次溪州義消要出龍隊，本地就調人手前往，同時把龍借給他們。後來，溪州又訂做了一條新龍，就把原先這條舊龍淘汰了。

以前田中義消金龍隊出陣前，會燒金紙讓龍陣「過火」，出陣時的紅包收入，都作為義消的「公金」，金龍隊仍存在時，曾由地方人士支付部分資金，這是因為製作那條龍的花費並不便宜。本隊都在田中國小、台山發食品工廠廣場練習，場地比較廣闊。

田中義消金龍隊以前為義務出陣，曾到東港、麻豆、田中、鹿港、彰化的媽祖廟「刈香」，也曾在雙十節到田中街上遊行。學校校慶若邀請參與表演，也會前往。由於本館非職業性質，所以不會參加入厝、喜事、落成等場合，因為參加龍隊，主要是為了鍛鍊身體，而非牟利之用。

—— 1994年11月15日訪問張榮松先生（53歲，現任義消分隊長），羅慧茹採訪記錄。

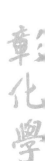

第二章 北斗鎮的曲館與武館

　　北斗鎮位於彰化縣東南部的濁水溪沖積扇上，舊濁水溪（即東螺溪）貫流境內西南部。本鎮北接田尾鄉，南臨溪州鄉，東鄰田中鎮，西連埤頭鄉。北斗昔為巴布薩（Babuza）平埔族東螺社（Baoata）社域，清領康熙五十四年（1715），客籍大墾首黃利英率同籍佃戶入墾本地。雍正至乾隆年間（1723～1795），大量漳、泉移民湧入，客籍移民轉而遷徙他處，迄嘉慶十一年（1806），因爆發分類械鬥及東螺溪泛濫成災，居民始遷至今日鎮域所在，並將東螺社音譯為「寶斗」，再改為現名。

　　目前居民以泉籍為多，漳籍次之，大新、新生二里尚有客籍居民，則是日治時期（1895～1945）由桃、竹、苗遷來。本鎮面積約十九平方公里，境內地勢平坦，主要作物有稻米、甘蔗、洋菇、蔬菜等，工業方面則以木器加工業最為興盛。

　　北斗街發展極早，非常繁榮，以前中國商人可以沿著濁水溪坐船，到本地經商，更有「一府二鹿三艋舺四寶斗」之稱。奠安宮的媽祖是「寶斗五十三庄」的信仰中心，祭祀圈包括鄰近五個鄉鎮（芳苑、二林、田尾、埤頭及雲林西螺）的泉籍村庄。

　　由於北斗街早已發展成重要街市，具備產生曲館的足夠條件。這些重要曲館，在北管方面，有北斗街內的雅樂軒和西門

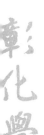

的奏鈞天（日治時自雅樂軒分出）；在南管方面，則有北斗街內的秀螺社。這三個館閣都是曾經盛極一時的著名傳統曲館，參加者多爲地方仕紳，「館金」充裕，且與其他各地館閣往來密切。此外，奏鈞天與雅樂軒之間「拚館」激烈，爲了爭面子，不惜代價，更極盡奢華之能事。可惜，目前這三館都已在二、三十年前「散館」。

此三大館的成員在「散館」後，分別另組本鎮其他館閣。秀螺社的成員曾另組螺陽社，但爲時不久。雅樂軒的成員之一，在二十多年前組成正樂軒大鼓陣；另一成員邱燈賜，則在七年前籌組武英殿國樂社，自行任教（並在田中鎮崁頂的頂潭國樂社任教）。本鎮的另一大鼓陣，由正樂軒成員自組，取名新樂軒大鼓陣。

除了上述二館北管、二館南管、二個大鼓陣及一個國樂社外，本鎮中圳仔在一九五二年、一九五三年時，分別成立過一個北管曲館及一個九甲館，前者取名中和軒，後者館名不詳，只知屬於「社」，此二館皆於一九五九年「散館」。此外，本鎮中寮也有一歌仔九甲陣，名爲華美社。

在師承方面，秀螺社的「南管先生」是泉州來的吳顏點。北管方面，雅樂軒請過多位「先生」，但姓名不詳，最後一任「先生」是本鎮街內的楊重禧；奏鈞天的「先生」在日治時期，曾有本鎮西德里人楊□義（人稱「車鼓義仔」）兼任館主與「先生」，又請鹿港玉如意的黃世清和「嘉鼎先」（許嘉鼎）來教「外江」。此外，中圳仔的中和軒先後請過田尾鄉打簾的周再傳和永靖街一位廟祝來任教。至於九甲仔方面，中寮和中圳仔的九甲館，都是由本鎮西德里的「目溪仔」（姓陳）任教，但是，目前資料之中，卻沒有西德里曲館的記載，有待進一步查證。

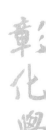

　　本鎮已知的武館有九個，其中屬和義堂系統的四個（北勢寮、北斗街內、寶斗庄、新生里等四館），振興館三個（北斗街內、中圳仔、大新田等三館），另外二館為中寮勤習堂及中圳仔溪底皇家醒獅團。

　　和義堂系統的武館皆由來自竹塘的「阿藤師」（連藤）傳授，他教過竹塘、田尾、田中、大城、北斗等地的武館，包括北斗附近五十三館。由於和義堂及同義堂系統較重視送殯規矩，連氏過世時，各地來送殯的陣頭有七、八十個之多。目前北勢寮和義堂及北斗街內和義堂二館已解散。

　　振興館系統的武館，以北斗街內振興館最為興盛，該館成立於日治時代，以陳錫衍為館主，館風甚佳，不會主動與人「拚館」。戰後曾幫助維持地方秩序，成員最多時，有七、八百人。當初設館是由廖龍傳授，廖氏師承西螺振興館的「唐山師」。陳錫衍則改館號為「社」，而中圳仔振興館亦為廖龍所傳。至於大新里振興館則由庄人「阿井師」傳授祖傳功夫，現已解散。

　　至於中寮勤習堂，係成立於日治時代，由埔心鄉瓦窯厝張姓「做佛仔師」教武。中圳仔溪底皇家醒獅團成立於一九九一年，為「外省獅」。此二館目前仍在活動。

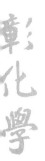

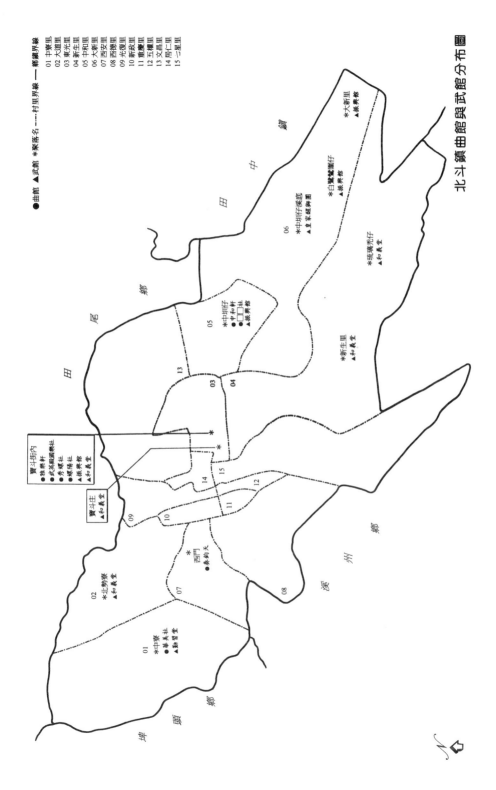

北斗鎮曲館與武館分布圖

●曲館 ▲武館 ＊聚落名 ⋯⋯村里界線 ─鄉鎮界線

01 中寮里
02 大道里
03 東光里
04 新生里
05 中和里
06 大新里
07 西安里
08 西德里
09 光復里
10 新政里
11 重慶里
12 五權里
13 文昌里
14 居仁里
15 三星里

田 中 鎮

＊大新里
　▲張樂軒

＊中圳仔溪底
　▲皇家醒獅團

＊白塔鷺鷥仔
　▲張樂軒

田 尾 鄉

＊琉璃瓦仔
　＊和義堂

06

＊中圳仔
　●中和軒
　□□社
　▲張樂軒

05

＊新生里
　＊和義堂

13

03

04

寶斗街內
●振樂軒
●武英殿四熙社
●秀娥社
▲張樂軒
▲和義堂

寶斗庄
▲和義堂

＊

＊

14

15

12

11

09

10

＊西門
　＊泰和天

＊北勢寮
　▲和義堂

02

07

08

州 溪 鄉

＊中寮
　●集英社
　▲勤習堂

01

坤 頭 鄉 田

北勢寮和義堂

北勢寮屬大道里，武館和義堂是由竹塘鄉新庄仔的「阿藤」（連藤）來教的，當時分有二館，一館在蕭福家中，另一館在「棟南仔」家中，這二位館主及其他主要成員都已去世，武館也已解散一段時間了。

—— 1995年3月22日訪問謝煙帖先生（64歲，寶斗庄和義堂成員），羅世明採訪記錄。

中寮華美社（九甲）

中寮即中寮里，約在五十年前，爲了因應「迎媽祖」，原想請布袋戲團在庄裡組牛犁陣或車鼓陣，結果卻從本鎮西德里請陳姓「目溪仔」來教歌仔陣，「目溪仔」教的歌仔陣有九甲仔與四平二種。他在本館及埤頭同合興教的是九甲仔，也就是俗稱的「品館」，在田尾饒平厝教的則是四平。此外，「目溪仔」也到田尾曾厝崙仔教過。本館和同合興較有來往，受訪者陳新發與同合興的許順興兄弟很熟，但許氏兄弟已去世，該館也比本館更早解散。

「目溪仔」早期是歌仔戲班成員，在北斗鎮西德里經營餅舖，他來華美社教了好幾年，都沒有收「館禮」，教了約二年後，華美社開始上棚演戲，爲了區別華美社子弟班性質和戲班不同，以彰顯子弟班較高貴，「目溪仔」特別將戲棚設計爲前、後棚的形式，後台和前場一樣在戲棚上，不像戲班的後棚設在後方地上，必須從台下爬上來。

九甲仔爲南管的轉型，不像南管須照規矩演奏，較爲通

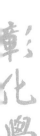

俗，頗能吸引女性觀眾欣賞。九甲仔引用了許多南管的曲調
（如【相思引】、【玉交】）、劇目（如《秋天梧桐》）等，
較不正式的改用原曲，但九甲仔對人物喜、怒、哀、樂的不同
表現，所使用的曲調仍有限定。【相思引】、【將水】不僅九
甲仔在用，一般「齋公壇」也有使用。華美社過去演過《福祿
壽三仙》及《陳三五娘》、《山伯英台》、《雙花壽》、《一
門三孝》、《趕雞》等劇目。

　　華美社設館時，館主為陳猜（現年八十五歲），約有十
多人參加，奉祀的祖師是田都元帥。華美社會上棚演戲，若是
庄內事務就不收費，至於外庄來請，則要收取酬金，因為華美
社一組戲服就花費了十多萬元。至於出陣的情形，只要庄裡神
明「刈香」，一定出陣，「好歹事」若有人邀請，也會出陣。
大約在一九四〇年時，曾到田尾鄉溪畔「拚館」，當時溪畔庄
請了歌仔戲、布袋戲等不同戲棚，許多團隊一起表演，十分熱

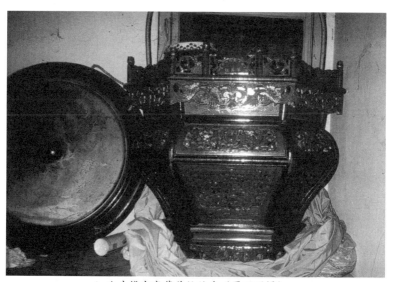

▲ 北斗鎮中寮華美社鼓座（羅世明攝）。

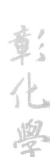

鬧。華美社於二、三十年前「散館」，但成員大部分仍健在，只是年紀已大，不再出陣。

—— 1995年2月22日訪問陳新發先生（60歲，成員），羅世明採訪記錄。

中寮勤習堂（獅陣）

中寮屬於中寮里，共十三鄰，約五、六百戶，近四千人，主要姓氏為顏姓。庄廟原為永安宮，俗稱「夫人媽宮」，有百餘年歷史。後改建為順天宮，主祀順天元帥，約有四十年歷史，每年二月十五日順天元帥聖誕，都有祭祀活動。

中寮勤習堂是日治時期埔心鄉瓦窯厝張姓師傅（「做佛仔師」）來教的，其子「和美仔」也接著來教，當時的堂主是顏秉榮（若健在，現約百餘歲），即受訪者顏典的父親，顏典十七、八歲開始學武，但沒有學草藥、接骨等。

中寮勤習堂的獅陣只在庄裡的「神明生」才出陣，並不接受庄外邀請，成員原有二十多人，但因顏典這一輩年事已高，現在換成年輕一輩的出陣，堂主也由顏如炊繼任。

—— 1995年2月22日訪問顏典先生（85歲，曾任堂主），羅世明採訪記錄。

西門奏鈞天（北管）

西門即西德里。西門奏鈞天是北管曲館，奉西秦王爺為祖師，但受訪者葉德源並不清楚設立的時間。據葉氏表示，自己

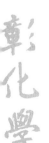

只能上溯到「先生」，即西德里的「車鼓義仔」（姓楊，若健在，約百餘歲），是館主兼「先生」。楊氏原來經營木材行，曾學車鼓，以前車鼓都是由男性表演，後來才改由女性表演。「車鼓義仔」之孫擅長班鼓，也能教曲。

到了太平洋戰爭快結束時，奏鈞天又從鹿港鎮請了「清先」（應是黃世清）和「嘉鼎先」來教「外江」。「清先」是鹿港茉園人，但「嘉鼎先」是鹿港哪一庄的人，就不清楚了。

奏鈞天請「先生」的「館禮」或添置「傢俬」的錢，館員不必支付，都是由里長及庄裡有錢的「頭人」共同出資，所以，奏鈞天出陣一律免費，不收酬金。但對方若為表示謝意，就會送紀念品、致贈錦旗等，奏鈞天共有十面大旗，部分是庄裡富人捐的，有些則是出陣時請主的贈品。在日治時代，這些大旗一面需一百多元，花費頗高，甚至有一面二丈長的大旗，是由二十人共同出資製作，高達三百多元。

奏鈞天館址位於大眾廟旁的平房，大旗、「傢俬」等都存放其中，但現址已改建為鐵房，有人居住，奏鈞天的東西被移至旁邊木造平房貯放，乏人管理，以致目前大旗及主要「傢俬」都已下落不明，曲館成員也泰半凋零，所剩無幾。

奏鈞天於日治及戰後這段時間，一直和位於媽祖廟奠安宮的雅樂軒激烈「拚館」。奠安宮是「寶斗五十三庄」的信仰中心，各地來「迎媽祖」的隊伍眾多，有時一年要為「迎媽祖」出陣四、五十次。這時，奏鈞天都會和雅樂軒「拚館」。鹿港鎮和員林鎮公所落成時，也曾發生「拚館」，鹿港鎮公所為了避免評定輸贏傷了和氣，特地各送一面錦旗，表示不分勝負，皆大歡喜。甚至連臺中縣豐原「鬧熱」時，奏鈞天和雅樂軒也前往「拚館」。曲館最興盛時，二館不只一陣在拚，而是一邊各出七、八個陣頭來競技，大旗持續地製作，激烈極了。本館

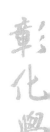

大旗上的龍、虎都是浮繡的，而且鼓架也是將原木中間挖空，再請雕刻家製作。除了曲藝之外，二館也在氣勢上一較勝負。

奏鈞天沒有上棚演戲，這是和雅樂軒不同的地方，但本館有組織崑腔陣，「好歹事」時都可以出陣。若是「歹事」，就在告別式現場唱誦亡者生前的功勳，說些吉祥話，並跟著出殯隊伍直到下葬。而平時排場，則多演奏三國故事的曲目。二十多年前，因年老一輩凋零，年輕人又不肯學，於是就解散了。

── 1995年2月27日訪問葉德源先生（82歲，成員），羅世明
　　採訪記錄；9月1日電話訪問陳亮居先生（77歲，北斗街內
　　振興社武師），林美容整理記錄。

北斗街內雅樂軒（北管）

〈訪問邱燈賜先生部分〉

　　北斗原本只有雅樂軒這個北管曲館，後來因內部意見不合，在光復路以西，另分出一館奏鈞天，後來遂以街內雅樂軒及西門奏鈞天辨別。受訪者邱燈賜四十五年前加入雅樂軒時，就已分立二館。據邱氏推測，分館的時間應在日治時代（1895～1945）。奏鈞天另請平劇的「先生」來教，彼此競爭極激烈，三人才撐得起的大旗，奏鈞天若製作一面，雅樂軒也會跟進，最後二館都製作了十面大旗，也都組織了崑腔陣。崑腔陣專出喪事，所有人的服裝一致，穿著長袍馬褂、戴瓜皮帽、穿黑布鞋，在邱氏上一輩時，常常「拚館」，到了邱氏這一輩，雖然少有「拚館」，但二館的成員仍互比氣勢、不相往來。

　　邱氏這一輩於戰後加入雅樂軒的成員，都是由上一輩成

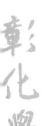

員（若健在，約八、九十歲）所教的，並未直接受教於「先生」。邱氏上一輩的成員，約有七、八十人，都是於日治時期學北管的，並以學前場上棚演戲居多，也曾請過不少戲班的人來教「腳步」。雅樂軒不僅使用「公金」購買每人一件專屬的戲服，樂器也是個人專用。雅樂軒的鼓架由北斗鎮內著名雕刻家製作，雕工十分精細，連茶架也刻得一樣細緻，甚至有刺繡的大旗。連崑腔陣出門，也另製遮陽的布棚，氣勢十足。為了面子，所費不貲。這些開銷都是從雅樂軒四處演戲、出陣的酬金而來，除了這些花費之外，館主楊重禧喜好賭博，「公金」也補貼不少，清償他的賭債。

雅樂軒是北管子弟戲，故上一輩的成員自視甚高，對於當時社會視為低賤職業的人物，都不准出入雅樂軒。俗話說「第一衰：剃頭、歕鼓吹」：理髮師、戲班演員（如歌仔戲班）、樂手、「齋公」等被視為「落地掃」的低賤職業，都是雅樂軒不歡迎的對象。

雅樂軒上棚演出的劇目，大多是歷史故事的內容，如《長阪坡》、《秦瓊倒銅旗》、《黃鶴樓》等，館主楊重禧也編過《粉妝樓》、《哪吒鬧東海》二部劇本，演出的地點遠近皆有，甚至到過臺北，有一次還到竹山鎮的戲院公演三天，收入充作當地消防隊的基金。

雅樂軒館址在舊媽祖廟奠安宮旁廂房，館主楊重禧於三十多年前去世後，曲館也隨之解散，邱氏時逢父喪，經濟壓力大，也無心再參與。後來媽祖廟改建，廟內的曲館「傢俬」等物品也不知去向，只剩一尊祖師西秦王爺的神像，已被邱氏迎到武英殿供奉。

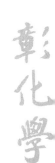

〈訪問陳亮居先生部分〉

北斗雅樂軒的歷史應有一百年以上，受訪者陳亮居的父親陳錫衍（外號「陳其」，享壽七十五歲，若健在，現年一百零五歲）年輕時，曾加入雅樂軒並學老生。日治時期的街長陳璋琪，也曾參加雅樂軒。雅樂軒的子弟尚健在者，包括陳萬校（六十多歲，老生）、林明樵（小旦）二位。雅樂軒換過幾位「先生」，最後一位是北斗街內的楊重禧，楊氏原為鎮公所職員，其子楊玉也會班鼓。

—— 1995年2月23日訪問邱燈賜先生（64歲，成員），3月1日訪問陳亮居先生（77歲，曾任鎮民代表、里民），羅世明採訪記錄。

北斗街內秀螺社（南管）

〈訪問陳進興先生部分〉

寶斗是北斗的舊名，日治大正九年（1920）在北斗設郡。北斗街內發展極早，以前中國人可以沿著濁水溪坐船到北斗經商。北斗街上的奠安宮，主祀媽祖，祭祀圈涵蓋目前芳苑鄉、二林鎮、田尾鄉、埤頭鄉、雲林西螺鎮等地，是「寶斗五十三庄」的信仰中心。北斗的主要姓氏為陳、林二姓，陳姓祖籍為福建泉州府。

北斗秀螺社是南管曲館，也就是所謂的「洞館」，秀螺社之名，是日治時期北斗郡守林伯餘之父前清秀才林慶賢所取。日治時期學曲的那一輩（若健在，約八十多歲），都是直接跟泉州來的「先生」吳顏點（若健在，約百歲以上）學南管。陳進興這一輩的人，則是戰後才學的，是由上一輩義務傳授，沒

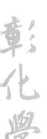

有再另請「先生」。

　　陳氏手邊現存多種曲簿，分別爲不同的作者編寫，一位是廈門許啓章，另一位是文學家林霽秋（原籍安溪，世居廈

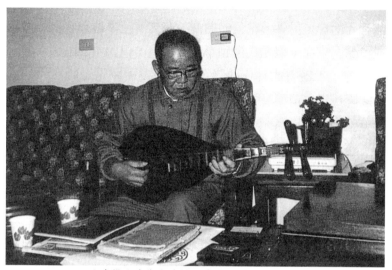

▲ 北斗鎮北斗街內秀螺社陳進興（羅世明攝）。

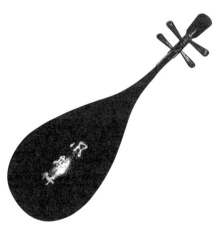

▲ 北斗鎮北斗街內秀螺社陳進興的琵琶
　上寫有風敲竹（羅世明攝）。

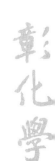

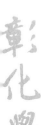

門）。二者相較，許氏的曲較優美，較受歡迎，但詞比不上有文學底子的林氏。陳進興現存的許氏曲譜，是由吳顏點於昭和五年（1930），在高雄旗津教曲時重新抄寫的，一本曲簿裡有四十八套，那些曲簿當時是以二百元買來，而那時豬肉三斤只需一元而已。另外，林氏的曲簿，有二、三本留存在另一曲館成員顏明宗處，但顏氏搬到臺東縣池上，已因中風臥病在床。陳進興手上擁有的林氏曲譜，影印自友人歐陽華所寫的抄本（歐陽氏現居苗栗縣竹南鎮），歐陽華的曲簿用毛筆字抄寫，十分整齊，字又漂亮，原打算販售，可惜林氏曲作在市場上並不賣座，遂送給陳氏數本。

秀螺社的成員不多，僅十餘人，而且，學南管的多為泉州人，在南管曲子中，尤以奏哀樂最莊嚴。秀螺社出陣時，都身著淺藍色長袍馬褂、戴瓜皮帽。正因為南管的莊嚴肅穆，約在一九六○、七○年代，謝東閔的父親去世，謝氏宗親會即推薦秀螺社擔任樂隊。在場除了秀螺社之外，全部都是西樂，若有官員來上香時，立刻改奏南管樂，且其他樂隊都未受招待用餐，唯獨宴請秀螺社三桌。

秀螺社並不隨便出陣，除了館員及曲館的贊助會員才免費出陣，其餘都要收費，每次出陣價碼約數千元，但成員至少需十三人以上。另外，秀螺社是正統南管，奉祀的祖師是孟府郎君，有別於「歌館」奉祀的鄭元和。

秀螺社戰後的館主是邱才子（寶斗雅樂軒邱燈賜的叔父），館址設在邱家。秀螺社和芳苑街內義芳社往來頻繁，當地的洪天左、洪天右兄弟和陳進興極為熟識，還曾到秀螺社來調人手。另外，雲林北港等地，秀螺社也曾去拜訪，就連臺東的南管也曾到秀螺社作客。後來，秀螺社因館主邱才子搬到臺北，解散了二十多年。三年前，陳氏到鹿港龍山寺拜訪聚英

社，有人向老館主（應是王崑山）介紹陳氏是北斗秀螺社成員，老館主高興的執意要陳氏留下來一起共娛。陳氏表示，大家都已忙碌十多天，今天才回來，不要再打擾。老館主才勉強接受說：「你說的不錯，可以接受。但一定得留下來吃飯，並在此過夜，讓我好好招待。否則，就不是南管人，明年也不要再來了。」南管人之間的親切熱忱，可見一斑，老館主的摯情，更讓陳氏感念迄今。

〈訪問邱燈賜先生部分〉

　　受訪者邱燈賜的叔父邱才子本身並不會南管，但其妻極為愛好，邱才子十分疼惜夫人，戰後初期，秀螺社一時之間無人接手，邱氏遂將秀螺社移到家中，以自宅作為館址，並負責曲館開銷。十多年間，鹿港、臺南等地的南管團體來此會友的食宿開銷、秀螺社到外地拜訪的車馬費，再加上秀螺社本身的支出，使邱氏家產蕩然無存。然而，十分愛妻的邱氏，仍未將真實的經濟狀況讓妻子知道，為了隱瞞她，還借錢放在家中，讓妻子以為經濟無虞。後來邱氏搬到臺北，並於當地過世，秀螺社也隨之解散。

—— 1995年2月23日訪問邱燈賜先生（64歲，館主之姪），2月25日訪問陳進興先生（63歲，成員），羅世明採訪記錄。

北斗街內螺陽社（南管）

　　螺陽社是在秀螺社解散之後，由部分成員另組的團體，素質上和原先的秀螺社有一段距離，沒有維持多久，就解散了。受訪者陳進興沒有加入，曲館成員目前也各分西東了。

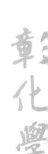

—— 1995年2月25日訪問陳進興先生（63歲，秀螺社成員），羅世明採訪記錄。

北斗街內振興館（社）

北斗街依傍在舊濁水溪流旁，是一個河港，即現在北星橋旁，小船可航行到鹿港，因此北斗以前有很多貿易商。清領道光年間（1821～1850），客棧還有一百多間，腹地涵蓋了彰化縣南部，甚至南投及雲林縣一帶（西螺鎮部分地區也在「寶斗五十三庄」的信仰圈內）。南投竹山一帶的山產，會拿到北斗販售，順便買一些日用雜貨回去。芳苑、大城、路上厝等沿海地區出產的芝麻與花生，也會運到北斗榨油，因此昔日有幾十間「麻油車」，帶動鄰近種植花生的風氣，農民將花生運來北斗賣，也吸引了消費人潮。鄰近二林、溪州、埤頭地區的人，若要嫁女兒或大拜拜，都會來北斗採購。北斗以前雜貨店很多，人批發的菜販也很多，一日二市，早上五點多至中午為早市，下午三點多至五點又有一市，農產都在北斗集散輸出。而北斗的木材業（含雕刻業）也非常有名，西門金王爺廟以西整條街都是傢俱店，生意興隆。

在種種商機的互動下，北斗街也就成為一個商業繁榮、交通便捷、文風鼎盛的地方。以北斗媽祖廟為中心，建立「寶斗五十三庄」的信仰暨聯防系統，也使北斗成為五十三庄的中心。

日治時期，鐵道路線行經田中沙仔崙而未經過北斗，傳聞是因當時地方「頭人」怕敗壞風水而反對。受訪者陳亮居表示，這是極大的誤解，當時的「頭人」贊成建設，但因北斗這一帶為砂質土壤，路基不夠穩固，因而改道。戰後，政府鼓勵

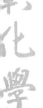

種植蘆筍外銷日本，由於蘆筍利潤高，大家紛紛改種蘆筍。但蘆筍和花生同樣需要沙質土壤，遂導致北斗的製油業衰微，連帶影響經濟。

北斗媽祖廟奠安宮原為天后宮，陳氏表示，廟內的媽祖來自福建湄州，是竹製的軟身神像，政府曾來鑑定過神像，媽祖身上的綢緞，的確為中國出產，所以北斗奠安宮的年代極為久遠。

北斗街內振興館是日治初期西螺振興館的廖龍（若健在，約一百二十歲）來教的，同時還教過中圳仔。廖氏和「肉圓成」是師兄弟，因在中國打死人而逃來臺灣。北斗街內振興館當時就是由受訪者的父親陳錫衍（若健在，一百零五歲）負責。陳錫衍外號「陳其」，幼年沒有讀書，後來參加北斗街內的雅樂軒學北管，同時學漢文，之後才讀私塾，並學藥理。有人認為振興館的「館」字有「管人」的意思，而「社」字較和平，所以就改為「振興社」，事實上，本館和振興社並無淵源。

廖龍對鷹拳最熟練，來北斗教武時，也是以鷹拳為主。少林拳則有鷹、鶴、虎、蛇、猴五種拳以及十八羅漢拳。十八羅漢拳其實是十八種不同的拳，拳套極多，不過，少林寺內並非每個人什麼拳都學，而是師傅依弟子的體型加以安排，如手長、上身壯的體型適合學鶴拳；雙腳及身體粗壯的學虎拳；可學鷹爪手的練鷹拳。練習鷹爪手要配合「藥洗」及師傅指導，用手指插入米、糠、砂中，一步步增強硬度，但要照規矩練，否則視力會受損。至於矮小靈活的，就練猴拳。廖氏傳的鷹拳和鶴拳，都是柔中有剛、剛中有柔的拳法，而且還要具備氣功基礎，才能發揮精髓。傳統的少林拳法，講究的是吸收日月山川之氣，增加自身功力，所以呼吸的調整非常重要，出拳時要

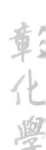

呼氣、收拳時要吸氣，而且不能練得太激烈，過度喘息會造成肺部疾病。至於本館剛開始所教的「拳母」，名稱分別是「一蝶、二蝶、三蝶、黑鴨下田、四門、八卦」。

陳錫衍重視道德倫理，所以，戰後成員雖有七、八百人，但絕不允許徒弟惹是生非，也不准本館的人出館喝酒，怕酒後鬧事，屆時需出面向人道歉，敗壞館風。別館的師傅若來拜訪，陳氏便泡茶款待，絕不主動和人「拚館」，但若別館的人「侵門踏戶」，等於祖師蒙羞，再不挺身而起，只怕被人誤會軟弱無能，才會剉對方的銳氣。但陳氏盡量以個人或加上二名兒子（陳亮居及其弟陳椒喜）及一位大徒弟四人，面對對方整館的人，以免徒增人員受傷，這種情況總共發生過三次。陳錫衍和人較量，都手下留情、點到為止，只要對方倒下，就不再動手，除非對方不服輸而反擊，才又出招。無論如何，盡可能以和平收場。戰後，日本警察返國，只來了三位中國的警察接管本地，導致偷竊、搶劫之事頻傳，警察乃憑藉北斗街內振興館的力量維護治安，於是人們稱陳錫衍為「北斗第一代所長」。

在陳錫衍這一輩時，武館抗日的風氣極盛，當時，洪門、「阿善師」，以及廖添丁的師傅這些系統的武館，多少具有比較強烈的色彩，社會上也還流傳著一些「劉伯溫讖」，如「半天造銅橋（電線）、地窖量寸尺（土地測量）、蝴蝶滿天飛（飛機）」等，預言一個新時代的來臨。二次大戰時，中國重慶也派了不少特務來滲透，製造不利日本人統治的讖言，如「日本人變火炭，臺灣人剩一半」。陳錫衍具有臺灣意識，影響所及，後來其子陳椒喜（原名陳叔喜，但因戶政人員筆誤，遂沿用迄今）任里長時，新市街部分拓寬改建後，陳椒喜將新路命名為民族路，以紀念當地的抗日英雄鄭成燈，鄭氏也是一

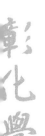

位武師，和日本警察對抗，被日警以槍打穿藤牌而死，但因爲鄭氏英勇過人，日本人一下子還不敢近身。

北斗街內振興館在日治時期，一度受到政府的管制，但並未干涉其活動，反而是戰後發生二二八事件（1947年）那段時間，才被眞正禁止，「傢俬」都要主動報繳。陳錫衍也依規定清繳，承辦人看到陳氏前來，因爲一向知道其爲人，告訴陳氏不必清繳，但陳氏仍堅持一律平等，以免被視爲特權。陳氏去世後，本館由陳椒喜負責，並接任館主，前不久，陳椒喜去世，武館遂由陳亮居接手，目前仍可出陣活動。

—— 1995年3月1日訪問陳亮居先生（77歲，師傅），羅世明採訪記錄；9月1日電話訪問陳亮居先生（77歲，北斗街內振興社武師），林美容整理記錄。

北斗街內和義堂

北斗鎮的武館有三種不同的館號，分別是振興館、和義堂以及勤習堂，但沒有任何一間武館爲公有性質。三館之中，又以振興館及和義堂聲勢較大，成員眾多，二者都在北斗街內設館。

和義堂設在北斗街內的富人林生財家中，即北斗加油站附近，由「阿藤師」（連藤）來教，但現在已解散，林氏也已去世。

—— 1995年3月22日訪問謝煙帖先生（64歲，成員），羅世明採訪記錄。

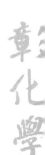

北斗街內武英殿國樂社

武英殿位於北斗街內，本為北斗鎮的李氏家廟。武英殿原為木造土牆的廟宇，隨著李氏後人逐漸減少，武英殿也乏人管理，後來，李氏一位女性後裔嫁到田中，表示願將武英殿捐為公有，受訪者邱燈賜遂組成委員會接管，並於一九六九年改進，現為重慶里的庄廟。

七年前，邱氏在北斗鎮籌組一個國樂社團，傳授國樂，成員大半為四十多歲的中壯年人，並取名武英殿國樂社。目前若是為了公家機關或廟中事務出陣，都免費服務；但若私人邀請，則要收費，所收的費用充作「公金」。另外，每年六月二十四日西秦王爺聖誕，也都會演奏慶祝。

—— 1995年2月23日訪問邱燈賜先生（64歲，成員），羅世明採訪記錄。

寶斗庄和義堂（獅陣）

寶斗庄即今文昌里、東光里，庄內沒有公廟，以北斗街的媽祖廟奠安宮為信仰中心。本庄武館和義堂則和田中三塊厝、田尾茉莉庄（睦宜村）較有「交陪」，睦宜村的廟裡若有什麼活動，本館都會去支援。

寶斗庄和義堂在日治時代，是由「阿藤師」（連藤）來教的，後因太平洋戰爭而中斷。戰後連氏再度來教武，受訪者謝煙帖當時還曾騎腳踏車，載師傅到處教館，光是北斗附近，連氏就教了五十三間武館，都是在自家大埕學。寶斗庄當時有四館，分別在蘇木連、顏如水、李春夏、卓上四人家中。不過，

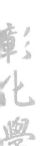

這五十三館說是連氏所教，其實大多只是掛名，像謝氏本身就是連藤在睦宜庄的「頭叫師仔」陳勇及陳姓「又仔」來這裡教時，才開始學武，後來，謝氏又到睦宜村學，連藤大概只有收酬金及出陣時，才會前來，其他時候都不在。

早年若有「迎媽祖」，本館大概會有一百人左右出陣，最少也有七十餘人，在謝氏幼年，只要到彰化市比賽，一定都獲得冠、亞軍。若和其他館號武館相比，和義堂及同義堂這一系統比較重視送殯的規矩，怎麼送殯、入土，都有一定的制度，「阿藤師」去世時，徒弟由各地趕來，大約有七、八十個陣頭，將竹塘街上擠得滿滿的，整整走了一天，才抵達墳地。

不過，寶斗庄獅陣成員目前已散離大半，平日沒有活動，但若睦宜村那邊的師兄弟來動員，還是會找一些人手過去幫忙。

── 1995年3月22日訪問謝煙帖先生（64歲，成員），羅世明採訪記錄。

中圳仔中和軒（北管）

中圳仔中和軒約在一九五二至五三年左右成立，前後請了永靖鄉打簾的周再傳（若健在，約九十歲）及永靖街的一位廟祝來教北管，周氏來教了一年多，那位廟祝來教《醉仙》與牌子等，一九五九年左右，成員逐漸散離，中和軒就沒有再出陣了。

中和軒的館主是受訪者盧德乾的父親盧善繼，起初約有十五、六人，但後來學成的，大約只有七、八人。本館大部分都是庄裡有事才出陣，很少到庄外出陣，獲得的酬勞都由「先

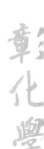

生」收取。此外，中圳仔還有一館歌仔陣（九甲仔），成立和解散的時間，都和中和軒差不多，不過，二館在庄裡並沒有「拚館」，而是各自練習，各自出陣。

—— 1995年2月28日訪問盧德乾先生（65歲，成員），羅世明採訪記錄。

中圳仔□□社（九甲）

中圳仔曲館為歌仔陣，受訪者表示，全名已忘記，但最後一字為「社」。「先生」是本鎮西德里人「目溪仔」，傳授九甲仔，約在一九五二至五三年間開始，並在一九五九年左右解散。

—— 1995年2月28日訪問盧德乾先生（65歲，村民），羅世明採訪記錄。

中圳仔振興館（獅陣）

〈訪問王和忠先生部分〉

中圳仔即中和里，共有九鄰，二百多戶，約二千人左右，主要姓氏為盧姓，堂號范陽堂。庄廟白鶴宮，主祀周府千歲，神像原本供奉在爐主家中，戰後始建廟奉祀，每年二月二日「土地公生」、十月二十日周府千歲聖誕，都有祭祀活動，獅陣會出陣慶祝。

中圳仔振興館於日治時代即已成立，受訪者王和忠只知道本庄振興館第一代的盧朝同（若健在，約百餘歲）於戰後義務教武，盧氏那一代的成員大多已去世，而盧氏的徒弟若還健

在，也約有七、八十歲了。太平洋戰爭爆發時，武館被禁，戰後雖立刻復館，但二二八事件（1947年）之後，又遭禁止，之後便沒有再恢復過。直到七、八年前，成立社區委員會，補助購置「傢俬」，並敦請王氏重組獅陣，武館才又成立。

王氏的拳法並非師承庄中振興館，而是其父所授，其父拜師學太祖拳，只教了王氏兄弟幾人，但因太祖拳和振興館拳種相似，重組武館時，王氏認為館名只是名號而已，故仍維持振興館的館號，不另變更。

戰後初期，中圳仔振興館有六、七十名學員，現在新組的獅陣則約有二十多人，二、三十歲的年輕人將近十人，其餘皆為四、五十歲的中年人。目前，在庄內出陣屬於義務性質，但若人手不足，需調外地人手來為庄廟出陣，則需由廟方補助這部分的經費。若庄外邀請出陣，有時按人計酬，一人一、二千元；有時以場次計酬，需看出陣所從事的活動及時間長短而定，時間愈長、活動愈累，價碼也愈高。

拳套不容易以文字、圖形記錄下來，而且，會拳術的師傅通常不識字，所以拳譜的流傳微乎其微，大多是口授並現場示範。若師傅去世，徒弟久未練習，一套套拳法就此消失，所以，若是有心蒐集留存者，應該採取示範錄影的方式，並加以講解，才是保存文化資產的好辦法。

〈訪問陳亮居先生部分〉

中圳仔振興館是西螺的廖龍教的，廖氏同時教了北斗街內及中圳仔二館，中圳仔振興館的「頭叫帥仔」則是盧武。

—— 1995年2月28日訪問王和忠先生（60歲，成員），3月1日訪問陳亮居先生（77歲，北斗街內振興館師傅），羅世明

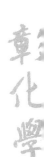

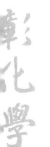

採訪記錄。

中圳仔溪底皇家醒獅團（中國獅）

　　兩廣皇家醒獅團約在一九九一年年底成立，之所以選擇醒獅團，是因為受訪者盧建當在臺北看過醒獅表演，認為值得推廣，便送二位姪子盧憲重、盧憲鐘去臺中市，向「阿貴仔」學兩廣醒獅，學成回來後，才開始設館。

　　盧氏設兩廣醒獅團之初，所有設備及獅頭，大概花了三、四十萬元，成員除了國、高中的姪子之外，還有其他同齡的人，共約二十餘人。盧氏這一團並非職業性質，所以若一些知交或出資支持本團的人來邀請，都會義務出陣；若其他不認識的人來邀請，則價碼約在四萬五到五萬五之間。出陣回來，酬金會分給成員，部分納入「公金」，「公金」一直保持在六、七萬元左右。一般來說，兩廣醒獅的價錢較傳統獅陣高，不過，兩廣醒獅為了吸引觀眾，往年跳桌了的表演，已不能滿足大家，現在則要跳梅花樁，才有看頭。

　　本館的成員都是國、高中生，盧氏不准他們抽菸、吃檳

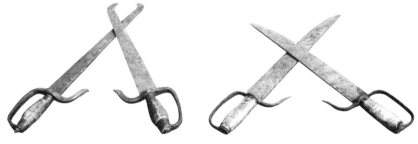

▲「清代打造的雙刀、刈鐮，為劉春潮持有（林美容提供）。

榔，每天晚上七點到九點，會在盧氏的工廠裡練習，一般會學獅陣的孩子都較好動、不愛讀書，故藉此約束他們，避免學壞，這才是盧氏組醒獅團最主要的用意。

兩廣醒獅也有踏八卦、七星，但盧氏還不會踏八卦，只會踏七星，出陣人數最多時有二十餘人，少則十一、二人，芳苑王功兩廣醒獅和本館是師兄弟，但該館是職業性的，有時若缺人手，也會來這邊借調。醒獅也有派別，據說所謂的兩廣醒獅，是臺灣人到中國學回來的，旅臺醒獅則是中國人來臺教的。

—— 1995年2月27日訪問盧建當先生（38歲，負責人），羅世明採訪記錄。

白鷺鷥圍仔振興館

白鷺鷥圍仔現名大新里，振興館是由本庄「阿井師」所教，「阿井師」種田兼教拳，拳術是祖傳的看家本領，其子「三江」目前則在竹山經營接骨院。大新里振興館現已解散，不再出陣。

—— 1995年3月22日訪問謝煙帖先生（64歲，寶斗庄和義堂成員），羅世明採訪記錄。

琉璃禿仔和義堂

琉璃禿仔即大埔里，現名新生里。和義堂是由竹塘鄉「阿藤師」（連藤）來教的，新生里境內共有二館，分別在庄頭陳耀溪及庄尾陳振興家中，現在二位館主已去世，武館也已不存

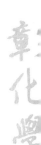

在。

—— 1995年3月22日訪問謝煙帖先生（64歲，寶斗庄和義堂成
員），羅世明採訪記錄。

北斗街內正樂軒大鼓陣

正樂軒大鼓陣於二十多年前，由北斗街內雅樂軒成員施連
生（鹿港人，若健在，現年八十四歲）設立。正樂軒大鼓陣是
繼員林雷震天之後第二個設立的大鼓陣，接受別人請託出陣。
正樂軒並沒有自己的班底，而是一個聯絡中心，依客戶需要，
召集人手組團。參與的成員也將出陣當作副業，年紀大的除了
娛樂，多少也可以賺點錢；還需耕田養家的，平時仍然務農，
出陣時則可賺錢補貼家用，因此，這些樂手不僅加入正樂軒大
鼓陣，也會在其他類似性質的大鼓陣出現，甚至也參加了誦經
團、道士壇的後場伴奏。

受訪者陳碧春表示，起初大鼓陣很少，但政府推動設立老人
會，許多老人會獲得補助，購買樂器，於是各地類似正樂軒的大
鼓陣紛紛設立，因此，正樂軒僅能在北斗附近鄉鎮出陣。有時一
個月出陣次數相當頻繁，也有一個月僅出陣二次的記錄。

正樂軒大鼓陣在施氏去世後，由其子施秋河（現年六十二
歲）接任負責人，但施秋河本身並不會北管。目前大鼓陣出
陣，一人一天約一千五百元（約十二小時），收入並不穩定，
而且需有北管基礎，故成員都是老一輩的樂手。

—— 1995年3月6日訪問陳碧春女士（52歲，負責人施秋河之
妻），羅世明採訪記錄。

北斗街內新樂軒大鼓陣

北斗街內新樂軒大鼓陣的館主楊陽，原本和街內另一間正樂軒大鼓陣一起合作設館，正樂軒組織人手，並借用楊陽的車輛出陣，後來楊氏和正樂軒負責人不合，遂另組新樂軒大鼓陣，創設迄今約已十多年。

楊氏本身並不會北管，所以，新樂軒大鼓陣和正樂軒大鼓陣的性質相同，若請主需要大鼓陣時，楊氏再召集附近一些學過北管的老人出陣，有時會發生有客戶要調北管陣，但人手已被正樂軒調走，人數不足因而作罷的情況。同樣的，正樂軒要調人，也會發生人手已被新樂軒調走的情況，因為能找的人手只有八、九位，其中，歕吹的又只有二人而已。

大鼓陣的成立，受到老人會極大的影響。以前請的人手多，現在則常以自己或鄰庄老人會的大鼓陣取代，以致於生意差了很多。新樂軒每次三人出陣，由楊氏開車，價碼四千元，回來後，楊氏得支付每人八百元，扣掉油錢等費用，利潤其實相當微薄。員林一帶的大鼓陣場面較大，而且酬金較高，所以，若平常這一帶叫不到人手，楊氏也不可能找員林的人手來幫忙。現在是做一天算一天，更何況調來的人手年紀都大了，隨時都有突發狀況，有時候人很健康但年紀也大了，孩子不會讓長輩出陣。例如受訪前後，就有三位成員因病退出，不出十年，新樂軒可能也準備解散了，因為若二位歕吹手無法出陣，大鼓陣欠缺歕吹的人手，自然非解散不可。

—— 1995年3月17日訪問楊陽先生（56歲，館主），羅世明採訪記錄。

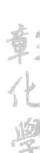

第三章　員林鎮的曲館與武館

　　員林鎮在彰化縣東部，東倚八卦台地，西半部為彰化隆起海岸平原。清領康熙末年，泉州籍大墾首施世榜築八堡圳，引濁水溪水灌溉。至雍正八年（1730）形成員林仔庄、東山庄。「員林仔」或稱「下林仔」，因初闢之時，此地樹林茂密，居民築屋成村，故有此名。本鎮東半部為漳州籍移民所居，西半部鄰近埔心鄉，為潮州府饒平籍「福佬客」的居住地。

　　目前所知，員林鎮有十三個曲館，北管占十一個，其中九個為「軒」的系統，二個屬「園」的系統；另一個為南管布袋戲班柴頭井龍鳳閣，一個為八甲仔大崙坑同文社。

　　就本鎮曲館的師承而言，「軒」可分三個系統，以師承鹿港玉如意的曲館最多，包括火燒庄集雲軒、番仔崙雅聖軒、浮圳仔和樂軒、湖水坑真樂軒、大埔源潭清樂軒及黎明里惠天宮北管陣等六館。主要是因為集雲軒成立之初，請鹿港玉如意陳其清為「開館先生」，並為該館取名。集雲軒館員張清永學成後，先後在雅聖軒、和樂軒、真樂軒、清樂軒及惠天宮北管陣教曲，所以這五館也屬於集雲軒派下，故可視為鹿港玉如意系統，但這五館也請過別的「先生」到館傳授。

　　第二個系統則為萬年人張千守教過的萬年福興軒、三條圳慶陽軒及崙雅里雅聖軒。其中，雅聖軒在日治時期請張清永來教曲，戰後則請張千守來傳授；至於張千守出身的萬年福興

軒，則是請社頭石頭公的蕭振梧來教。

第三個系統是由溪湖汴頭錦樂軒「撇先」（「阿撇仔」）所教的灣仔玉同軒，而溪湖汴頭錦樂軒的「先生」則是大村貢旗的賴慶。至於「園」的系統，東山鳳梨園師承臺中新春園林石蓮，埔心埤腳馨梨園的陳牛曾來東山教過，他也教過泉州寮慶梨園，而陳牛的「先生」則是花壇口庄的「臭獻先」。而柴頭井龍鳳閣是祖傳南管戲班，自清領時期至今，共傳四代，會演出布袋戲。龍鳳閣另有一批學生學南管，算是南管子弟，但並沒有另立館號。

就曲館的成立時間來看，主要可分爲二階段。第一階段：成立於十九世紀末、二十世紀初，有北管系統的集雲軒、雅聖軒、玉同軒、福興軒及南管系統的龍鳳閣等五館。第二階段：成立於日治時期之後，爲和樂軒、眞樂軒、慶陽軒及鳳梨園等四館。另外二館則爲一九五八至五九年成立的清樂軒，以及一九八九年成立的惠天宮北管陣。

員林鎮有些北管曲館，爲繼續維持，都掛上大鼓陣的招牌，或兼習大鼓陣，有些並出陣賺取外快。此類曲館有雅聖軒、和樂軒、慶陽軒、玉同軒及鳳梨園等五館。

員林鎮北管系統中「軒園咬」的情形，就受訪者記憶所及，最早的一次是日治時期大正末年，距今約七十年前，由員林各工商會出錢請軒、園「拚館」，在員林公園舉行，頗負盛名。距今約五十年前，慶陽軒曾在員林公園與臺中的某一園「拚館」，爲期一天。一九四八至四九年，東山國小禮堂落成，「馬舍公生」排場時，和樂軒曾與鳳梨園「拚館」，雙方各自請人助陣。約四十年前，眞樂軒曾與鳳梨園在東山的馬舍公廟「拚館」，而在相同的年代，員林公園也有一場盛大的「軒園咬」，連續較量一星期。爲了不輸給對方，拼命召集人

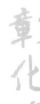
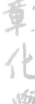

手，壯大聲勢，是臺灣俗諺「輸人毋輸陣，輸陣歹看面」的最佳寫照。

員林鎮許多武館是由中國武師直接傳館。目前所知的武館有二十館，全為獅陣，包括勤習堂、春盛堂各四館，拔元堂、同義堂各三館，協元堂、集英堂、義順堂各二館。這二十館中，於清領時期開始訓練的有三、四館，也不乏日治初期成立的，只有三館成立於戰後。目前還有十三館存續，武風極盛。

這些武館中，以協元堂、拔元堂、春盛堂關係較密切。春盛堂、協元堂目前能追溯的源頭是中國武師張網、張天高兄弟，張網傳春盛堂，張天高傳協元堂。張網的弟子後來在草屯成為英義堂系統。此外，也有拔元堂自協元堂分出，春盛堂是拔元堂之兄弟館的說法。以現有資料來言，員林鎮三處拔元堂（浮圳、三塊厝、大崙坑）幾乎都為江家祖傳，尤其是浮圳拔元堂，在清領時期就有了，其先祖江丁酉、江頂山（「赤牛」）皆師承中國人「卻師」，但目前卻找不到「卻師」與張網、張天高之間的關係。不知是否在中國即已分出？與江丁酉、江頂山同宗的江榮，與江頂山師出同門，學成之後，江榮傳義順堂，江頂山傳拔元堂。因此，義順堂與拔元堂之間，又多了一層關係。

鎮內四館勤習堂，主要傳承埔心瓦窯厝勤習堂的「作佛仔師」（張作佛）及「阿露師」（張露），此兩人皆師承「西螺七崁」及中國武師。而後，弟子們再傳往彰化縣各地，這些地方的勤習堂幾乎都是張姓子孫，與拔元堂系統皆為江姓子孫一樣，不難看出武館傳承與血緣之間的關係。

地緣、血緣及師承與武館系統有關，組織形式及目的，則影響武館的存廢。員林的武館目前尚存十三館，除了少數武館只在當地神明慶典才出陣之外，絕大部分的獅陣均為了迎接彰

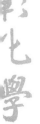

化南瑤宮媽祖而設，並持續活動至今，由此可看出彰化媽祖信仰的祭祀活動與民間陣頭的相互依存關係。

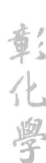

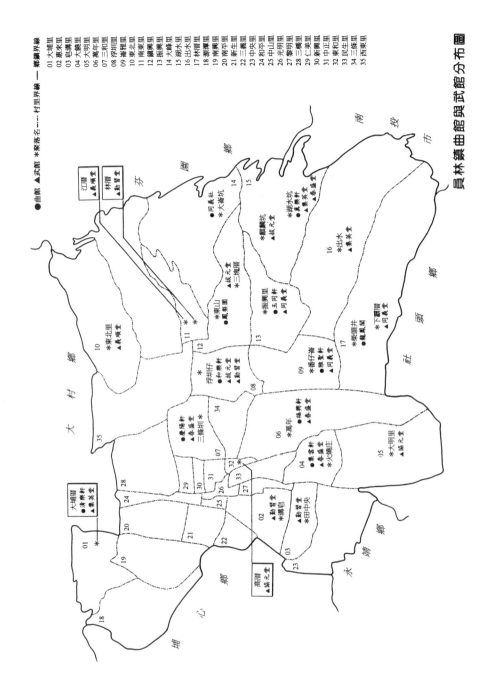

員林鎮曲館與武館分布圖

●曲館 ▲武館 ●聚落名 ．．．．．村里界線 ── 鄉鎮界線

01 大埔里
02 惠來里
03 皂梧里
04 大槺里
05 大明里
06 萬年里
07 三和里
08 浮圳里
09 崙雅里
10 東北里
11 南東里
12 鎮興里
13 振興里
14 大峰里
15 湳水里
16 出水里
17 林梢里
18 源潭里
19 南興里
20 新生里
21 三義里
22 中央里
23 和平里
24 中山里
25 光明里
26 黎明里
27 三條里
28 新興里
29 仁美里
30 三美里
31 中正里
32 民生里
33 東和里
34 三條里
35 西東里

大埔厝清樂軒（北管）

清樂軒是由游清堯召募成立的，他是以前的里長，現居臺北。本館約成立於一九五八至五九年時，於一九六三年停止練習。初學時，有五十人，約二十餘人學成，目前仍住在當地者有十餘人，但各有工作，不再練習。本館的祖師，則是西秦王爺。成立時的經費，是由參加者每月出二百元，不夠的部分由「頭人」支出，所請的師父是大饒里（火燒庄）張清永，和湖水坑真樂軒同一師承，練習全年無休，師父來指導時，會在此地過夜，第二天早上再回去，練習場地則在里長家隔壁鄧英輝家中。

清樂軒每年「刈香」時仍有出陣，且多和其他曲館合作，但沒有固定為哪個「媽祖會」出陣。

現在的成員中，有的擔任過布袋戲後場，後來改替「齋公」伴奏。受訪者游國丈則參加員林雷震天，繼續唱曲，在今年的彰化民藝華會也有演出。

—— 1991年2月22日訪問游國丈先生（成員），林昌華、徐雨村採訪，徐雨村整理記錄。

大埔厝集英堂（獅陣）

大埔厝集英堂現任堂主是受訪者黃丙丁，現年五十七歲，本身也當拳師教拳。集英堂設館至今，約有八十多年，當初一方面是農閒無事可做，一方面也為了強身，而請中國來的「蕃藷師」傳授拳藝，當時發起招募的「頭人」是游文彬。「蕃藷師」並無固定住所，因他四處教人拳藝，包括斗六、斗南、員

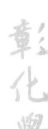

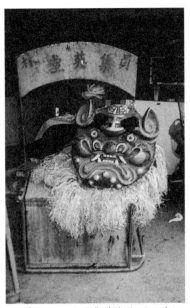

▲ 員林鎮大埔厝集英堂獅頭及傢俬
（林美容攝）。

林等地，當他來到大埔厝時，就住在游文彬家中，練習場所也在游文彬家的大埕。「蕃藷師」所傳的拳屬太祖拳的短拳，祖師是達摩祖師。當時來練拳的人並不用出錢，完全由發起人負擔。據說，當時幾乎全村成年的男丁都來學習。「蕃藷師」的弟子有石傳和、游文彬、游武鎮、「大箍程仔」（姓黃）、游民安，黃丙丁則師承石傳和。

游文彬去世後，黃丙丁在自己的國術館中設館，已有三十多年，成為這一代的「頭人」，負責堂務，包括「傢俬」的添購及修補。館內的「獅鬼仔」、獅頭、鼓、鑼、鈸，都放在黃丙丁家中，其他的「傢俬」就由學員帶回保管。目前，館員不像以前興旺，不過，現在每次出陣，仍可召集四、五十人，有時人手不夠，便向附近的集英堂調人手。目前獅陣成員的年齡

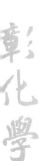

分布，十八至二十歲約二十位；三十至五十歲最多，約有三、四十人；另外，還有六十歲左右的人。據說，十多年前到崁頭「刈香」時，有一百零八人前往，相當盛大。

現在集英堂出陣的情況，較固定的有「迎媽祖」及「刈香」，都是義務性質。而村內、村外若有喜事，也會出陣。若為喜事出陣，才有酬金可拿，村人或庄廟活動的酬金，依請主意願支付，村外則採議價的方式。有時留些「公金」後，再由出陣的人平分。練習的情況，則是在出陣前五天，由「頭人」召集練習。集英堂的獅屬「合嘴獅」，練習時不分男女，不過，若女人學舞獅，在月事來時不宜舞獅頭。

目前，大埔厝集英堂除村人外，也開放讓別村的人來學，如南平庄、南興庄、源潭庄等，都有人來學武。

── 1991年2月22日訪問黃丙丁先生（57歲，集英堂國術館館主），林美容、張碩恩、梁恩萍採訪，張碩恩整理記錄。

高厝協元堂（獅陣）

日治時期，有一位中國武師「網師」來此教武，受訪者高甲參的祖父高木柱跟著他學，叔祖父「阿元」、「阿保」也有學，「阿元」得到「網師」的銅人簿，其女也學了藥理，後來出家為尼。

「網師」功夫很好，以前高厝與瓦窯厝（原屬員林鎮，現屬埔心鄉）勤習堂在員林「香蕉市」發生「拚館」，他站在香蕉簍上，香蕉都絲毫無損。那時，高厝與坤仔頂一起學武。高厝獅陣人多又勇猛，以前學武都在高厝的庭院學，傳習短肢軟拳，以紅紙書寫神名的方式拜祖師，但已不記得是哪一位。

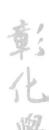

「網師」都在晚上來教，教完就回去，學員要煮點心請師父吃，「網師」也在三條圳教過。以前有女人學拳，高甲參的父親那一輩也有學，高甲參這一輩本來也有二、三十人在學，是由上一輩的三、四人所教，如高正松就教過他們，但他們都未學成。

高厝參加彰化南瑤宮「老四媽會」，庄廟衡文宮主祀玄天上帝。此外，尚有「百姓公廟」，很早就已創建，於每年四月初十祭祀，但獅陣不會出陣，因「百姓公廟」屬於「陰廟」，不會迎神。

── 1991年4月3日訪問高甲參先生（庄民），林美容、陳錦豐採訪，林美容整理記錄。

溝皂勤習堂（獅陣）

溝皂勤習堂成立於日治時期，至今已有七十年歷史，當初是由老一輩的村民組成，主要是為三山國王聖誕「迎鬧熱」用的，庄中原有庄廟，但後來已倒塌。

勤習堂成立時，是由埔心鄉瓦窯厝勤習堂的「做佛仔師」（姓張，本名做佛）來教，受訪者之父張知高，是「做佛仔師」的徒弟。此外，溝皂人張田庄、張紹書皆被「做佛仔師」教過，二人也能教武術。「做佛仔師」之後，換張田庄（已逝世）來教，之後則由受訪者指導下一輩的成員。

受訪者現年七十餘歲，年輕時，和三、四個村人一同去員林惠來里勤習堂向張金錢學武，後來才到員林惠來厝設館。張金錢和埔心瓦窯厝「做佛仔師」是師徒，張露也是「做佛仔師」的徒弟，「露師」在員林田中央教勤習堂。溝皂勤習堂屬

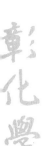

第二代的傳人，田中央勤習堂則屬第三代傳人，所以溝皂武館歷史較田中央早。

日治時期，溝皂勤習堂會和田中央勤習堂合作出陣，但成員之間發生口角，因而不再合作。本庄固定在每年二月二十四日三山國王聖誕時舉行慶典，並去南瑤宮「迎媽祖」，溝皂勤習堂出陣的地方幾乎遍布全臺灣，諸如臺北、新莊、彰化、鹿港、臺南、麻豆、南鯤鯓、高雄等地。每次出陣至少二十到三十人，目前人手較不足，但最近仍有出陣。平常在觀聖宮的廣場練習，但沒有固定日期，若要出陣，在前幾天都會進行集訓。

埔心瓦窯厝勤習堂目前是由「做佛仔師」之孫張進吉負責，張進吉已七十歲。因興建房屋的關係，目前住在員林惠來里。

—— 1991年10月18日訪問張良梱先生（72歲，師傅），李秀娥採訪記錄。

田中央勤習堂（獅陣）

田中央勤習堂成立於日治時期，最初是由埔心鄉瓦窯厝勤習堂請「露師」來田中央教，「露師」和員林惠來里勤習堂的張金錢是師兄弟，都是瓦窯厝勤習堂「做佛仔師」的徒弟。

與田中央相鄰的溝皂武館，也是埔心瓦窯厝勤習堂「做佛仔師」所傳，溝皂勤習堂第二代的弟子先到員林惠來里向張金錢學武，再返回本庄設館。所以，田中央和溝皂皆屬埔心瓦窯厝勤習堂系統，但田中央勤習堂的歷史比溝皂勤習堂晚。

田中央勤習堂在「露師」之後，即由其徒田中央人張相

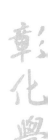

接續，但田中央勤習堂人手較不整齊，新手沒有傳承，老一輩也凋零殆盡，已在四、五年前解散了。張相目前已八十幾歲，住在田中央巷，因為年輕一輩沒有傳承，單靠他一人也無法支撐。

田中央勤習堂和溝皂勤習堂因屬同系統且地緣相鄰，在日治時期曾經合作，但後來發生口角衝突，為避免再次爭執，便不再合作。

—— 1991年10月18日訪問張良枸先生（72歲，溝皂勤習堂師傅），李秀娥採訪記錄。

火燒庄集雲軒（北管）

受訪者張清永，明治三十八年（1905）生，約十七歲學北管。日治初期，政府並不限制臺灣人學曲，庄內為了迎神，便由張義設館。張文認識員林玉鐶軒的人，拜託員林友人代找教曲的「先生」。所以，鹿港的陳其清便來火燒庄（現名大饒里）教曲，並取館名為集雲軒。陳其清原是鹿港玉如意的成員，除了教火燒庄外，也教過永靖五汴頭集成軒及彰化、溪湖等地，但詳細館名已記不得。此外，「其清先」的徒弟（不知姓名），也在萬華教過三義軒。

設館之時，約有二十人學曲，「其清先」來教時，為中年以上的年紀，持續教了三年，後來因本庄人經濟較不富裕，需外出謀生，成員又較懶散，沒錢再聘請「先生」，所以「其清先」沒有繼續教，而集雲軒也在太平洋戰爭爆發前解散，樂器和曲簿並未留存。

火燒庄集雲軒主要參加庄廟香山寺（主祀觀音）的「鬧

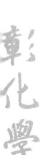

熱」，也參加過員林街福寧宮（主祀媽祖）及菉市口廣寧宮的「鬧熱」。此外，日治時期，政府每年定期在九月舉行商工會（商業合作組織）聯合活動，曲館會出來表演，因此，曾到臺中、彰化演出。同屬「其清先」所教的師兄弟去萬華媽祖廟教三義軒後，若有活動時，也會邀請集雲軒參加。

集雲軒奉祀西秦王爺，每年聖誕皆會祭拜，並排場慶祝，一般只有本身的館員參加而已，並未邀請其他曲館。集雲軒是純曲館，沒有學演戲。當初曲簿內容多由中國傳來，只記得有唱〈李淵醉酒〉，其他則想不起來了。

張清永本人曾教過不少曲館，在日治時期教過員林崙雅里雅聖軒，戰後則教過浮圳仔和樂軒、湖水坑眞樂軒、大埔厝清樂軒以及黎明里惠天宮北管陣，都在員林鎮境內。

── 1991年10月17日訪問張清永先生（87歲，曲館先生），李秀娥採訪記錄。

火燒庄春盛堂（獅陣）

〈訪問張良杰先生部分〉

火燒庄春盛堂的「開基師傅」是「網師」，與協元堂的「開基師傅」張天高是兄弟，二人由廣東渡海來臺，定居於此，後來應村民之請，開館授武，但確切時間及地點已無法確知，但春盛堂大約有近百年的歷史。

春盛堂目前的館主是張樹得，武師有張尚瑋、張尚藤、張天賜等人。據受訪者張良杰（七十五歲）說，他十三歲開始學拳，當時的師父是張紹村，而張紹村所傳的弟子有張尚輕、張尚炎等人。

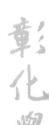

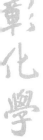

　　「網師」在春盛堂所傳的拳屬硬拳的太祖拳，所以祭拜達摩祖師，目前除了出陣前，以紅紙書寫祖師神位膜拜之外，平時並沒有祭祀活動。出陣的時間除了二月十九日「觀音媽生」及正月十三日「刈香」外，平時若有喜事請出陣，也會應邀，但喪事則不出陣。「迎媽祖」、「刈香」出陣爲義務性質，若應村民邀請出陣，則隨請主意願計酬，這些酬金均由館主收下，多作爲「公金」，包括添購「傢俬」或修補「傢俬」之用。

　　目前村庄的「刈香」活動，協元、春盛二堂都會相互支援，大約可達百人左右。春盛堂約四十人左右，在出陣之前，會由館主集合練習。

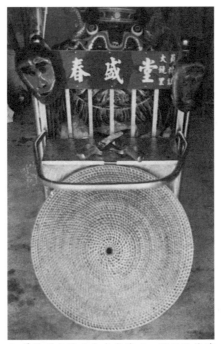

▲員林鎮火燒庄春盛堂雙刀、猴面及藤牌
（李秀娥攝）。

春盛堂的獅頭是「合嘴獅」，也有「獅鬼仔」在前舞弄。春盛堂的成員都是庄內的子弟，大多在十七、八歲開始學習，學的人不用出錢。春盛堂最興旺的時間，約在二、三十年前，也曾參加比賽，並獲得第二名。此外，如員林地下道開工、通行，也曾請春盛堂出陣。

〈訪問張金藤先生部分〉

本館成立於日治時期，受訪者張金藤現年六十歲，自其祖父、父親時，聘請中國武師「網師」（張網）來教。「網師」之後，就由當初學的人進行傳習，並未再聘外庄的師父來教。本館所有成員間，幾乎都有親戚關係，而張金藤家可稱祖傳，

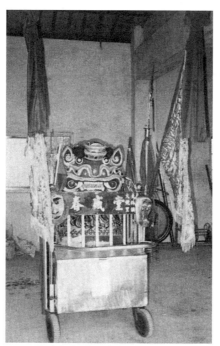

▲ 員林鎮火燒庄春盛堂鼓架及獅頭
（李秀娥攝）。

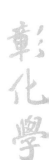

其弟張樹（現年約四、五十歲）也有學武，目前較常參與。

張金藤年輕時，極熱衷參與武館，但現在體力衰退，故交給年輕人。擔任館主須去請人出陣，他目前是負責人，但不教武術，而出陣的鼓架、「傢俬」、旗號，皆放在工寮。

本館有學太祖拳、白鶴拳，以前開館教學期間，還有安香爐正式奉祀白鶴仙師，現在則較馬虎了，而且年輕人怕吃苦，沒有人要學，自然就省略了。

以前日本人不讓臺灣人習武，若被查到，會沒收「傢俬」，並抓到派出所。所以，在日治時期，大多私下學武，戰後則不然。

本館出陣大部分是「迎鬧熱」、「刈香」時，有時也會參加入厝，一般不可參加喪事，只有師父過世，才可用白獅送殯。出陣約四十至五十人，在本庄二月十九日「觀音媽生」，會請「彰化媽」來「逡庄」。本庄春盛堂曾到全臺灣出陣，諸如臺北、中部、臺南南鯤鯓、彰化媽祖宮等地。

張金藤認為，若要出陣，最好由本館的成員自行出陣。若人手不夠，須自外庄調人手，或借人手給其他館，最好就不要承接。武館也不可「拚館」，若「拚館」容易誤傷人命。以前，有一次到臺中后里出陣，主辦單位分配各陣的位置及表演時間，大饒里春盛堂自認係客隊，把較好的位置讓給地主隊，互相尊重、退讓一步，就可避免滋生是非。

—— 1991年2月20日訪問張良杰先生（75歲，成員），張碩恩採訪記錄；8月25日訪問張金藤先生（60歲，負責人），李秀娥採訪記錄。

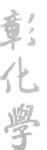

大明里協元堂（獅陣）

　　協元堂正式設館的時間，已無人知曉，受訪者張尚己僅知，在他幼年就有了，他現年已近八十，所以本館大約有近百年的歷史。那時，有一對兄弟自廣東來臺賣花生糖。兄長張網（「網師」）在大饒里定居，弟弟張天高則住在大明里。據張尚己說，可能是當時農閒，村人覺得練武可以強身，並團結地方，又可在廟會舞獅討吉利，正好「天高師」會功夫，於是開始傳授，並立下規矩，學武只能強身、不可打架。因此，協元堂百餘年來，不曾與人「拚館」。

　　當時，徒弟須繳學費給師傅，晚上還要泡茶請師傅喝，學費則由學員均分。「天高師」的弟子有張紹榕（張尚己之父）、張紹富、張六池、張蔡歪、黃爐、張全、楊交等人。再來一輩的弟子則有蕭課、張尚己。但是，張尚己並沒有傳給自己的兒子。

　　協元堂已有近三十年不再設館，館址也曾經一再遷徙，現在雖已沒有堂屋，但仍有出陣，獅頭、鑼、鼓、鈸、旗等「傢俬」，都放在呂茂墩處管理。每次出陣純屬義務，若收到酬金，則交給呂氏當基金，用以整理、維修「傢俬」。協元堂獅陣不為喪事出陣，只有迎神、「刈香」或庄人「好事」的邀請，才會出陣。目前固定在農曆二月十九日「彰化媽」出巡前，利用二、三晚練習，也沒有固定成員，大家全屬義務性質。參加者都是本庄子弟，大約有四、五十人，現在沒有武師傳授，大多由前輩教導後輩。

　　協元堂採用青面的「合嘴獅」，以前有拜祖師，屬硬拳系統的太祖拳。張尚己說全盛期大概在日治時期，全庄的男丁幾乎都參加了。戰後也曾參加比賽，曾以雙刀獲得名次。協元堂

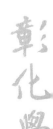

沒有祖師神像，只用紅紙書寫其名號。本館也有「獅鬼仔」，而獅頭的八卦需「開光」才能使用。

出陣若有人給酬金，會以「咬青」的方式接下，即是以榕樹葉綁著酬金，讓舞獅的人自獅嘴伸手收取。也有在開業時，將八卦讓獅子踏過，祈求吉利。

武館重輩分、重倫理，學武則在於護身。本館與協元堂較有「交陪」，有時會互相幫助的，包括火燒庄春盛堂、勤習堂等。東山三塊厝的拔元堂，也是「天高師」的系統，「拔元」之名即由「協元」而來，是「天高師」的系統。

—— 1991年2月20日訪問張尚己先生（78歲，成員），陳怡妙整理記錄。

萬年福興軒（北管）

福興軒已有九十年歷史，「梧先」姓陳，是社頭鄉石頭公的人，在庄廟萬年宮教了一年多，當初是鐘福興（人稱「福興公」）的產業請來的，「福興公」係本庄一有產無嗣的開基先民，原有九分多地，後因土地為學校預定地而被徵收興建國中。福興軒後來中斷很久，昭和十八年（1943）左右，又請「梧先」的徒弟張千守來教兒童班，當時成員有二、三十人，是在本庄首次去松柏坑「刈香」之前學的。現在雖仍有出陣，但人數不足，需要借調吹手及弦手。

目前還健在的昔日成員，已經七、八十歲，包括張順里（七十六歲，「大花」）、張得松（總綱，有「先生」資格）、張友（「大花」）、張達（「大花」）、劉慶（小生）、張日桂（八十三歲，小旦）、劉松（小生）、鍾界（老

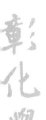

旦）、巫春（老旦）、張千秋（吹）等人。

福興軒曾上棚演戲，在昭和年間（1926～1945），曾在土地公埔演戲。大正年間（1912～1925），有一次在員林公園參加「軒園咬」，那時是由員林的肉商與魚販發起，邀請各「軒」、「園」演出，福興軒有參加，並獲得一塊金牌（重一錢多），當時主要是與豐原的「園」系曲館「拚館」。

每年三月初三，萬年宮的主神玄天上帝聖誕時，會「迎媽祖」，並迎請彰化「老四媽」來「遶庄」，福興軒會出陣，有時到松柏坑「刈香」，福興軒也會出陣，均是義務性質，但已有七、八年未前往「刈香」，至於村民的「好歹事」則不出陣。

── 1991年4月3日訪問羅有忠先生（78歲，庄民）、羅樹枝先生（65歲，庄民），林美容採訪記錄。

萬年春盛堂（獅陣）

戰後，萬年同時有三個武館，即同義堂、勤習堂與春盛堂，只有春盛堂學成。春盛堂在鍾厝、張厝，勤習堂在明畚國中張火旺處，同義堂則靠近春盛堂。受訪者劉樟曾參加曲館福興軒，也曾參加勤習堂。勤習堂最初是請瓦窯厝的「金里」（已逝世）來教，戰後在員林街遊行慶祝國慶時，勤習堂曾出陣二、三年，但後來學的人越來越少，就解散了。

春盛堂有二、三十人參加，現在是由第二鄰的張文欽等人負責聯絡。最初由學員共同出資，有「傢俬」，學的拳並不是軟拳，用的獅頭是寫王字、有八卦與牙齒的「開嘴獅」。「踏七星」時，舞獅頭的人，手要從獅口伸出。現在每年三月初三

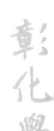

玄天上帝聖誕的時候「迎媽祖」，春盛堂會出陣，一年只出陣這一次，屬於義務性質，頂多收取請主送的香菸而已。此外，若人家邀請送匾、「過爐」，或是大饒武館需要人手，也會去「鬥鬧熱」，但只有獅、頭旗、銅器出去。師父張阿村雖已逝世數年，但與大饒那邊的師兄弟仍有來往。

萬年春盛堂不曾與別庄「拚館」，但同庄三個武館之間曾「拚館」，因為戰後每逢國慶，員林街上都有遊行，各獅陣都會出陣，經常發生「拚館」。因此，不到數年，遊行就取消了。

—— 1991年5月21日訪問劉樟先生（成員），林美容採訪記錄。

三條圳慶陽軒（北管→九甲）

慶陽軒成立於戰後，受訪者江信勝十餘歲時加入學曲，由江九合祭祀公業請「先生」來教，「傢俬」也是祭祀公業出資買的。學員有四、五十人，都是三條圳的江姓宗親，江氏祖籍漳州府平和縣。最初是江萬火（已逝世）當館主，負責一切事務，但他並沒有學。江萬火死後，沒人當館主，才由江信勝之父江賢通（六年前去世，享年六十六歲）負責館務。慶陽軒已經二十多年沒唱曲了，現在改為大鼓陣，屬江信勝私人所有。

起初，是請萬年的張千守來教曲，在江信勝家教了二館，都在晚上教，學員要輪流請「先生」到家裡吃飯，「先生」不會留在庄中過夜。當時只學曲，未學「腳步」，學過的戲齣有《走三關》、《取五關》、《送子》、《偷桃》。江賢通會吹、鼓及弦，是「頭手」。當時學的人，現在都已老了，因已

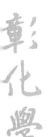

二十多年沒唱，所學的曲已無法成調，但仍會扮仙。

　　後來，慶陽軒開始學南管，由原在歌仔戲班的「阿腳」傳授，他原住員林，後搬至臺北。大約是在慶陽軒學北管的後一年，由「阿腳」來教九甲仔，只教了四個月，另有教【七字仔】、【都馬調】，有教排場，但沒教「腳步」。「阿腳」之妻也是歌仔戲演員，但歌仔戲與北管並沒有混合演出。

　　以前迎娶時，新娘轎前多使用八音，八音較細膩，用弦仔、笛等，但迎娶也可用北管。一九五〇年代，庄人若要入伍服役，會用北管或獅陣送他去車站，較為熱鬧。每年三月初二去員林福寧宮「請媽祖」，也會去彰化請「老四媽」，而江姓公所也奉祀媽祖。「迎媽祖」時，每戶要出「公金」。以前江姓祭祖時會用北管，若庄民需要，皆義務出陣。現在大家都要賺錢，無論江姓祭祀公業或庄民的需求，都需付費。

　　四十多年前，慶陽軒曾在員林公園與一臺中的「園」系曲館「拚館」一天，並自己帶館棚，用竹子頂住「館棚」，且以前還有「傢俬虎」。

　　江賢通從二十多歲開始學，但不會唱曲。泉州寮「阿鴻」及埔心「水同」（現於埔心忠烈祠當廟祝）與他同輩，較有「交陪」。

──1991年4月3日訪問江信勝先生（49歲，大鼓陣負責人）、
　　江進行先生（48歲，江信勝之弟），林美容採訪記錄。

三條圳春盛堂（獅陣）

　　日治時期，有一位中國武師「阿開」，在本庄西側江氏聚落教武，他曾教了好幾個地方；戰後又由「阿龍」（「老

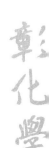

龍」）來教了一、二年，但未學成。當時，受訪者蔡銅鐘及其堂兄弟蔡銀洪都有學，江阿盛、「臭耳」也有學，而張添進也是「阿龍師」的學生，後來由他當館主，在三、四年前過世，曲館在張氏死後，因無人管理而解散。張添進還健在時，有十多人可出陣，但仍需向浮圳仔江金榮（拔元堂）、萬年溝外吳鐶火（同義堂）或火燒庄借調人手。

江木橋是唯一健在的老一輩成員，已八十幾歲，他與蔡銀洪之父，曾跟員林街的鄭聰成學過，鄭聰成曾在臺中向「二哥師」學鶴拳，江木橋三十多歲時向鄭聰成學武，當時是在江木香（已逝世）家中學，但江木橋並未教過徒弟。

春盛堂的獅頭上寫王字，有些人也兼學「傢俬」。每逢三月初二「迎媽祖」時，要出獅陣，祭祀公業會給酬金，「迎媽祖」時，若有人另給酬金，則是額外賺的，「刈香」也會出陣。張添進死後，都是請江金榮、吳鐶火或是瓦窯厝的獅陣。此外，蔡銅鐘在張添進當館主時，就沒有再出陣了。

── 1991年4月3日訪問蔡銅鐘（58歲，成員）、江木橋（80餘歲，成員），林美容採訪記錄。

浮圳仔和樂軒（北管）

一九四七年時，浮圳仔有興趣學曲的庄民約二、三十人，共同組織和樂軒，請大饒里集雲軒出身的張清永（尚健在，現年八十幾歲）來教，他教了二年左右，有時住在庄內，有時回家，但未教演戲，此後未再請其他「先生」，因此學得不多。「先生禮」以稻穀計算，一館四個月，但「館金」多少已經忘了，是由學的人分攤，但沒有「頭人」，樂器也由館員自行購

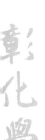

買。最初在受訪者江裕馨家隔壁學曲，後來則在江裕馨家練習。學曲時有拜祖師西秦王爺，但學得不好，就將以紅紙書寫的祖師神位燒掉。由於北管很難，至少一半要靠天分。

成員現在只剩下江裕馨、江炳林、江炳賢、江炳淵、江炳神、江聰夏等人，彼此是堂兄弟，最年輕者五十多歲。江裕馨二十五歲才學曲館，算是較年長的，有些人不到二十歲就學了，現在出陣都由他聯絡，通常只有認識的人來請，才會出陣。據說以前庄內「鬧熱」，和樂軒若出陣，庄中就補助三千元，但現在和樂軒已轉為私人曲館。不過，庄內每年清明前「迎彰化媽」，和樂軒一定出陣，「逡庄」時，庄人也會給酬金。今年八月十五本里「土地公生」，爐主也來邀請。庄內若有「好歹事」，也會出陣，迎娶則演奏排場，隨請主給酬金，並把酬金交給調來的外庄人手，但本庄成員則不得收費。若館員去世，也會去演奏致哀。

和樂軒與大村貢旗御樂軒、員林湖水坑真樂軒較有「交陪」。張清永教了浮圳仔和樂軒後，曾去湖水坑教過，也在大埔厝教過。和樂軒曾與東山鳳梨園「拚館」，一九四八至四九年時，適逢東山國小禮堂落成，在「馬舍公」聖誕排場時「拚館」，和樂軒那時還有十多人，兩館各自請人助陣，當時和樂軒學曲還未滿一年。

浮圳仔江姓祖籍漳州府平和縣，與三塊厝江姓同屬江東興祭祀公業，該公業在大峰里姜母山有公墓，每年春分，會準備豬、羊等牲醴進行三獻禮，和樂軒必須去當後場，公業則用「公金」支付和樂軒，作為酬勞。

—— 1990年10月1日訪問江裕馨先生（連絡人），林美容採訪記錄。

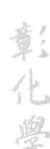

浮圳仔拔元堂（獅陣）

江姓祖籍漳州府平和縣，「大房」在浮圳仔，「二房」在三塊厝，設有祖祠濟陽堂。浮圳仔在清領時期有私塾，但日治中期禁止「漢學仔」。拔元堂在清領時期便存在了，迄今百餘年，三塊厝武館為了不忘本，即用堂號為館號。江金定十二歲時，分為兩陣，但對外比賽時，就會合併出陣。浮圳仔也有曲館，且日治時期曾經禁武，故武館較少人參加。

拔元堂是在江金榮家中學武，「傢俬」也都放在那裡。本館所學拳種很複雜，太祖拳、猴拳、鶴拳（三角馬、軟肢）及太極拳都有。獅額頭上寫王字、下頷畫太極、眼睛會發火，都是祖傳，不是「青頭獅」，也有「獅弄」（不叫「獅鬼仔」），是用面具扮演，但沒有畫猴面，任一種「傢俬」都有。

現任館主江金榮，與受訪者江金定是堂兄弟。江金榮會糊獅頭，曾去南投市凹窩寮與草尾嶺教過，草尾嶺有女性成員，但浮圳仔沒有。

江氏表示，春盛堂與拔元堂是兄弟館，由江金定高祖那一輩開基，先設春盛堂，而拔元堂則是後來分出。

本館有祖傳藥方、藥簿，因江金定之弟識字，故傳藥簿給他，因為草藥只能傳給親生子的緣故。江金定祖父江克綏的祖母，人稱「先生媽」，很會醫童症，留有藥簿，在未嫁之前就會醫理。她雖不會接生，但會「收驚」。江金定十二歲開始練武，直到最近二、三年才沒有出陣。他也會醫理，但沒有執照，不敢開業。

江姓因有武館，大家團結，出嫁的女人不會被夫家欺負。若有人選上鎮民代表、縣議員，獅陣會去祝賀。入厝也有出

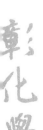

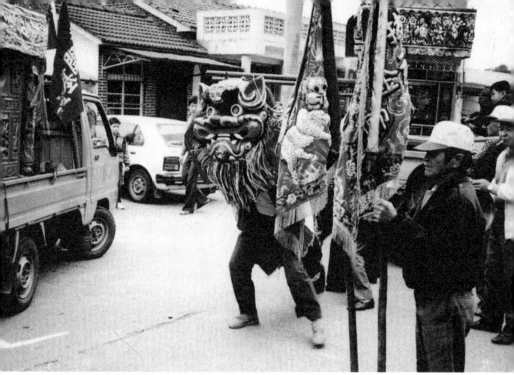

▲ 員林鎮浮圳仔拔元堂在東山鎮興廟前出陣情形（老二媽湄州進香回駕）
（周益民攝）。

陣，都要踏四門、七星、八卦，最後「收煞」。

　　江金定的曾祖父可用「丈二」挑起三十多公斤的水桶。江
全春（已逝世）是江金定的叔祖父，住在三塊厝，功夫很好。
十年前，江全春生病之後，拔元堂就不再出陣比賽。江全春去
和美教武時，江金定曾跟去二次。通常都是師父教到一半時，
徒弟或後輩的人就去幫忙。

　　以前出去比賽，要製作團體服、布鞋、綁腿、腰帶、襪
子，需花很多錢，縣議員、鎮民代表都要出資。現在出陣，一
陣三、四十人，通常只有二萬元左右的酬金，出陣的酬勞扣除
支出後，則作爲「公金」。若要表演「睏獅」，只有江金定及
其二弟才舞得好看。江金定育有六女一男，他怕兒子到處爲非
作歹，故不讓他學武。

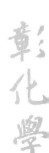

　　以前拔元堂與勤習堂只要遇到就會較量，瓦窯厝有勤習堂，與浮圳仔常「拚館」。雙方陣頭一直沿街表演，若有一陣表演得很累，沒有人可接手，隊伍停住就算輸。員林地區有三間歷史較久的廟宇，即東山馬舍公廟（鎮興廟）、員林福寧宮、埤腳五元宮，較容易出現「拚館」。

　　東山江厝與浮圳仔江姓的祖籍均是漳州府平和縣，但並不同宗，江海蹄教的都是義順堂。浮圳仔拔元堂與三塊厝、大崙坑較常互調人手。

　　浮圳仔屬彰化南瑤宮「老二媽會」，去年在臺中「過爐」並「吃會」，本庄約八十人參加。訪問當天，適逢彰化的「老二媽」去中國「刈香」回駕，途經東山、浮圳仔，家家戶戶都擺香案，浮圳仔拔元堂的獅陣也出陣。第二天（二月十九日）浮圳仔「迎媽祖」，每年依例都在清明前擇日「迎媽祖」，獅陣也要去迎「老二媽」。至於「馬舍公」聖誕（九月十四日）則不曾迎神，也不出獅陣。

　　浮圳仔拔元堂的成員，有些是國小學生，也有老年人，江金定有時在本庄幫忙教，江金榮、江文語（三塊厝里長）則較有到外庄教。成員大多有工作，若出陣就要請假。有時出陣可達一百多人，不過，武館現在已經衰微，只有「豎仔」（小混混）才會學武傷人。

―― 1991年4月2日訪問江金定先生（58歲，成員），林美容採
　　訪記錄。

浮圳仔勤習堂（獅陣）

　　浮圳仔勤習堂的館主江朝和，現年三十四歲，約十八歲開

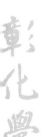

始習武，當初是到員林溝皂里勤習堂，向「良世」學藝。「良世師」師承何人並不清楚，只知是到深山拜師習武，習成之後，四處傳授武藝，如二林、王功、永靖、彰化阿夷庄等地，共十餘館。其中，永靖同仁村勤習堂成員得稱「良世」爲姑丈。

江朝和到溝皂拜師十多年後，於一九八八年回到浮圳仔，組成勤習堂（永春國術館勤習堂），當時曾有三十人來學武，後來有些人去當兵、娶妻、念書，勤習堂只好暫停，等待日後人手聚齊，才會再繼續活動。

武館在農業社會較容易傳承，因大家可以因應出陣，將農事提前或延後一、二天，時間能彈性運用。現在是工商業社會，很多人上班，若在非假日出陣就得請假，所以不易存續。

以前拜師要交錢，現在師父則要煮點心給徒弟吃，且不收「先生禮」，也沒人要學。江朝和自己義務教武，若出一陣收取兩萬元酬金，由成員均分，一人只拿一千多元而已，孩子也難過，且不能當正式職業，自然很難存續。江朝和說，要有正當職業維生，才有辦法經營武館。一般正式設館，要拜祖師，勤習堂是拜達摩祖師，並擇日奉請祖師、安神位。

浮圳仔勤習堂雖然成立僅三年，但每年皆出陣，主要是應員林國小附近震善堂（主祀玄天上帝）的委員邀請。當初是「迎媽祖」時，見勤習堂成員年輕有衝勁，出陣很有看頭，故連續三年都請勤習堂出陣，護送震善堂的太子元帥到高雄三鳳宮「刈香」。由於勤習堂今年人手湊不齊，雖有人請出陣，卻不敢承接。若要承接，得由五、六個兄弟館湊成一陣，才有辦法出陣。

江朝和認爲，傳統國術及接骨技術，有不可忽視的功能，儘管西醫、中醫以醫學理論、學歷背景而批評國術，但政府至

今卻無法全盤否定國術接骨的醫療功效。

—— 1991年10月17日訪問江朝和先生（34歲，館主），李秀娥
　採訪記錄。

東山鳳梨園（北管）

〈訪問曹長春先生之妻部分〉

　　東山鳳梨園成立於戰後初期，約有四十多年歷史，由曹長春的姑丈組織，因他家較有錢，故出資請「先生」來教，並買「傢俬」。若請「先生」來教，須負責膳宿，大家學得很認真。現任館主曹長春現年五十多歲，自國小開始學曲，目前有教學生，學員多為老年人，幾乎每晚都在廟裡免費教學，只為不讓曲藝中斷。以前也曾「上棚做」，且出陣皆義務性質，「傢俬」都放在館內，而戲服則是租來的。以前「好歹事」皆出陣，以喜事較多，若有錢人娶妻，皆出北管子弟戲，現在則只有排場而已。

　　現在的人較愛大鼓陣，所以二、三年前增設大鼓陣，通常出陣用大鼓陣，只有老人愛聽時，才出北管。現在社會較現實，出陣都需花錢，自己子弟不夠，還需到外庄調人手，現在本庄及外庄「媽祖生」、慶典都會出陣，出陣酬金保留部分做「公金」，其餘則分給各人。現在出陣所需的人數，大鼓陣四人、北管陣五人。目前鳳梨園固定成員不多，有些人有工作，有些搬走了，但因以前學的人很多，若要調人手，本庄的人手還足夠。若庄內廟宇邀請出陣，則不議價，隨廟方意願收取酬金，但喜事一定要議價，窮人則隨意斟酌。

〈訪問曹長春先生部分〉

　　受訪者曹長春現年五十四歲，鳳梨園在他十二歲時設館，他自己則在十四歲開始學曲。當初招募學曲的人爲林朝湖（曹氏姑丈，是村裡「頭人」，曹氏舅父曾擔任議員，可見爲地方望族），他因爲個人興趣，不但負責「先生禮」，連「傢俬」、茶、菸等日常費用也由他支出，因爲他家富有、爲人豪氣且出手大方。

　　「先生」林石蓮是臺中市人，新春園出身，約在四十年前來本地教了四、五年後，才回臺中。他住在館主林朝湖家，教學期間共教弦、吹、「腳步」和唱曲。先前也教演戲，雖然人手不論前、後場皆可上場，可是並不專門，大部分要去臺中調人手，才能演戲。所以，有時會跟「先生」到臺中、員林表演。現在戲服仍保留下來，不過，都是新春園留下來。

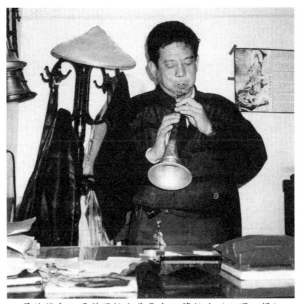

▲ 員林鎮東山鳳梨園館主曹長春示範歕吹（王國田攝）。

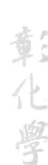

最初那一輩共有上百人學曲，到現在還有二、三十人，有段時間沒有人學，直到曹長春出面招人來學，新的成員差不多有四、五十人。曹長春現在應校長邀請，於貢寮東安國小教北管，學員是國小四年級的學生，約有二、三十人，在每星期三、六教二個鐘頭，教班鼓、唱曲，且也有女生學，並由教育廳補助指導費。現今學生已學得不錯了，不但可為庄廟出陣，星期六下午、星期天也可以隨大人出陣。現在的小孩子比較聰明，他又把古樂譜按照五線譜、簡譜重新編過，學生學得很不錯，差不多半年即可唱曲，小孩會唱曲後，學得更快，但比較不能表達感情，只是照本宣科，不像青年、老年人較會用假聲、情感表現。但現在年輕人不願學、老年人學得慢，還要經常用菸、酒招待，很麻煩。曹長春認為歕吹最難，要會吞氣、吐氣，弦仔較容易，因為只要學會念譜、抓得住節奏，學起弦仔就快多了。至於口白部分，大部分語音和國語相同，只是需要連音，且聲調有所差異，偶而會插進幾句臺語。曹氏當初學小生，擅長戲碼為《雷神洞》、《羅通掃北》，現在為了教學，扮仙、小旦、丑角都會了，吹、拉弦也重新複習，比以前更熟練。

東山除了本地庄廟活動之外，還參加彰化「老四媽會」、

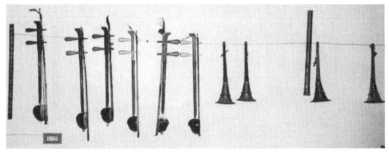

▲ 員林鎮東山鳳梨園的傢俬（王國田攝）。

「老二媽會」、「大甲媽」等，只要神明出門，就有出陣。這次南瑤宮「老二媽」去中國湄洲「刈香」回來遶境，一連出陣三天，在接受訪問的同時，受訪者便派出陣頭到高速公路的員林交流道去等「老二媽」回鑾。

本館平時有拜祖師西秦王爺的神像和香爐，夜晚先點香拜祖師再練曲。因為以前「先生禮」、「傢俬」都由館主出錢，所以出陣的酬金都交給館主。館主出資把「先生」請到本地，讓學曲的人不必奔波，有興趣的都可以來學，不過，往後的出陣便屬於義務性質。

大部分出陣都為了「好事」，像入厝、結婚才有排場，喪事的部分只有年邁的「喜喪」或家裡很有錢才用北管。現在出陣的收費，有時大場面一天就要一萬多元，回來大家均分，差不多一人一天至少要一千元。「鬧熱」則要四處趕場。原則上，富人出高價碼，就多做一點，有時則義務幫忙。現在不像以前有比賽、「拚館」的刺激，有時後場只有主吹一人撐場面，其他人只是濫竽充數而已，曲藝優劣已少人能區分。鳳梨園目前的人數夠，若出一陣北管，本庄人手即可應付，若要出很多陣，才需要向別庄調人手，而埤腳、下茄荖也曾來調過人。因為費用、人數的關係，最近較流行大鼓陣，差不多五、六人即可出陣，一般行情是一陣收費六千元。車資一千六百元，一人可分九百元。

「拚館」又叫「軒園咬」，其實同屬北管，劇目也同為《三仙》、《天官》、《醉仙》等，軒、園同出一源，「拚館」乃是互相較勁、激勵成績，以及為了地方的聲望和面子。此外，由各地找同屬園、軒的人來支援，可連絡地方和地方間的感情，而且人越來越多，場面、觀眾也更熱鬧。令曹長春記憶深刻的「拚館」，是三十多年前，在員林公園一連較量一星

期。一般情形下,「園」都會贏「軒」,係因「園」傳館較多的緣故。以前軒、園壁壘分明,現在都互相調人手了。以前浮圳仔和樂軒、大村集樂軒、埤腳新樂軒,都曾來東山調過人手,甚至連集樂軒也來找過一次。

關於漢樂,曹長春認為可分為北管、南管、客家調。南北管的不同,主要在方言、口語之差別,而有腔調的不同。北管是喜事用的,現在喪事大部分出大鼓陣,只有享壽八十歲以上,才可以用北管。南管一樣也唱西皮,但韻不大一樣。現在彰化地區尚存的北管,東山是鳳梨園,社頭老人會則由社區老人在街仔組成,但沒有設館;埤腳庄廟的「軒」還在(可能是新樂軒)。另外,曹長春在臺視星期四下午三點到四點的節目「戲曲你我他」經常露臉。

曹家客廳掛著一個獅頭,是曹長春現年八十四歲的父親以前糊的,因為獅頭上面有七星、八卦,和照妖鏡一樣有「制煞」的功能。他父親應該是武館出身,但詳情並不清楚。本地的武館仕附近榕仔公廟後面,今天因出陣而找不到人,鼓亭則放在榕仔公廟那邊。

曹長春說,鳳梨園在前年正月十五日,曾以雷震天名義代表彰化地區去臺中公園參加北管比賽,得了冠軍,那時是每隊各排場四十分鐘。

—— 1990年4月3日訪問館主曹長春之妻,劉秀玲採訪,陳錦豐整理記錄。1991年4月2日訪問曹長春先生(54歲,館主),周益民採訪記錄。

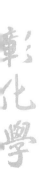

東北里義順堂（獅陣）

東北里義順堂成立於日治時期，當時是聘員林南東里江厝義順堂的「海蹄師」（江海蹄）來教，實際負責教武術的是大村鄉黃厝村的廖新房，廖新房稱「海蹄師」為姊夫。因「海蹄師」四處教武，較沒時間，而廖新房常來，因而多由廖氏授武。

受訪者為義順堂負責人林如松，本名林朝陽，日治時被戶籍人員改為林如松，現年六十五歲。林氏十四歲時，村人正在學武術，他也很想參加，但父親反對，怕他惹上麻煩。雖然其父反對，但林如松仍很用心看師父所教的拳套，暗記在心中，直到國民政府遷臺初期，父親相信他不會鬧事，才開始正式習武，但只學了兩館而已，當時約有四十多人，儘管如此，「海蹄師」卻很器重他，因林氏用心反應靈敏，學得比別人迅速，故每次出陣皆會找他參加。目前東北里義順堂的獅頭，即是「海蹄師」教林如松製成的。

以前拜師學武，得為師父準備點心、菸、茶，現在師父要以愛心教導，且語氣不能太兇，而且年輕人怕吃苦，所以也不願隨便教。但受訪者很贊成自己的孩子學武術，因時代逐漸變亂，出門在外，學點防身術也不錯。曾有幾個國中生看東北里義順堂出陣時，舞獅舞得很好，要求林如松教他們舞獅。林如松認為，若基本動作沒學好就練舞獅，並不能真正舞得好，因此要求他們先練基本動作，但學生怕辛苦而作罷。義順堂學太祖拳，拜達摩祖師，但平常並沒有奉祀，而是在開館時，才會奉請達摩祖師。

東北里義順堂時常應邀出陣，例如大峰里的廟曾來邀請過，也曾到高雄三鳳宮、鹿港媽祖宮、臺北關渡宮、南庄獅頭

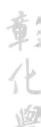

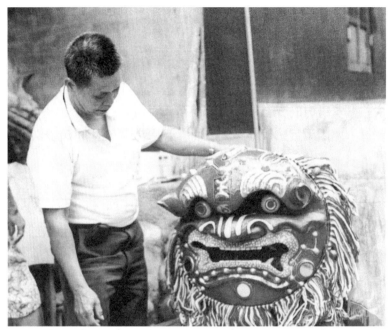

▲ 員林鎮東北里義順堂負責人林如松及其所製獅頭（李秀娥攝）。

山等地「刈香」。東北里的慈法堂（主祀玄天上帝）每年正月
四日「迎媽祖」。另外，位於南東里的鎮興廟「馬舍公」聖誕
是九月十四日，本館也會去參加迎神。而黃厝庄義順堂因為老
一輩相繼過世，新一代又沒學起來，曾要求東北里義順堂去幫
忙，由兩館合作，東北里義順堂今年便去幫了兩次。

── 1991年10月18日訪問林如松先生（65歲，武師），李秀娥
　　採訪記錄。

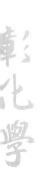

南東里江厝義順堂（獅陣）

〈訪問江進學先生部分〉

　　義順堂是祖傳的私人武館，目前已有八、九代，當時是為了強身、防禦壞人而學武。

　　受訪者江進學二十歲學武，但其父沒學，當時是在江氏家中大埕學武，成員約有四、五十人，在晚上練習，認真的人到十一、二點才離開。師父江啼是其叔父，也是向上一輩的人學的，學得很好，曾出去教過武館（東北里、中東里）。「傢俬」都放在「公廳」，由於學員都是江家子弟，所以不用付費。

　　本館在戰後最風光，一陣就有四、五十人，但現在沒人要學，已快解散了，只剩下一些老人，現在媽祖「刈香」、「神明生」、「做鬧熱」仍有出陣，約一、二十人，都是江家子弟，出陣則有收費，視酬金價碼，回來均分，並留一些當「公金」，由江坤雄管理館務。義順堂只有「好事」才出陣，不曾為喪事出陣，本庄若要用陣頭，則由村長拿聘書與酬金來邀請，此外，也有別庄（林厝里）來邀請。祖師爺是「太祖」，以紅紙書寫，晚上練武時，大家都要拜，拳種屬太祖拳、猴拳。庄內只有這個武館，差不多近十年沒人學了，已快要解散了。

〈訪問江坤雄先生部分〉

　　日治初年，江坤雄的祖父江榮及三塊厝之江赤牛，兩人師承同一位中國武師，後來兩人分別在村庄設館，江榮設義順堂，江赤牛則設拔元堂，後代各自承接，義順堂約有一百年歷史。江榮之後，由其子江啼接館，江啼為受訪者江坤雄的堂伯

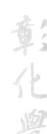

父。江啼在各地傳館，遠到嘉義小半天、高雄旗山，近在振興里、中東里、東北里及大村鄉黃厝庄，所傳館號皆為義順堂，其中，中東里義順堂已較荒廢。

義順堂為武館與獅陣合一，多傳江姓子孫，江坤雄是第二代館員，可以教人，但只在本庄教，不曾出外，在庄內則不收「館金」。現在較熱心學的，有二十幾人，也有十幾歲的和年長的。

江坤雄十七、八歲的時候學武，當初是在江厝大埕舞獅，而練武多在冬天，故在江家裡面練，若老師沒來，也可以自己練，那時共有五、六十人學。戰後之初，武館活動最熱烈，係因日治晚期遭到禁止，故戰後大家愛學。學武時，以四個月為一館，因拳術屬祖傳，學的人不必出錢，況且成員同是江姓種德堂的人。江氏認為，當師父的並不聰明，認真學、認真練，才能當師父，現在的小孩子都很聰明，學得很快。

江坤雄說，埔心鄉瓦窯厝勤習堂在二二八事變時，曾保護臺中縣長吳國楨（當時還未設彰化縣），那時候時局紛亂，勤習堂保護中國籍的縣長，故戰後勤習堂非常興旺，東北里、南東里都設有勤習堂，浮圳仔勤習堂即是由瓦窯厝勤習堂分出。

江氏說，浮圳仔原本有春盛堂，但現在改用三塊厝拔元堂的旗號，捨棄原先師承，這是「背骨」的行為，至於春盛堂的老師是「阿山師」。比起江厝，三塊厝拔元堂較有發揮，江赤牛之孫江榮宗現任鎮民代表會主席，而江榮宗之子任教職，沒有學武，至於大崙坑拔元堂，則是由三塊厝拔元堂分出的。

南東里現任盧里長家有一「暗館」，名為忠英館，「暗館」之意是只學功夫不舞獅。浮圳尾也有一暗館，館主「柱仔」，練「二哥拳」，但沒有出陣。

盧里長舊屋內掛有一「青頭獅」的獅頭，他說南投包尾的

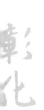

獅是眞正的「青頭獅」，功夫好、擋得住人，所以整個獅頭都是青的。

江坤雄說，義順堂不曾與人「拚館」，但勤習堂霸道、優越感重，比較會與人「拚館」。義順堂與同義堂較友好，常互相調人手。此外，東北里、振興里義順堂的人，他們也比較有辦法調。他說振興里武館本是「暗館」，因請同義堂的人來教獅套，故用同義堂的旗號。「暗館」比較注重武術功夫，有時出陣就用別館（習獅套）旗號。江榮設館之前，江厝就已有「暗館」，只學功夫，他拜江赤牛爲師的原因，則是爲了學舞獅。

南東里分爲江厝、林厝、黃厝及圳岸下四部分，江厝有義順堂，黃厝原有勤習堂，現在已解散，而林厝及圳岸下都沒有武館，但國民政府遷臺初期，在江厝習武的，有十人是黃厝的人。以前義順堂出陣，都由江坤雄召集。現在江坤雄爲避開是非，已不管義順堂的事。

南東里自古即有兩館，每年九月十四日「迎媽祖」，二陣都要出來，義順堂的人會請別館助陣，林厝勤習堂也會請埔心鄉瓦窯厝勤習堂相助。林厝勤習堂是戰後才學的，只維持三年就不再活動，因成立一個武館所費不貲，現在只有義順堂在「迎媽祖」時出陣。獅陣收入一部分留作「公金」，其餘則分給館員。獅陣通常不參與喪事，只有知己友人或師父去世時才出陣，師父過世，獅頭要去送殯，其後獅頭則要燒掉。據聞，永靖鄉陳厝厝的師父過世時，來送殯的獅陣很多。武館也有排場，但起碼要四、五十人，若晚上排場，每次要二鐘頭，一次收取三、四萬元。

—— 1990年4月3日訪問江進學先生（60多歲，成員），劉秀

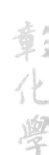

玲採訪，陳錦豐整理記錄；10月1日訪問江坤雄先生（63歲，前任管理人），林美容採訪記錄。

南東里林厝勤習堂（獅陣）

本庄勤習堂於戰後開始練習，由三條圳（三橋里）天帝堂堂主賴阿久（其子現任里長）及埔心鄉東門張田鑽（已逝世十餘年）來教了二年，有二十多人學，當時的成員，現在都已六十幾歲。勤習堂是在本庄一八八番地林合元家中練習，學的人不必出錢，老師也沒有收費，由於大家認識，只有在練習時煮點心給老師吃。

林厝居民姓林較多，祖籍漳州府詔安縣。但現在的南東里，只有江厝還保留獅陣。

—— 1991年4月2日訪問林紂先生（近70歲，庄民），林美容採訪記錄。

三塊厝拔元堂（獅陣）

拔元堂在江丁酉時即存在。「江丁酉（日治時期曾擔任「農會頭」）之弟（「赤牛」，享壽八十餘歲）曾在三塊厝向中國武師學拳，後曾至臺中市四張犁、員林火燒庄、芬園大竹圍傳授拳法，曾舉行正式的開館儀式。江頂山之子江全春曾到中國上海學拳，並娶廈門人為妻，經商失敗後，轉而販賣鳳梨，有一次與鳳梨會社的社員打架，從水池跳出，大出風頭。江全春後來擔任中醫師，並領有執照，與其父江頂山皆懂草藥、醫術。拔元堂祖傳太祖拳，而鶴拳則是江全春學回的，江

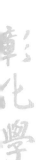

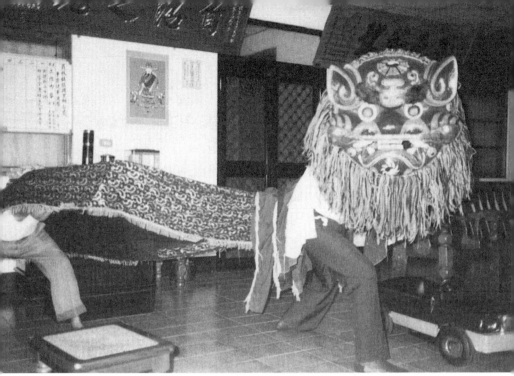

▲ 員林鎮三塊厝拔元堂受訪者表演舞獅（李秀娥攝）。

全春曾於大崙坑、和美、凹窩寮（南投）、旗山等地授徒，六十多歲時過世。拔元堂的江氏家族關係，詳見下圖所示：

```
                              ┌─△江全長
        ┌─△江頂山（弟、「赤牛」）┤                      ┌─△江文章
        │                    └─△江全春（「臭獻」）─△┤
江氏     │                                        └─△江文政
二房  ─△┤
        └─△江丁酉（兄）─△江塗獅（「孤呆」）─△江樹生（在場）
  └─△江玉麟─△江款─△江維屏（受訪者）─△江文語（受訪者）
```

　　江頂山出外授拳時，曾與人「拚館」，那是他到四張犁教武時，與中國拳師雇用的綁「菜罩」（餐桌上覆蓋飯菜之竹器）的中國人發生衝突。江頂山嫌對方綁不好，中國人便捧走江頂山的香爐，江頂山打了一套猴拳，讓那個中國人知難而

彰化學

退。但近年並未發生「拚館」的事件。戰後，曾有一次為了竹籬的竹尾太長，長到三塊厝這邊來，埔心鄉瓦窯厝勤習堂全庄來打江頂山，江丁酉與江頂山聯手對抗。

受訪者江維屏現年八十二歲，師承江頂山，從十五、六歲開始學拳，約六十五年前開始練，那時政府不讓人使用武器，若被查到，則會沒收，因此只能偷練。當時共有十多人學，但只有一半的人學成。戰後初期，一年有十多次出陣的場合，若有邀請必定出陣，以前出陣會用「傢俬」，現在出陣則沒有用「傢俬」。江維屏曾教過地方上的子弟，也曾與江全春一起出陣。一九九〇年，其子江文語曾傳授四十多個國中生，後因學生開學便放棄了。受訪現場尚有一位會扮演「獅鬼仔」的成員江樹生，他是江丁酉的孫子，當年血氣方剛，其祖父因而不教他拳法，直到退伍後，才傳授獅套，但仍未授拳。

拔元堂奉祀太祖先師及白鶴先師，練拳時間多在晚飯之後，並在江頂山舊屋練習，四個月一館，設館時每天都要練習。拔元堂除館主之外，並無組織，以前開館隨意收取學費，出陣時地方人士會給酬勞。拔元堂大多向江全春傳授的南投凹窩寮調人，很少到別庄出陣，則是因開支較大之故，清明前「迎媽祖」，各庄頭都會出陣。目前，江全春之子江文章家裡，另有奉祀達摩祖師。

本館的獅為「青頭獅」以「土紙」製成，也有「獅鬼仔」。「青頭獅」與「紅頭獅」（獅頭全紅）不同，有固定的表演方法，獅陣的表演名目有拜神、四門、咬鬃、洗腳、咬火、睡獅等，而獅頭入厝踏八卦，是為了有好彩頭，喪事便無此舉措。

獅頭出陣稱「起馬」，要燒金紙，出陣回來「落馬」，也要燒金紙。本館出陣主要以「神明生」及「刈香」較多，入厝

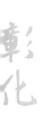

也會出陣，一般「好歹事」則不參加，只有師父級的人過世才會出陣，如江全春十多年前去世，所有兄弟館的徒弟召集一百多人爲其送殯，甚至「撿骨」時，也如此進行。

本館曾於一九六八年慶祝彰化地方法院成立時，參加民間藝術比賽，獲得特等獎，當時是由江全春帶隊，鎮長江清泉擔任該項活動的主任委員。一九九一年，南瑤宮「老二媽會」往中國進香，回駕東山遶境時，三塊厝拔元堂也出陣迎接。

昔日武館區分很嚴格，現在則不會，若有需要出陣，也會互相合作。與三塊厝拔元堂較有「交陪」的武館有六分寮同義堂、崙仔尾春盛堂、凹窩寮拔元堂（現較鬆散）、大峰里拔元堂、浮圳仔拔元堂、竹篙厝春盛堂（組織較鬆散）、草尾嶺春盛堂、和美打鐵山拔元堂（現較鬆散）。另外，本館也有人到板橋市成立拔元堂。

―― 1991年1月23日訪問江維屏先生（82歲，成員）、江文語先生（堂主，鎮興里里長），鄭淑儀採訪記錄；8月25日李秀娥再訪，整理記錄。

大崙坑同義社（九甲）

本社成立於日治時期，歷史較大崙坑拔元堂還早，當時受訪者黃允埜約二十來歲，一群愛好時髦的朋友很喜歡看九甲仔，戲班演到哪裡，便跟到哪裡看，甚至喜愛到把戲班的戲籠搬回家。所以他們決定學九甲仔，並請員林著名藝人「九甲生」（本名不詳）來教，一共教了十多年，不論是唱曲、樂器、「腳步」等皆有學。

學了一陣子後，因大家有志一同，而取名同義社，並推江

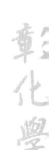

猛（已過世十多年）為堂主，活動期間一直由江猛負責管理。江猛很聰明，學戲曲很快，曲館的「傢俬」一直放在他家，直到舊宅（在全坑觀音媽廟後）倒塌，「傢俬」全被埋在土中。本社在日治時期極為活躍，大崙坑的曲館、武館也頗負盛名，直到太平洋戰爭爆發，政府禁止活動，便自此解散，不再活動。

當時參加曲館的人包括江猛（館主）、黃允墊、黃允三（黃允墊堂兄）、江績（江猛外甥）、黃阿界、黃水淑、黃水秀、黃清霖、張乾、黃鍊、黃朝慶（弦樂手）等，除了搬到外地（臺北、花蓮、臺東）的部分社友資料不詳外，至今還健在的成員，只剩黃允墊了。

以前出陣很熱鬧，大多在中部出陣，參加「鬧熱」時，多不收酬金，而是吃一頓再回來，後來部分有收酬金，皆歸入「公金」，以購買「傢俬」、旗等所需物品，不夠的再由社友分攤，以前一人約出四元五角，合資買「傢俬」。

日治時期，某年「天公生」，曾在芬園鄉寶藏寺排場，師父「九甲生」後來教的兄弟館芬園豬母乳坑曲館被邀請參加排場，便邀請本社助陣，本社有十多人去參加，因「拚館」獲勝，對方不服氣，差點打了起來，還有人跑回本庄調人手，幸好被制止，沒釀成事端。

黃允三在二、三年前，希望黃允墊之子黃懷寶（參加拔元堂）再召集人來學曲，他願意教，但黃懷寶知道現在沒人要學，故未召集。不料，黃允三已於一九九○年過世，曲館無法傳承。

── 1991年8月25日訪問黃允墊先生（83歲，成員），李秀娥採訪記錄。

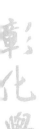

麒麟坑拔元堂（獅陣）

　　大峰里分成大崙坑、麒麟坑、阿寶坑三部分，舊屬大崙坑管轄，拔元堂位於麒麟坑內。本館自日治時期就有了，最早的師父是中國人，人稱「卻師」，接著是由鎮興里拔元堂的江丁酉來教，後來，江丁酉之弟江頂山也來教，直到太平洋戰爭期間（1941～1945）停止活動，戰後才又重新開始。二二八事件（1947）後，則由江全春來教，「全春師」曾到廈門研究武術，約四十歲時，來大崙坑教拔元堂，教了近二十年，直到五十九歲過世爲止。「全春師」對弟子相當照顧，出陣的酬勞分文不取，弟子也不用特別準備點心，更會自掏腰包爲弟子治病、敷傷，弟子非常懷念「全春師」，他逝世時，弟子聯合出陣送殯，連「撿骨」時也照樣出陣。當時所用的獅頭披麻戴孝送殯之後，仍帶回來而不燒化。本館在江全春之後，就改請師傅來教。「全春師」生前也教過三塊厝、和美、南投半山一帶及其他地方。

　　受訪者黃碧（偏名「長久」）目前爲麒麟坑拔元堂負責人，武術家學淵源，祖父黃煙、父親黃獅、弟弟黃朝合（現年五十五歲），皆爲拔元堂成員，所以在他家練習最久。黃碧現年五十八歲，約十一、二歲開始學武，當時有三十幾個師兄弟，但沒有女孩子學武。不過，他認爲女孩子也適合學。目前年輕人不願學，老人也不願教，他自認已退隱十幾年，並擔任恆鳳慈惠堂負責人。學武固然可以健身兼娛樂，卻比不上現代的槍械，但拔元堂目前仍然出陣，每年二月十五日「媽祖生」會出陣「迎鬧熱」，「刈香」時也會參加，其他入厝、工廠落成等，則只出獅頭、鼓、旗號，不用「傢俬」。

　　目前出陣因爲人手湊不齊，很難只由本地的人出陣，大

多與兄弟館三塊厝拔元堂、浮圳仔拔元堂及南投市樟普寮同義堂、六分寮同義堂互調人手，湊合一陣，約可出五十人。出陣範圍幾乎全國都跑遍，包括臺北、高雄、花蓮（慶祝蔣經國就任總統）都去過。本館從未跟人「拚館」，但在一九五〇年代時，曾參加鎮、縣、省三級的武術比賽，且得過冠軍。

拔元堂習太祖拳，以前有拜達摩祖師，但現在已不再祭拜了。昔年「公金」放在館主處，黃碧也曾代管五、六年，後因有的館將「公金」借人，收取利息，結果被倒債，因而決定不設「公金」，出陣收入全部分給成員。此外，「全春師」有銅人簿，但沒傳給麒麟坑拔元堂，而是傳給三塊厝拔元堂的江文章（江全春之子），且銅人簿不隨便外傳，只有相當熟識的才會傳。

—— 1991年8月25日訪問黃碧先生（58歲，負責人），李秀娥採訪記錄。

振興里玉同軒（北管）

受訪者沈耳現年六十二歲，二十多歲才學曲，玉同軒是由老一輩的人傳下來，當初差不多在日治初期設館。日治時期，員林地區流行北管。以前本庄也有武館，叫義順堂，和東山義順堂同一師承，歷史與曲館一樣久，但武館較早解散。

沈耳說，他學曲時是在「暗學仔」，不曉得是誰請「先生」來的，由上一輩的人做館主。「先生」是溪湖人「阿班仔」，又稱「撇先」，擔任錦樂軒「班頭」，會「上棚做」。他來此地只教樂器、唱曲，不教「腳步」，共教了一年多，住在「暗學仔」，並輪流到成員家裡吃飯。直到終戰之前，日人

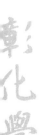

還允許曲館延續，但日治時期，因水災使「暗學仔」被沖走，從此就不再學曲館，算是「散館」了。原址興建庄廟天化宮，主祀玄天上帝，庄內也有人參加彰化「老二媽會」。本庄的玄天上帝沒有祖廟，故採用「接天香」的方式「刈香」。

沈耳那一輩有十幾人學，五、六年前，由曲館人員組成大鼓陣，但現在只剩二、三人而已。學曲館時，晚上去學，先要上香拜祖師西秦王爺，並用紅紙、香爐奉祀在「暗學仔」。「先生禮」沒有公訂價格，「傢俬」費用以前是以「公金」購買，現在除了鼓亭是以前留下來的之外，其他都是大鼓陣成員自己買的。

員林地區的曲館以前大多是「軒」的系統，十幾庄才出一、二個「園」的。沈耳表示，軒、園只是館號不同，曲目、曲譜、唱法都一樣。「軒園咬」只聽老人說過，但詳細的情形並不清楚，也不曉得輸贏，自己更沒有參加過。本地的北管和樂器都是由彰化傳過來，他還記得，買樂器都要到彰化車站前去買。而「拚館」時若人手不夠，也會跑到那邊調人。現在的曲館招牌都掛上大鼓陣，埤腳馨梨園、浮圳仔和樂軒、泉州寮慶梨園、湖水坑聖義堂、番仔崙雅聖軒、三條圳慶陽軒，振興里玉同軒都是如此。

本館一年出陣次數不定，若有人邀請或有空便會出陣。以前還曾出陣去南瑤宮「刈香」，現在則多去中國湄洲「刈香」，每次去湄洲「刈香」，對方會送一尊粉面媽祖讓他們帶回來，沈耳也去過，那邊沒有像臺灣那麼繁複的陣頭。其實是去玩順便「刈香」，利用「刈香」的名義，費用較省，像手續費、機票，都會較便宜。

—— 1991年4月2日訪問沈耳先生（62歲，成員），周益民採訪

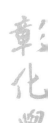

記錄。

振興里同義堂（獅陣）

同義堂成立於清領時期的光緒年間（1875～1895），振興里張姓原籍廣東饒平縣。同義堂發源於永靖陳厝厝，最早的師父是「乾師」（羅乾章），之後傳給「火師」（楊坤火），振興里同義堂即是「火師」設立，到了受訪者張奇，已是第四代。

同義堂學太祖拳，用「合嘴獅」，沒有「獅鬼仔」，武器則有雙刀、雙刈、丈二、七尺、九尺等。同義堂成立時，有十幾個人在學，經費由成員分攤。學習的時間為每年冬天，每天都學，老師每週來一次，當天往返。

太平洋戰爭時期（1941～1945），受到政府禁止，同義堂一度中斷。戰後，曾學拳的人再次練武，但現今已沒有固定練習時間。

每年三月二十日百果山「迎媽祖」時，本庄同義堂會出陣，除了以前學過的成員，有時連小孩都會參加。若有成員過世，也會出獅陣，而獅頭則需綁白布。

—— 1991年2月訪問張奇先生（館主），林昌華採訪記錄。

番仔崙雅聖軒（北管）

雅聖軒約在一百多年前成立，雅字代表庄名（現名崙雅里），最早是「空仔堯」自崁頂（現稱頂潭）回來教，約教了二、三個月，有二、三十人跟他學，但大家都沒學成。日治

時期，火燒庄「阿永」（張清永）也來教過，當時學的人有「老堯」（姓張，「石頭」之父，打班鼓）、張塗（歕吹）。一九五〇年代時，又請萬年里人「阿守」（張千守）來教，約有一、二十個子弟，包括張天朗（「二腳仔助」，已逝）、「厚皮」（姓張）及張天鹿（學吹，去年過世），由張揚擔任館主，張千守來教了一年多，據受訪者張錦嵩說，這十多人還是沒學成，因為張千守和「空仔堯」一樣，都不是頂尖的「先生」，張千守教完後，雅聖軒就逐漸衰微，終至解散。

雅聖軒練習的場所，在現在代天宮廟址，該廟以前是土地公廟，一九五九年改為天聖堂，奉祀關公，此時雅聖軒已解散，一九六二至六三年又改為代天宮，奉祀媽祖。那時的土地公祠，就是曲館所在，樂器是由村人樂捐購買，放在土地公祠，誰想學就可以去練，不過，請「先生」的錢則是由團員支出。

雅聖軒義務幫忙村裡的「好歹事」，「迎媽祖」也由雅聖軒出陣，雖會收酬金，但「先生」分得較多，其餘則由團員平分。不過，雅聖軒並沒有辦法對曲。

當時雅聖軒的成員有張封椪（班鼓）、張哲（二手鼓）、張宗更（鑼）、張天祿（吹）、張灶（拉弦）及張輝宗、張錫烹等人，這些成員均已過世，目前大概只剩張厚皮（現年五十多歲）健在，他十五、六歲學曲，但也未學成。

雅聖軒解散的原因，是因為沒有組織，庄裡缺乏有錢人支持，也得不到他人的捐獻，同時，年輕一輩尚在讀書，而庄人為了事業或工作，根本難以聚在一起，雅聖軒遂解散。

日治時期（約六十年前），員林公園發生「軒園咬」，由員林商工會發起，「拚館」的時間以七月最多，也有真人表演的藝閣。

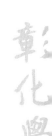

—— 1991年1月23日訪問張錦嵩先生（66歲，崙雅里里長），
林美容、許雅慧採訪記錄。

番仔崙同義堂（獅陣）

〈訪問村眾部分〉

在大正年間（1912～1925），臺中「二哥」的門下陳春成
來番仔崙教武，館號武德堂，學成的有五、六人，即張洛書、
張有明、張葛、張塗城、蔡琪茂等人，當時在張氏「公廳」清
河堂練習，除了張人傑及張金粟還建在，其餘都過世了。現任
里長張錦嵩現年六十六歲，他說，自己在一九四六年曾學武，
是跟張塗城學的。

每年二月二十四日，番仔崙都請南瑤宮「老二媽」（本庄
有「老二媽會」的會員，庄內已奉祀「老二媽」），現在每到
三月初，楊上雄就開始教武，「迎媽祖」時可派上用場。

白鶴門是中國福州天德寺來臺的四個師兄弟所傳，「二
哥」傳臺中，「義高」傳虎尾，「阿鳳師」傳鹽水，另有一人
傳柳營。「二哥」門下的陳春成已逝世，而陳建山仍健在。至
於番仔崙用同義堂的獅，係因地緣關係之故。

〈訪問楊上雄先生部分〉

受訪者楊上雄現年六十一歲，祖父楊坤火育有六子，依
次是六經、六壬、六藝、六遜、六郎、六龍，楊坤火賣地請廣
東的羅乾章來教少林十八羅漢拳，當時是在陳厝厝教，後來楊
坤火又至雲林、彰化、嘉義設館，現在楊六郎在員林、社頭教
書，楊六龍在發源地陳厝厝同義堂。楊六經於二十多年前逝
世，楊上雄的功夫係其父楊六經所授。楊坤火請中國武師來教

拳，也有教草藥、醫術，「火師」傳給長子楊六經，楊六經又傳給楊上雄，楊六經父子克紹箕裘，到處授館，楊上雄後來搬至員林，三年前應聘管理供奉五顯大帝的番仔崙民安宮，而番仔崙同義堂以前就已存在，「火師」、楊六經都在此教過，楊上雄則是三年前才到此教武，是由里長請來的，而獅頭、堂旗都是里長新買的，並無兵器。

去年設館時，有三、四十人參加，大多是十多歲的小學生，只學了一館就停止，訓練處在里長家，但不太成功。出陣時，會向山頂、永靖鄉二十四庄調人，獅頭是「開嘴獅」，但無法自由開闔，也有「獅鬼仔」。

員林振興里同義堂曾由村內「頭人」出錢請楊坤火、楊六經去教。出陣大約一、二十人，由請主支付酬勞，所得平分，「傢俬」如有損壞，則以捐獻方式購買，平常並無練習，且現已暫時休息，等要迎神時再練習。番仔崙三月二十七日「迎媽祖」必須出陣。而一月二十三日至二十五日，在臺北體育館有獅陣表演，由楊上雄之子帶團參加，他只有一個兒子繼承家業。

同義堂並未和其他館「拚館」，當初「乾師」傳下之銅人簿，楊上雄仍有保存。據楊上雄表示，祖父楊坤火是「乾師」的「頭叫師仔」，並自「乾師」傳得「銅人簿」。

—— 1991年1月23日訪問村眾，林美容採訪記錄。1991年1月23日訪問楊上雄先生（61歲，館主），林美容、陳怡妙採訪記錄。

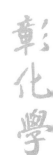

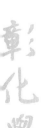

柴頭井龍鳳閣（南管布袋戲）

〈訪問詹柳械先生部分〉

龍鳳閣是詹家祖傳的南管戲班，從受訪者詹柳械的曾祖父詹娘賢、祖父詹厖（清末出生，歷經日治時期）、父親詹金在與自己，一共四代。曾祖父會演布袋戲，祖父擔任內場，父親負責操演戲偶，詹柳械也會操偶，是由父親教的。戰爭時期（1941～1945）禁止鼓樂，詹金在於當時過世。詹柳械的四叔詹懷泗擔任後場，擅長歕吹、拉弦，五叔詹環也擔任後場，兩人在戰後初年去世。堂兄詹墩、詹德格（皆大伯之子）也會演布袋戲，中國廣播公司曾請詹墩去演布袋戲。詹金在曾在田尾柳仔湳教了一、二年，以前柳仔湳的團主叫葉全金，父子均已過世。詹金在曾在集集古燈佛那邊教館，不過，學員都已逝世，詹柳械自己沒教過多少徒弟，曾在芬園鄉大竹林教曲，但沒有館名。本庄謝水會打鑼鼓，他與高厝的「高仔乞食」是詹金在的學生，附近都是「高仔乞食」教的。

詹家祖籍廣東饒平，詹柳械的祖父會講客家話，但父親跟他都不會講。柴頭井居民屬雜姓，詹姓有二、三十戶，包括永靖、湳港、陳厝厝都有詹姓，湳港全村都姓詹。

柴頭井全庄加入「老二媽會」，詹柳械的祖父及父親都參加「彰化媽」，彰化水災時，會員名冊流失，後來再入會時，他未加入。柴頭井每逢「冬尾」（十一月）演平安戲，都請天門宮「橋頭媽」、南瑤宮「彰化媽」及員林廣寧宮三山國王來看戲。附近六庄「拜天公」的歷史源於清領時期，是湳仔的秀才召集的。社頭鄉朝興、石頭公、湳仔、崎仔腳及員林鎮柴頭井、林厝六庄合祀玉皇上帝的神像及香爐，放在朝興一民宅內，六庄若有人迎娶，要「拜天公」，可去當地迎請，而正月

初九則由民家自行朝拜。

以前柴頭井「鬧熱」時，都是龍鳳閣出陣，但因龍鳳閣是私人的，要花錢。以前龍鳳閣有六、七人，學後場較快，而操偶較難學；歌仔較好念，曲則較難。龍鳳閣在戰後演了幾棚戲，就解散了，只有黃添火知道其源流。

詹柳械藏有一些南管的曲簿，有些蛀蝕得較厲害，已賣給回收業，家裡有一些保存較好的，採訪者借了六本影印，這些都是詹金在（又名詹逢春）在日治時期抄的。

〈訪問劉明火先生部分〉

受訪者劉明火約二十歲左右學曲，學了二、三年，直到「先生」詹金在死後，才沒再學，那時有二、三十人一起學，當時學的人，謝樹東（學樂器）、謝清欉（學曲）還健在，卓籠、黃平、吳阿宗都已逝世，他們都是南管子弟，但沒有館號，只知道「先生」的名字。後來，「傢俬」都賣完，「籠底」也賣給「齋公」。

該館沒有上棚演戲，「神明生」時會出陣排場，從大正時期（1912～1925）就有出陣，昭和時期（1926～1945）也有，戰後就沒有出陣，劉明火學鑼、鈔、曲棚，堪稱總綱，他們也有學潮調、布袋戲，與詹柳械同一師祖。

── 1991年8月24日訪問詹柳械先生（79歲，成員）、劉明火先生（80歲，成員），林美容採訪記錄。

下霸厝同義堂（獅陣）

約大正二、三年（1913～1914）時，受訪者劉明火的師父

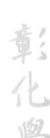

劉林與伯父劉炎、劉存,請中國武師「網師」來教武,一共教了三、四年,那時「網師」住在劉家,師兄弟有三、四十人,有所謂「頂五義」、「下五義」之稱,「頂五義」是指劉明火伯父那一輩,「下五義」則是指「阿松師」那一輩的人。

「網師」在員林賣斗笠,已過世七十年。「網師」及劉林都有吸食鴉片,劉林之子劉來成及劉明火的父親也有學武。劉家祖籍廣東饒平,以前講客家話,來臺灣之後,就改講河洛話。

下霸厝有二館,一館在劉厝,另一館由張萬當館主,張萬客死中國,該館在大正年間(1912~1925)就解散了,歷史只有黃添火知道。

同義堂的「傢俬」都不在了,日治時期,劉家因釀私酒被政府取締,「傢俬」也被沒收,「丈二」被切成六尺。而本館是用「青頭獅」、學太祖拳。

昭和時期(1926~1945),獅陣曾出去表演,但後來較少了。本庄人手齊全,成員皆為林厝里(含下霸厝、柴頭井、林厝)的人,成員不限劉姓,由成員出錢買「傢俬」、請「先生」。

戰後,曾請武德堂來教軟拳,老師是臺中教二哥拳的陳建山,其弟陳寬和也很厲害,但兩人均已過世。當時有學舞龍,需要三十幾人,但本庄沒有買龍。屏東大武營也有龍陣,本庄舞的只是小型龍陣。

本館與同館號的武館,如三塊厝、埤頂及大饒里較有聯絡,會互調人手。埤頂以前是「阿炎」在教,約八十年前開始,但在何處教並不清楚,該館比下霸厝先解散。

以前同義堂四月會擇日出陣「迎媽祖」,是迎「彰化媽」、「枋橋頭媽」及員林三山國王,範圍包括今林厝里。

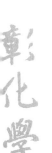

二月三山國王聖誕也有出陣，若有人入厝，獅頭也會去「制煞」。總之，同義堂在日治時期較興盛，還曾去鹿港「迎媽祖」，在廟口比賽，獲得冠軍。日治時期，每逢九月十五、十六日商工會，也會出陣，但戰後就沒有再出陣了。

—— 1991年8月24日訪問劉明火先生（80歲，庄民），林美容採訪記錄。

出水集英堂（獅陣）

受訪者張風燕在十八、九歲開始學武，到了二十多歲，就跟著老師四處傳館。張風燕的老師是莊金江（享壽八十餘歲），後來搬到犁頭厝，在當地結婚，然後又搬到員林。莊金江從日治晚期（當時禁止武館活動）就到出水教武，庄民在山裡偷偷學「暗館」，到戰後才學獅陣（「合嘴獅」）。莊金江的老師聽說是中國人，姓名不詳。莊金江四處教館，在草屯、溪頭、北投、溪尾寮仔、貓羅坑、犁頭厝、社頭鄉的湳仔山、後壁厝教過。

張風燕跟莊金江學了好幾種拳（館內有人學二哥拳，但他沒學），有鶴拳、十八羅漢拳、五功拳（氣功）、龍拳等。莊金江育有四子，分別是莊安全（現居員林）、莊安村（現居草屯）、莊安國（現居埔里），都開設國術館，莊安邦則在日本居住。

以前堂主是誰，已不記得了，因張風燕自己想學，就召集人手一起學，堂主向館員收錢給老師，有時也要煮點心，很麻煩。設館第一晚練習前，堂主會準備香爐，讓大家奉祀，達摩祖師誕辰也要燒香。張風燕替師父傳館，師父也會支付酬

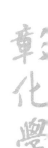

勞，如犁頭厝、湳仔山、後壁厝庄等館，在二、三十年前就解散了。在張風燕的時代，師兄弟有二、三十人，戰後最多曾有六十多人，因為太大館，就分為大湖底和出水二陣，成員全是庄裡的人。

出水集英堂在張風燕四、五十歲時，因為莊金江不再教武，而廟裡將要「刈香」，所以就自己正式立館傳武，自己也去外地教，在社口、貓羅坑教了好幾年，在大埔厝也教了一館，但近二、三年來，他也沒教了，只有別人來他家學，才會教。張風燕育有二子，一人在員林仁愛醫院學中醫，他學到較多；另一人經商，故學得少。今年本庄「媽祖生」仍有出陣，「刈香」時也會出陣。在莊金江教時，庄內有女孩子學，張風燕去貓羅坑教時，也有國中女學生在學。

武館分成二種，一種是「暗館」，只學功夫，沒獅陣也沒「傢俬」；一種則有獅頭、「獅鬼仔」、「傢俬」、對練。集英堂只在廣天宮三月「迎媽祖」及「刈香」時才出陣，普通廟裡「鬧熱」沒有出陣。外庄或庄內迎娶、入厝，大部分都沒出陣，只有一些知己或來這裡學過的人要求幫忙，才出陣排場。若廟裡出陣不收酬勞，迎娶、入厝時也沒有收酬勞，只有出去「刈香」才收取，若外庄來邀請，就一定收酬金。

入厝有人請獅陣，是去「制煞」，迎娶請獅陣則是「鬥鬧熱」。有一次，下茄苳有一間房子不平靜，到廟裡請示玄天上帝，需要請獅陣，那戶人家剛好有子弟在溪尾寮向張風燕學功夫，因而不好推辭，就幫忙出獅陣，結果真的平靜了。臺中洪門要「迎關帝」，也曾請他們去幫忙。張風燕曾去犁頭厝和貓羅坑傳館，常互調人手，集英堂獅陣也曾去北部、南部、山區、花蓮、梧棲等地「刈香」。若是獅陣「拚館」，都在較量排場。三十多年前，曾有一晚在社頭鄉石頭公「拚館」，寶藏

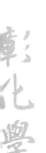

寺「天公生」九庄頭「拚館」時，他們也曾參加。

出水屬於彰化南瑤宮「老四媽會」，但不知有多少會份，因為「頭人」的名冊因火災而被焚毀。出水庄的「傢俬」是向徒弟收錢買的，庄內一些較有錢的人也有捐錢，但戰後「傢俬」都生鏽了，貓羅坑那邊的「傢俬」則有鍍金，保存完善。

本庄獅陣有「獅鬼仔」，是人臉造形而非猴臉。傳說「青頭獅」出陣會死人，所以至少都要有一點紅。據說，有一回國母生病，無意中看到「青金獅」，因而痊癒，後來又生病，想要看獅卻沒法看到，於是有人做了一個獅頭，故意讓國母看到，使她的病好了。他們舞獅一直不停的目的，是要引獅出來，而「西螺七崁」系統的舞獅要表演「睏獅」，就是齊天大聖故意去逗弄，逗到獅和「獅鬼仔」雙雙疲倦睡著，結果獅先醒，看到猴子，就要咬牠，猴子故要殺獅。若是「鬧熱」時，看到有人放一桶水，並在桶面放一把劍，那麼「西螺七崁」系統的人必須表演殺獅；如果是集英堂，就會表演「獅咬劍」。「西螺七崁」系統也有人用樹枝紮一個大紅包讓獅咬，稱作「咬青」。

張風燕說，泉州寮之所以「散館」，是因為那邊的徒弟除了跟自己師父學之外，還去跟別人學，然後跟師父對打，那師父可能因年紀較大而輸了，因此被氣走，不再授武。

受訪者表示，竹木也有集英堂，但跟出水不同師承。出水張姓較多，祖籍廣東饒平縣馬光鄉。草屯有一位「火樹」，也開設集英堂，曾向張風燕學過。

——1991年8月25日訪問張風燕先生（拳頭師傅），林淑芬採訪記錄。

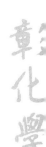

湖水坑真樂軒（北管）

〈訪問黃榮濱、李錦順先生部分〉

真樂軒係當地「頭人」黃榮濱於一九四五年招募成立，館址在湖水巷五號，樂器也放在那裡。

湖水坑位於百果山，從日治時期起，便為著名水果產地（以前種柑橘，現則多為楊桃），居民經濟條件不錯，農閒時間以曲館作為娛樂。除此之外，受訪者黃榮濱認為，曲館也能達到使村內團結及識字之目的，所以決定設立真樂軒，所需費用由黃榮濱及其堂兄負責。

真樂軒是湖水坑的子弟組織，以前極盛時，可拆成兩組出陣，現在仍有三、四十人左右，目前負責人為李錦順，在草屯中興電台擔任後場負責人及現場主唱。

本館組成至今，曾請了五位「先生」，前後分別為彰化集樂軒賴紹坤、大村貢旗人「慶先」（賴慶）、員林張清永、永靖張福及鹿港陳其清等人，曲子由彰化集樂軒傳來。「先生」來教時，均住在當地。初創時，每天傍晚會到「頭人」家大埕練習，「先生」幾天來一次，且日夜傳授，有時也會讓小學生參與。

媽祖出巡時，真樂軒也會出陣。李錦順家有十多本曲譜，包括工尺譜及詞譜，但並非原譜，而是在原稿遺失後，由「頭人」及其堂兄口述而成，另有劇本多本。

黃榮濱表示真樂軒很少到外地演奏，主要是配合寺廟活動，演出時，會使用軒牌、「傢俬虎」（晚上用來掛「傢俬」展示之用）、館棚等。

黃氏認為軒、園同源，只要好相處的，便會湊在一起，沒有所謂「軒園咬」的問題。他們也說，廟宇慶典時，二、三

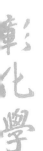

個里的曲館都會出陣，彼此不免以觀眾人數來較量，但未曾真正「拚館」，就算有「拚館」，他們的實力仍最強，可以演出六、七十齣不重複的戲齣。以前「拚館」相當激烈的時候，若干「頭人」不斷出錢贊助，因而由富轉貧。由於「拚館」相當激烈，曾有永靖某曲館的「頭人」向銀行貸款，已到被查封財產的困境。還有人無暇顧及家中種植的橘子，因而被嘲笑。

〈訪問黃程瑞先生部分〉

受訪者黃程瑞的祖父黃鶯英在世時，就有真樂軒了，黃程瑞的三叔也在庄中學曲。黃程瑞由十七歲學到二十一、二歲，大約五年多，但真樂軒四十多年前即已「散館」，解散原因並不清楚。

黃程瑞回憶，當初他們那一輩的有三十多位，曾有一次同時出兩陣的記錄。學成的人仍有三人健在，其中一人會唱曲。第一位教他的「先生」，是大村的賴紹坤，人稱「坤先」，那一輩是由賴氏立館的，有弦、吹的背景，較沒有「上棚做」。接著，員林鎮大饒里的「阿永先」（張清永）也來教過，他也在浮圳教了一館，現居員林大埔里，與賴紹坤主要都教後場。還有一位來教曲的「先生」住在太平（永靖附近），曲藝最為飽學。此外，大村的「慶先」（已逝世）也曾來教曲。原本也要請鹿港的「先生」來教「腳步」，但老一輩的成員怕會影響農事，所以不再請「先生」來教。當初是由「先生」在旁邊一字一字、一段一段慢慢的教，「先生」先示範一小段，學生跟著學，若不會，就再示範一次，直到會了，再教下一段。拉弦也一樣，老師拉一段，學生跟著練習，要是樂器學不來，就學念曲。

通常學一首曲，至少要十天以上。「先生禮」和「傢俬」

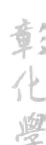

的費用，都是由老一輩的人出錢，年輕的則免費學習，出陣賺的錢再拿來做「公金」，支付吃飯的費用和「先生禮」。以前，真樂軒屬於庄廟的公產，真樂軒現在用的「傢俬」，則是後來成員出行購買的，所以放在各人家中。黃程瑞說，大鼓陣人手較少，樂器也較簡單，主要有一支吹、一個拉弦兼打小鑼、一個打鑼兼鈔即可。

當初黃程瑞才學了兩個月，正逢五月十三日關聖帝君的慶典，順便去「迎媽祖」，他就跟著出陣。本地的庄廟有兩座，一是開林寺，一是帝君廟。湖水坑要出陣時，大多調東山鳳梨園或浮圳和樂軒的人，但現在普遍缺乏人手，連「老二媽」轎前的集樂軒，現在也要四處調人。現在會在「神明生」、迎娶、入厝等喜事出陣，至於喪事，請主要與曲館有關係，才會出陣。

軒、園之別，主要是由各自不同的「先生」傳下來，有競爭才會認真學。真樂軒三十多年前曾與鳳梨園在東山馬舍公廟「拚館」，鳳梨園四處調人手，甚至到彰化、臺中找人。但木館因為有小孩子參加，聲調較好，觀眾很好奇，圍觀者較多。另外，泉州寮也有曲館，東山鳳梨園則是近兩年才又復出的。

黃程瑞唱老生的角色，也會拉弦，曾打過一陣子班鼓。現在因偶而參加誦經團的關係，正在學電子吉他。他說，吉他有六條弦，弦仔只有二條弦，但其原理可以相通。黃氏說，現在真的會北管的人越來越少，連名氣很大的雷震天，主事者也不會，卻可以到處招攬戲約。

本地也有人參加南瑤宮「老四媽會」，「老四媽會」在豐原、大村一帶很興盛。

在黃程瑞這一輩，李錦順的五兄弟都在學曲。那時子弟戲很興盛，要是聽到哪裡有子弟戲可看，就會前去觀賞，經常走

很遠的路，黃氏所學過的劇目有《舊三仙》、《天官賜福》、《富貴長春》等。

—— 1991年2月20日訪問黃榮濱先生（發起人），李錦順先生（曲館先生），徐雨村採訪記錄；4月2日訪問黃程瑞先生（成員），周益民採訪記錄。

湖水坑集英堂、春盛堂（獅陣）

湖水坑的開發始於清朝時期，當時由張榛擔任總理。以前居民大多住在坑底，大批移民在八七水災（1959年）之後才遷入。

湖水坑春盛堂是受訪者張尙川祖父張榛在開發湖水坑後不久設館，大約在明治年間（1895～1911），張尙川的父親張紹綿才開始練武，師父是「網師」，傳習祖傳的太祖拳。

到了受訪者張尙川接掌時，又拜集英堂黃玉竹、黃玉珵兄弟爲師，同年又拜入包尾振興館廖文連門下，並向擅長「二哥拳」的陳春成學拳，也向黃玉竹、黃玉珵之師「心婦師」的義兄弟「紅狗師」林春成學藥。

在黃玉竹、黃玉珵教時，因爲政府禁止，是在山區偷練，二十人就設館，並按月支付「先生禮」。黃玉竹、黃玉珵二人師承「心婦師」，算是太祖拳的體系，教太祖拳和鶴拳，徒弟之中，差不多有七、八人學成。

廖文連在張尙川家的大埕教，有四十多人同時學武。而「紅狗師」教時，因爲他未購屋，有空就寄宿在張家，並沒有教獅套，只有指點些太祖拳和鶴拳的訣竅，並教張尙川用藥。因此，張尙川手上即有師祖「心婦師」、廖文連之師「阿斗

師」及「紅狗師」所留下的藥簿、藥方。張尙川更宣稱其醫術完全免費爲庄人服務。

日治時期出陣，像臺中旱溪「迎媽祖」要整整一個月，即使是同一師父教出來的師兄弟，所學的拳套、獅套也不同，若出陣相遇，就要「拚館」了。張尙川看到這種情形，怕教壞成員，所以不設館號，而以湖水坑金獅陣爲旗號，因而不曾跟人起衝突。他經常告誡徒弟，練拳是爲了防身，若要打架的人，別來向他學。但他師父黃玉竹認爲不立館號就不能出獅陣。張尙川抗辯說，自己有五個師父，若掛旗號，也要掛五種。張尙川說，若按輩分排列，師父的順序應爲「紅狗師」、廖文連、陳春成、黃玉珵、黃玉竹。

以前獅陣排場，動不動就發生口角衝突。張尙川說，陳厝崙仔同義堂和瓦窯厝勤習堂曾鬥毆過。同義堂的「乾師」傳了兩個很有名的弟子，分別是「阿火師」和「黃仔順」（「賣鹽順」，武藝高超），「黃仔順」即文化協會講師黃阿川的叔父，黃阿川在日治時期教漢文，是爲了反抗日本人。至於彰化的振興社，則比較不會惹事。有一次庄中慶典，湖水坑有人去請永靖「六經師」（「阿火師」之子）的獅陣，到最後還要靠張尙川派弟子幫忙撐場面。「六經師」很和氣，稱讚張尙川的弟子訓練得不錯。

本庄沒有公有的獅陣，張尙川的獅陣其實應算私人的，但他把庄中「鬧熱」也當做義務，替眾人出陣，所以一向不收「館金」、「先生禮」。獅頭是他糊的，「傢俬」則要學員自己出錢打造。他的獅陣不論在日治時期或國民政府的統治下，都到派出所報備。「傢俬」、獅旗、鼓和匾，現在都收藏在張家後面的倉庫。本庄以前都在五月十三日「迎媽祖」，現在則改在九月二十八日「鬧熱」。

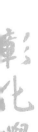

因張尚川沒有立堂號，所以也未拜祖師。和張尚川一起學膏藥的，還有陳國丈（泉州寮人，從外庄來學）、康青山（社頭人）。但他們學了之後，因為沒有中醫師執照，並未行醫。他的藥理分為「孔痲」、「七十二痺」、「一百零八斷」，血氣在一時辰分為九道，十二時辰就有一百零八段區間，四季皆有不同藥引，如此用藥，才能產生功效。張尚川還曾有醫牛的經驗，日治時期，政府規定要種甘蔗，有人在集集大山種甘蔗，用牛車來搬甘蔗，那時一頭牛可抵四、五個工人，可是一頭牛病倒了，張尚川當時在當搬運工，就弄了些藥草給牛吃，把牛治好了。結果，能高郡的「保正頭」和聯合會會長兼甘蔗委員「王仔水」，送了兩大袋的「管仔薯」到工寮犒賞。

至於採訪時翻拍的「修了證」，係日本的「身體均整講習證明」，為昭和四十九年（1974）所發，理事長為小關勝美。張尚川另有臺灣省國術會所發給的證明。

—— 1991年8月23日訪問張尚川先生（館主），周益民採訪記錄。

＊黎明里惠天宮北管陣

黎明里惠天宮成立至今十年，約於四、五年前，才由光明堂改為惠天宮，所在地的綜合果菜市場大樓，則已成立十一年。至於惠天宮副主委所創的北管陣，則在一九八九年才成立。惠天宮是由綜合大樓附近的商家及企業共同支持的，泰山沙拉油董事長即是惠天宮的委員，北管陣則由惠天宮管理委員會發起，希望以北管陣為神明出陣。

惠天宮主祀彰化南瑤宮的「老二媽」，另有北港朝天宮

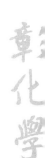

的「三媽」及鹿港天后宮的「大媽」，配祀神則有觀音菩薩、玄天上帝、財神爺等。每年三月二十三日「媽祖生」，但「迎媽祖」會提前於二月「擲筊」請示日期，並沒有固定的日期。「迎媽祖」時，「鎮殿媽祖」（南瑤宮「老二媽」）不出巡，而由其他媽祖出巡。此外，在四年前，惠天宮又到中國湄洲迎回一尊「湄洲媽」，今年二月再次前往中國湄洲「刈香」，預計明年還會去「刈香」。

一九八九年成立北管陣時，最初請火燒庄的張清永來教，接著改由其徒弟李錦順來教，李錦順屬湖水坑真樂軒，除了本館，也教東山國小十二、三歲的女學生。目前惠天宮北管陣有十二個成員，由惠天宮的管理委員謝清楠負責主持，他早年並未學樂器，一九六二年時，歌仔戲正興盛，他組成黎明歌戲團，並擔任編劇，達二十年之久。以前臺中劉文和的兩團歌劇團，自詡是首用霓虹燈、表演隱身效果的第一人，還曾輸給謝清楠的黎明歌劇團。謝氏曾任臺灣省戲劇協進會常務監事，歌仔戲不易發展之後，黎明歌戲團便解散了。

以前惠天宮北管陣剛成立時，每晚都有學曲及樂器，但現在並沒有每晚練習。練習地點在惠天宮內，若要出陣「刈香」，李錦順都會隨行。他們學過《斬瓜》、《哪吒下山》及扮仙。北管分大樂、小樂、線樂等三種，大樂以大吹為主，小樂以小吹（鴨母噠）為主，線樂則是弦樂，是結束排場用的。敬神時，要設案行三獻禮，由主祭、陪祭等人參加，祭文則由獻官誦念，演奏內容有國樂的【萬壽無疆】、【寄生草】，民間曲目則是【三不鑼】。

—— 1991年11月26日訪問謝清楠先生（黎明歌劇團團主），周益民、李秀娥採訪，李秀娥整理記錄。

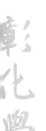

＊員林鎮的平劇票房

廣寧宮與福寧宮分別標榜廣東、福建，但票房並不管這些。〈廣寧宮宮誌〉記載，廣寧宮主祀三山國王，信徒多爲祖籍廣東饒平的「福佬客」。

日治時期，廣寧宮曾由許嘉鼎教平劇，他是鹿港的北管子弟，後來跟中國人學平劇。當時有很多人加入，「先生」就住在廣寧宮，直到一九五二年。戰後，員林農校校長呂英明在校內推動平劇，於一九四七年創立絲竹票房。廣寧宮則由張演創立玉聲票房，一九五〇年，二票房正式分開。

約在一九五四年，員林鎮又有一些新興票房請許嘉鼎去教，如鳳梨公司（蔡火炎爲主）、火車站鐵聲票房（張耀北爲主），黎明里黎明票房則請臺南來的琴師顏萬福來教，這些票房都只有七人左右，只學了大約一館而已。

一九五五年，由農校呂校長出面，整合員林各票房，併爲安樂票房，由火車站站長吳見財出任社長，從臺南請了中國籍的張嘉忠當「先生」，在合作金庫二樓練習，社員有四十多人，在一九五九年八七水災後解散，票友偶爾會去大茶商鄭安西（今年八十歲，自新竹遷入）家中演唱。

一九七六年，廣寧宮改建完成，票房恢復活動，並更名廣聲票房，由現任廣寧宮主任委員張耀北擔任社長，每星期活動三天，到了一九八四年，只剩十餘人，沒有常態活動。此時，再由張尙豔召集部分票友移至福寧宮，成立震華國劇研究社，但沒有「先生」指導，每週活動三次，因距車站較近，各地票友經常前來，也獲得福寧宮主任委員支持，盛極一時。一九八九年，福寧宮管理委員會改組，請票房移出辦公室，缺乏練習場地之後，票友紛紛到廣聲票房活動，現在每星期活動

三次。

戰後初期，玉聲票房「先生禮」一個月要上千元，市場裡的攤販每人贊助五十元，共募了三、四千元，存在銀行作基金，以利息支付鐘點費，不足的部分，則由票友每月交十元學費。上課時，學唱戲的，在廟內廚房練習，學文、武場則在前殿。學戲要依序上課，「先生」抄劇本教了幾句，學生自己回去練；文、武場的部分，「先生」會先教一些，指定各人樂器，排戲時，再合併練習。

他們較保守，與外地票房交流並不熱絡。一九八六年起，每周六下午會到彰化市社教館長春國劇社（前身為「定光佛廟」票房），現在每周日則去斗六雲恒國劇社，該社以前排戲，玉聲票房會去幫忙。一九八六至一九九四年，每周到鹿港老人會國劇社二次，曾幫他們排場。

原則上，每年初一要排場，但今年則在元宵節演出。早上九點至十二點，先鬧台、開天宮（崑劇《天官賜福》），再清唱、對唱，現在人手不足，要調鹿港、溪湖的人手。票友入厝、結婚，也會義務去排場。五十年前，新竹市市長鄭豐原（名票友鄭安西之孫）當選時，還曾請員林及各地票友排場。

—— 1995年2月18日訪問林玉華先生（81歲，聯絡人），2月20日訪問許楫先生（85歲，館員），3月30日訪問張春坡先生（74歲，館員），蔡振家採訪記錄。

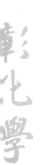

第四章　埔心鄉的曲館與武館

　　埔心鄉位於彰化縣中央略偏東南，處鹿港溪上游段，屬彰化隆起海岸平原。北與大村鄉、埔鹽鄉相鄰，南臨永靖鄉，東連溪湖鎮，西接員林鎮。「埔心」之名乃因往昔移民入墾時，本地帶多為荒埔，適居其中心位置，乃得稱。日治大正九年（1920）改稱「坡心」，按「坡」與「埔」閩南語音相近，一九四五年底，再改稱為埔心。

　　清領康熙中葉，廣東省饒平縣墾戶黃仕卿率族人入墾；康熙末葉，施世榜及本鄉人黃仕卿，復築八堡圳、十五莊圳灌溉境內。埔心鄉全域約二十一平方公里，主要農產品有水稻、蔬菜、洋菇、水果。

　　目前所知，埔心鄉有十個曲館（七館北管、三館九甲）。此外，吳厝及新館也學過九甲，都是由仁里村雅南珠的巫連通教的，但未立館號。

　　北管的曲館中，有三館屬「園」的系統，四館屬「軒」的系統。「園」的系統包括埤腳馨梨園、二重湳長春園、羅厝永梨園。這三個村庄都位於埔心鄉的西半部，一脈相傳，以埤腳馨梨園為起點，請花壇口庄大庭玉梨園的「臭獻先」（劉東獻）來教，之後馨梨園的陳牛學成，也在本館教了三十年，又到二重湳長春園及羅厝永梨園教曲。目前此三館皆已「散館」，但二重湳在五、六年前成立老人會大鼓陣，由長春園的

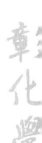

成員黃金寶指導。

在「軒」的方面，有油車共和軒、義民集成軒、舊館員樂軒及新館□□軒（館名不詳），目前皆已「散館」。四館中，油車與義民同位於本鄉東半部，舊館和新館位於西半部靠南，但師承似乎各自獨立，與地理位置並無關聯。以油車和義民村而言，油車在北，義民村在南，但油車是由本鄉南方的永靖鄉永靖街新樂軒的張文田來教，而義民村則是由本鄉北方的花壇鄉白沙坑赤塗崎共義軒的「庚先」（李長庚）來教，之後曾請本庄人謝富有（曾自組布袋戲團）任教，但為期一年多後，因人事不和，又改請白沙坑的「騰先」（李長庚之侄）來教。至於舊館員樂軒，則是由本庄人「李大普」（諧音）及其徒賴天祥先後任教，新館則無資料可循。可見，本鄉四軒之間似乎並無師承關係。

本鄉的三館九甲，分別是大華村雅南珠以及東門村的勝樂珠、東義珠。大華村與東門村相鄰，大華村先有九甲，後傳至東門村。大華村的雅南珠成立於昭和元年（1926），由大華村與仁里村共同組成，戰後才分為二團。戰後，東門村在一個月內先後成立二個九甲館。勝樂珠先成立，由謝厝的人發起，請大華村的劉煙（學自和美「九甲先生」）來教。不到一個月，陳厝的人為了面子，不願加入謝厝的曲館，便另組東義珠，延請大華村雅南珠的「先生」巫連通（仁里村人，在雅南珠隨彰化拉哩山及社頭的「先生」學成）。勝樂珠及東義珠之間互別苗頭的心結持續多年，經常在庄內「迎媽祖」時互相競技，直到十多年前，大家日漸失去興趣，也希望村人能和平相處，故二館都停止活動。為了讓村人有所娛樂，陳厝後來另組北管大鼓陣，由武聖宮贊助，掛名「武聖宮大鼓陣」，先後請茭蕉腳、二重湳的人來教，後來也請大村鄉過溝永樂軒的賴清海

（「阿海先」）來教，但「阿海先」教完不久便「散館」，迄今已四、五年。

目前所知，埔心鄉的武館只有同義堂與勤習堂二個系統。同義堂有四館，現在都還保持活動，只有一館是戰後成立的。勤習堂館數較多，有七館，其中二館成立於清領時期，四館成立於日治時期，勤習堂目前尚有四館存續。

四館同義堂中，埤腳村荣寮同義堂、梧鳳村同義堂因與溪湖鎮相鄰，故直接或間接師承自溪湖中竹里，如黃上、陳萬已皆是中竹里人，梧鳳同義堂的陳湖則師承「阿上師」（黃上），後回到本庄任教。他們與「阿上師」教過的武館（如埔心埤腳、荣寮、大村田洋仔、加錫及溪湖中竹里等地的同義堂）常互相往來，借調人手。

至於勤習堂的系統，本鄉瓦窯厝勤習堂是勤習堂的大本營，瓦窯厝與員林鎮相鄰，故員林、埔心的勤習堂皆源於此地。瓦窯厝在清領時期，由中國武師許成財來此傳授，之後再請「西螺七崁」的「萬得師」等人任教。本地出了張王、張露、「做佛仔師」等武師，所授弟子如朱金水、江春、張福富、張福喜等人，分別將勤習堂傳往中部各處。鄉內七個勤習堂中，僅芎蕉腳及羅厝勤習堂非瓦窯厝系統，此二館因比鄰溪湖，係自溪湖湖西里請來西螺師傅任教。由於埔心鄉只有二種武館的系統，以前常相互「拚館」，但這種情形在人手不足的狀況下，現在已有改善了。

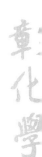

埔心鄉曲館與武館分佈圖

●曲館　▲武館　＊聚落名　----村里界線　—鄉鎮界線

01 坡腳村
02 梧鳳村
03 二重村
04 油車村
05 義民村
06 東門村
07 埔心村
08 舊館村
09 瓷窯村
10 弓窯村
11 羅厝村
12 瓦磘村
13 仁里村
14 大華村
15 太平村
16 南館村
17 埤霞村
18 瓦北村
19 瓦中村
20 經口村

埔鹽鄉
大村鄉
員林鎮
永靖鄉
溪湖鎮

坡腳采篆巷
▲同義堂

＊坡腳
●鳳梨園

＊梧鳳
▲同義堂

＊二重湳
＊長春園

＊油車
＊共和軒

＊義民村
＊素成珠
▲勤習堂

＊東門村
●勝燕珠
●北管大鼓珠
▲勤習堂

＊烏素
▲同義堂

＊仁里村
▲勤習堂

＊大華村
●執南珠

＊新館
●曲館
▲勤習堂
▲獅館宮金蝴蝶

＊許厝
▲同義堂

＊貝樂軒
＊舊館

＊弓窯腳
▲勤習堂

＊羅厝
●火龍園
▲勤習堂

＊瓦磘厝
▲勤習堂

N

埤腳菜寮巷同義堂（獅陣）

　　埤腳村屬於彰化南瑤宮「老四媽會」的「埤腳角」，也參加了「老五媽會」。庄廟菜寮五龍宮，主祀五顯大帝，由埔心埤腳的五通宮「分靈」，每年九月二十八日「鬧熱」，主神原先由爐主輪祀，並無固定處所，一九八九年始建廟，並於一九九一年落成。

　　埤腳村的武館位於菜寮巷一帶，館號同義堂，約成立於日治初期，至少有七十年歷史。當初組織武館，是為了迎神之時，村內有自己的獅陣，較為熱鬧。本館當初是請溪湖鎮中竹里（竹圍）的「上師」（黃上）任教，而「上師」則師承中國武師。「上師」曾教過很多地方，但受訪者黃魚（1914年生）並不清楚確切地點，只知道永靖的楊六經是「上師」的師兄

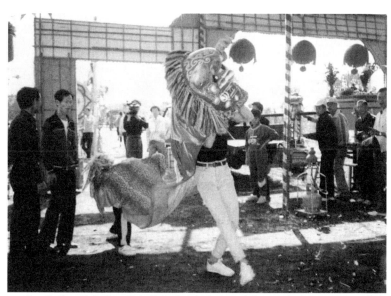

▲ 埔心鄉埤腳菜寮巷五龍宮請爐前的舞獅，由菜寮同義堂出陣，藍衣夾克者為師傅黃木柱（李秀娥攝）。

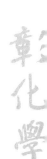

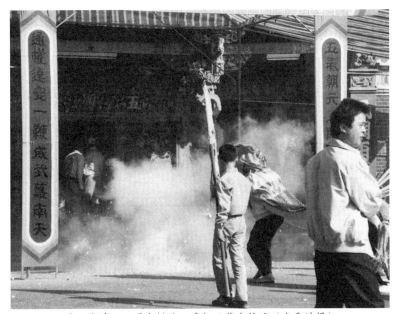

▲埔心鄉埤腳五通宮燃炮，慶祝五龍宮請爐（李秀娥攝）。

弟。「上師」之後，換由溪湖中竹里的陳萬已來教。之後，不再請外庄的師父任教，而是由老一輩學成後，再教年輕一輩的。

埤腳村茉寮同義堂在日治時期頗負盛名，以前曾在大肚「拚館」。戰後，武館再度重整，但以舞獅和拳套為主。前彰化縣長黃石城是溪湖中竹里人、「阿上師」的親戚，與茉寮的黃姓也有同宗關係，曾在任內頒獎狀給本館，作為鼓勵。目前武館有二十名成員，凡遇到「鬧熱」，就會練習並參加出陣。採訪當日，五龍宮前往五通宮「請爐」，由本館出獅陣，次日才舉行「入火安座」大典。因為獅頭可以避邪，當神明出廟門時，要舞獅燃炮；前往「刈香」的廟宇、神明返回廟中安座時，也要舞獅參拜。

　　黃炎步（六年前去世，享壽八十二歲）是「上師」的「頭叫師仔」，約十多歲開始學武，日治時期便指導本庄同義堂，其子黃維涯也有學武。黃炎步的師弟黃魚，也於十餘歲開始學武術，擅長舞獅。由於黃炎步家中經濟狀況較佳，可請師父回家教導，並從中學得更多武學，這也是能指導武術的一大原因。黃炎步之後，由其徒黃木柱接續任教，練習地點是庄廟五龍宮的廣場。練武時重視腳馬，有「雙頭架」、「四門」、「大龍形」、「小龍形」、「馬連腿」等基本架式。

　　本庄每逢慶典，獅陣都會出來助陣，最初是在六月十九日「觀音媽生」時「迎媽祖」，後因六月是農忙的時節，會影響農事，故於十年前將「迎媽祖」改在正月十五日，同時「拜天公」，並到南瑤宮「請媽祖」。

── 1991年11月28日訪問黃魚先生（78歲，成員），李秀娥採訪記錄。

埤腳馨梨園（北管）

〈訪問黃魏先生部分〉

　　埤腳馨梨園成立於日治時期，因農業社會缺乏休閒活動，村民發動學曲藝，作為平常的娛樂，，也可在庄內「鬧熱」場合出陣。當初是請花壇口庄的「臭獻先」（劉東獻）來教，約有三、四十個成員在學習，「臭獻先」之後，就不再請「先生」了。

　　二戰時期（1937～1945）曲館暫停活動，戰後再度重整，並聘庄人「阿牛仔先」（陳牛）授藝。但因社會型態改變，大家忙著賺錢，本館已解散十幾年了。

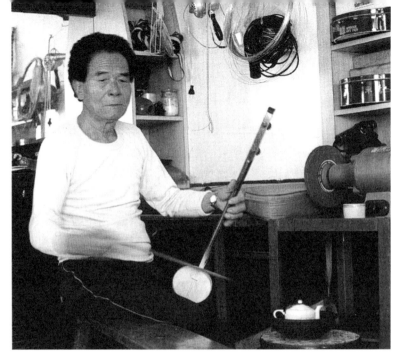

▲ 埔心鄉埤腳馨梨園館員黃石（羅世明攝）。

　　受訪者黃魏平日在五通宮任職，每逢「鬧熱」，則以埤腳村五通宮的名義出大鼓陣，由黃馨慶負責召集人手。由於採訪當日正值榮寮五龍宮到埤腳五通宮「請爐」，黃魏帶領五通宮的大鼓陣出陣，無法接受詳細訪問，而且當日黃馨慶也到員林出陣。

〈訪問黃石先生部分〉

　　據受訪者黃石（現年七十三歲，約十七歲時開始學曲，本業理髮師，收大庄同義堂的蘇柏淇為徒，蘇氏仍繼續執業，黃氏則不再執業）表示，埔心埤腳馨梨園自日治初期開始，距今已有上百年的歷史。最初是由彰化口庄的「臭獻先」來本庄教曲，「臭獻先」是盲人，音感很好，後來搬至埔心埤腳定居，除了教過本館，也教過隔壁庄（大村鄉新興村）的和梨園及溪湖三汴頭等地。

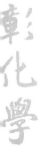

「臭獻先」之後，由其徒「阿牛仔先」（陳牛）接續教導，陳氏是本館出身的「曲館先生」，從日治時期到戰後，持續在本館教了三十年之久。直到十多年前，「阿牛仔先」搬到臺北定居，本館才解散。「阿牛仔先」除了教過本館外，也教了新興村和梨園（小三角潭）、員林東山及臺北的曲館。

自日治時期開始，本庄曲館即在「三界公廳」（原祀三宮，重建後奉祀西秦王爺）練習，由學員共同出資請「先生」來教。黃氏學曲時，約有二、三十名學員，因黃氏幼年沒工作可做，當村人招募成員時，便爽快地答應了。至於黃馨慶和黃魏皆較晚參加，年紀也比黃氏低一輩。黃氏非常積極學曲，除了可配合北管陣和鑼鼓陣出陣外，也曾任歌仔戲班的後場和廟中鸞生組成的誦經團。

日治時期，黃氏就已參加戲院的演出，還曾和員林新和興歌劇團合作十幾年，常常半夜二、三點才回到家。由於黃氏年紀漸老，且現代流行康樂隊、脫衣舞，歌仔戲缺乏市場，遂退休返家。此外，黃氏自己發現製作北管樂器的竅門，並未正式拜師，甚至能自行製作傳統樂器。黃氏還曾在一九八五年參加彰化縣老人才藝比賽，榮獲溪湖區初賽歌唱第二組第一名，由縣長黃石城頒贈獎狀。

以前埤腳馨梨園在「神明生」、「迎媽祖」、「謝平安」時，往往會出陣，約十幾年前，「迎媽祖」改在正月十五日，仍會排場對曲。若有迎娶的場合來邀請，本館也會參加。至於為喪事出陣，一日的酬金為一千兩百元。

—— 1991年11月28日訪問黃魏先生（五通宮廟祝、曲腳），
　　1992年1月30日訪問黃石先生（73歲，成員），李秀娥採
　　訪記錄。1996年12月7日電話複查時，聞黃石先生已於

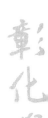

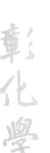

1995年過世，享壽77歲，謹此哀悼。

梧鳳同義堂（獅陣）

梧鳳即梧鳳村，共十二鄰，約二百多戶、近一千人，主要姓氏為黃姓。庄廟顯聖宮，主祀關聖帝君。

梧鳳同義堂是在近二、三年才由溪湖鎮中竹里搬入的陳湖設立，陳氏是受訪者陳忠行的長兄，十多年前遷入本庄，原本在中竹里同義堂學武，師承「上師」，因為中竹里在梧鳳村隔壁，以前梧鳳庄廟需要「鬧熱」，都由中竹里獅陣來支援。二、三年前，為了方便本庄的需求，而且也可教兒童學舞獅，陳湖遂籌設獅陣，只在庄中「迎媽祖」才出陣。本庄的媽祖是彰化南瑤宮的「五媽」，平時奉祀在南瑤宮，每年「迎媽祖」時，才請回庄中。

目前本館因為小孩子不肯學武，人手不足，已無法單獨出陣，必須和「上師」教過的其他地方（如本鄉埤腳港後、埤腳菜寮，大村鄉田洋仔、加錫，溪湖中竹里等地）彼此互調人手合併出陣，其他地方若要出陣，亦復如是。

—— 1995年1月27日電話訪問陳忠行先生（47歲，成員），羅世明訪記錄。

二重湳長春園（北管）

二重湳屬於埤腳五通宮的祭祀圈，主神五顯大帝，九月二十八日聖誕。二重湳長春園約於六十多年前，由村人召集子弟學曲，因為大家認為學曲藝不會變壞，也能學得善惡報應的

人生道理。最初是請大村埤腳的「阿牛仔先」（陳牛，已逝）來教了二館，當時約有十二至十五名學員，成員包括黃金寶、黃村興、黃耀坤等人。後來因老一輩日漸凋零，團員各自為生活忙碌，本館已於三十多年前解散。

臺中昔日有「軒園咬」的情形，曾「拚館」十多日，本館以前也曾參加。本庄「迎媽祖」都在清明節後，長春園除了參加本庄「鬧熱」外，外庄也會聘請，一年一、二次，只有些微的收入。本館解散三十多年之後，約於五、六年前成立老人會大鼓陣，由長春園成員黃金寶（1988年去世）指導，但黃氏不曾到外庄教過，因為長春園只有學習基礎而已，無法到外庄當「先生」。若要擔任「先生」，必須精通班鼓、通鼓、弦、吹、大小鑼、大小鈔等八項樂器，並能任總綱，才有資格被稱作「先生」。

受訪者黃還（現年七十三歲）約於五年前開始學曲，大鼓陣的成員共六人，目前老人會的樂器有小鼓、大鼓、鑼、鈸、弦、吹、響盞等，但並沒有祭拜祖師，出陣的場合通常是迎神的「鬧熱」，或是「刈香」、「好歹事」等，只要有人邀請，湊得起人手，就會出陣。

—— 1991年11月28日訪問黃還先生（73歲，成員），李秀娥採訪記錄。

油車共和軒（北管）

本庄以前沒有庄廟，直到三十年前，才興建靈聖宮，主祀神農大帝，日治時期便由庄人輪祀，並於每年四月二十五日演戲祝壽。靈聖宮訂於今年（1991）十一月七日建醮，距上次醮

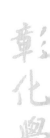

典已有十九年，經費除了庄人捐獻之外，也依靠外庄的資助。至於本庄「迎媽祖」的日期，約在三、四月間，但並無確切日期，原本會請彰化南瑤宮或員林福寧宮的媽祖，後來也會請埔心五湖宮媽祖來遶境一日。「迎媽祖」時，本庄主要是以北管出陣，未請武館的獅陣。

油車共和軒成立於日治時期，距今約六十年前，當時學獅陣和曲藝的風氣興盛，本庄因為若組織曲館，廟宇「鬧熱」時不必外聘，遂立館學曲。當初的負責人是蔡昭年（十九年前去世，若健在，現年八十四歲），約二十歲開始學曲藝，是蔡面章之父。蔡面章（現年六十歲）在二二八事變（1947年）後才學曲，與蔡昭年同一輩的受訪者黃金魚（現年七十五歲）則於十八歲學曲，是蔡面章的舅父。黃氏自年輕開始，即擔任本館的總綱，並與員林雷震天合作近三十年。

共和軒的「曲館先生」是永靖街的張文田，張氏同時也當過布袋戲及「大戲」（由人扮演的戲劇）的後場，日治時期在本庄教過三年，戰後也來教了三年。本館起初是在民宅裡學曲，到了日治時期後，則改在學校學曲。早期約有二十個成員，與黃氏同輩的還有「榮脯」（吳圳卿，尚健在）。日治時期人手較齊全，現在只剩下四、五人還健在，若要出陣，必須借調人手，故目前連村中「鬧熱」，都得請外庄的陣頭前來。

共和軒的祖師是西秦王爺，若有開館教曲，就會奉祀西秦王爺的神位和香爐，要來學曲的人會燒香祭拜。如學「軒」的系統及亂彈戲，皆奉祀西秦王爺；學「園」的系統及歌仔戲，則奉祀田都元帥。祖師爺能保佑團員平安無事，一般若請戲班演戲，地方「頭人」多安排戲班在「閒間」（無人居住的房子）休息，「閒間」往往是村中沒人敢住的凶宅，所以得依賴祖師爺的庇佑。

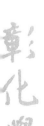

　　凡是「神明生」排場、庄人迎娶等場合，共和軒皆會出陣，但並非每年廟宇「鬧熱」都會出陣，只有在請不到戲班時，怕場面太冷清，才會由共和軒排場。本館以前也曾被外庄邀請出陣，至於新廟「開廟門」則聘請道長進行，但本庄的靈聖宮本身就有乩童可「開廟門」，故不用外聘道士。

　　北管陣中，負責打班鼓的是頭手（總綱），負責大廣弦、三弦的屬二手，負責殼仔弦和吹的又分頭手和二手，其餘是鑼鼓、鑼鈸。共和軒以前並未設「公金」，買「傢俬」、請「先生」的費用，均由成員平均分攤。

　　油車村並沒有正式的武館，清領時期雖有一些人曾練武術，但未立館名，是叔姪間的傳承，較有名的是「吳乞師」和「吳萬億師」二位，但並未到外庄教武，也從未出陣，到日治時期就解散了。另外，據義民村勤習堂的徐清溪表示，油車村所學並非正統武館的傳承，而是「做戲仔拳」，故未公開設館。

── 1991年11月28日訪問黃金魚先生（75歲，成員）、蔡面章先生（60歲，成員），李秀娥採訪記錄。

義民村集成軒（北管）

　　受訪者謝墩仁表示，本村的庄廟五湖宮，屬於彰化南瑤宮「聖四媽會」，祭祀圈包括埔心、永靖、田尾、溪州四鄉鎮。每年三月二十三日「媽祖生」時會「迎媽祖」來「逡庄」一日，十年前，還會到南瑤宮「刈香」，現在則只有私廟較會到南瑤宮「刈香」，五湖宮則已獨立，不再到南瑤宮「刈香」。

　　義民村集成軒約成立於昭和十年（1935），是為了庄中廟

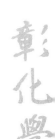

會「鬧熱」、迎娶、喪事的需要，組成北管子弟館，起初是請彰化白沙坑的「庚先」來教曲，後因二戰而中斷，一九五一年才再度重整曲館。起初，村長請大村鄉過溝人賴江火來教曲，開館當晚，在義民村公廟排場。

受訪者謝富有（1912年生，約十二、三歲開始學曲）原先就學過曲藝，在姊夫陳知高（社頭人）所組的「涼樂班掌中團」學布袋戲，並自組「埔心慶樂團掌中班」，有「曲館先生」的資格。但因村長不欣賞謝氏，遂向外村聘請「先生」來教。開館時，謝氏也去觀看，「先生」見到謝氏，便邀謝氏撥冗前來共同指導，而賴氏每隔二日才來教二個晚上，如此持續十多天後，賴氏推辭路途太遠、自己沒空，改由謝氏指導，經過二月之後，賴氏就不再前來，後來才知道賴氏已向村長表明，本村聘謝氏授藝就夠了。如此一來，謝氏才於一九五二年

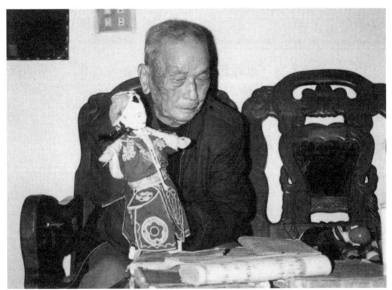

▲ 埔心鄉義民村集成軒曲館先生謝富有，曾組「埔心慶樂團掌中班」（李秀娥攝）。

正式在義民村集成軒設館。本館當時的成員包括謝玉典、謝文堂、徐清懷、黃界良、徐欽章、徐海森、許輝、張杭、徐振宗、江金連、謝墩仁、邱有裡、張紹煌、曾慶任、徐杉、張深淮、徐四村、張添財、謝慶堂、謝發、謝長福、顏金秋、謝益、余圓、黃力、徐金發、鐘境耀、徐如炳、徐文材、徐水木、楊界農、鐘文財、徐金章、黃世界、徐慶賀、徐萬字、謝塗龍、徐清園等人。

　　一年多之後，村長希望請謝氏安排排場演奏，為本庄的土地公廟慶賀，謝氏也應允，孰料，當日正逢其妻娘家（埔心大崙）慶典，臨時要求謝氏演出布袋戲，左右為難之外，所幸謝氏的親戚也懂北管，代為負責本庄土地公廟晚上排場的班鼓，但因欠缺默契，導致演奏失色，村長極為不悅，與謝氏再度失和。謝氏自此便不再擔任集成軒的「先生」。

　　後來，村長又聘彰化白沙坑的「阿騰先」（「庚先」之姪）來教曲。謝氏雖不再教曲，仍很關心集成軒，昔日弟子偶爾來訪，謝氏探問「阿騰先」所教的曲目後，心知大事不妙，因為「騰先」所教的曲目太深，本館的成員尚不足以學習，不出所料，集成軒二館之後便告解散。

　　謝氏十七歲時，南投集集某掌中團連續在農曆二、二月期間演了一個月沒有休息，導致三月二十二日主演者與團主發生衝突，掌中團因罷演而陷入困境。當天，該團的團主向謝氏姐夫陳知高商量借調人手，陳氏知道謝氏可以演出下午的「正本戲」，但不知是否足以擔任晚上的主演。謝氏原以為只要幫忙二日，且晚上只須演到半夜十二點即可，又從未到過集集，想順道去遊玩，便一口答應下來。謝氏在集集車站下車時，團主感動得牽著謝氏的手，但爐主看到謝氏是個毛頭小子，沒有什麼信心。那日吃完午飯，整團人正擔心晚上演出活動是否會泡

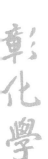

湯，後來知道謝氏的師承，且因陳氏擅長文戲，便較爲放心。到了要正式上場演戲時，謝氏才知道竟要跟另一團對台，只好硬著頭皮，演出「正本戲」《天水關》的《孔明收姜維》一齣，頗獲觀眾好評。晚上演「古冊段」，至十二點收場，對台雙方的觀眾幾乎平手，因此，團主、團員都很高興。該團團主原本言明只借調謝氏演二棚，後來一連演了八棚才停止，除了支付謝氏車費、膳食費外，另外還給厚禮作爲酬謝，並希望謝氏能成爲團內的主演，但謝氏認爲自己應該繼續待在姊夫的團中多加學習，因而辭謝。所以，每次遇到演出時，集集的團主便親自開車到社頭接謝氏，後來因路程太遠，便寄信通知演出日期，共二年之久。後來，謝氏承接集集團主的「戲籠」，成立「埔心慶樂團掌中班」，參加戲劇大賽多年，於一九五八年至一九六四年一連獲得七年的優等獎，並於一九六五年到臺東參加全省地方戲劇大賽，獲得冠軍。

日治時期，向謝氏學布袋戲的學生有五、六人，後來發生戰爭，中斷了一陣了，戰後又繼續學，少謝氏二歲的張輝奎（羅厝庄人）還跟隨在謝氏身旁十二年。掌中班的班底除了張輝奎外，另有謝氏之弟謝萬足、姪兒謝文同及同村人徐文材。後來，謝氏因年事已高，遂於二十年前結束掌中團。埔心太平老人會、埔心武聖廟（想組織大鼓陣）、花壇口庄各地，皆曾希望謝氏前往授藝，但謝氏自認年事已高，因而婉拒。

謝氏目前還保存了許多戲簿，其中所載的專有名詞及運用的牌子，大致解釋如下：

專有名詞	解釋	舉例
引指	角色準備出場時講的定場詩	彈打飛天鳥，英雄出少年
笑科	笑的動作	
斬科	指刀劍、殺斬之動作	
跳台	指角色在戲台上整束盔甲等動作	
鑼三下	指武棚的鑼敲三下	
吹譜	以嗩吶和鑼鼓的器樂合奏為主	
弦譜	俗稱過場譜、串仔，以絲、竹樂器組成的合奏	【大瓶祝】（皇帝出場）
點江	出場時用，吹止方可坐椅，但男、女角色出場的「點江」又不同。	
崑頭	可同謂弦譜、吹譜（小班鼓）	

── 1991年11月26日訪問謝富有先生（90歲，曲館先生）、謝墩仁先生（成員），李秀娥採訪記錄。

義民村勤習堂（獅陣）

本庄庄廟五湖宮主祀天上聖母，由彰化南瑤宮「分靈」而來，隸屬「聖四媽會」的「埔心角」（由埔心村、義民村、東門村、大華村共同組成）。若要「刈香」時，會由爐主統籌，「遼庄」的路程在十五天前就得安排妥當，沿途經過的村庄若有武館，就會出陣以示歡迎。

義民村勤習堂成立於日治時期，自受訪者徐清溪（現年六十七歲）的上一輩就已學武，徐氏則於二十多歲開始學武。日治時期，是由埔心瓦窯厝勤習堂的「阿露師」（張露）來教。戰後則由埔心鄉仁里村（大溝尾）勤習堂的朱金水傳授，當時約有二、三十個學生，教一館（四個月）後，就不再練習了。以前義民村的武館設在張厝（即縣議員徐紹家宅附近），

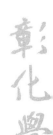

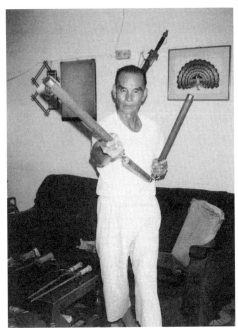

▲ 埔心鄉義民村勤習堂徐清溪示範三節棍
（李秀娥攝）。

由館主提供菸、茶招待師父。

朱氏雖不再教武，但常到徐氏家中個別指導，持續十多年，直到病逝爲止。除了本館之外，朱氏也教過東門村、王功和溪湖三塊厝等地的勤習堂；由於朱氏經濟較拮据，徐氏也常加以資助，並照顧已生病的朱氏。朱氏病故後，喪事也由徐氏負責，所有的師兄弟都去送殯。由於獅頭有獅神，且寫有「王」字，即使師喪，獅頭也只能以背面參拜，否則會承受不起。

由於以前是農業社會，年輕人對武館有好奇心，故有時間訓練，遇到庄內「鬧熱」就會出陣；進入工業社會後，若請假出陣，工廠老闆會不高興，所以本庄武館約在四、五年前解

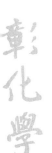

散。但五湖宮若要「鬧熱」，徐氏則會請瓦窯厝勤習堂的人來幫忙。

徐氏曾教過永靖關帝廟的同義堂（邱英龍負責的武館），該館雖屬同義堂，但也學勤習堂的拳路，現在已解散了。很多人擬再請徐氏執教，但徐氏不願意，因為社會改變，人較不講理，若教了徒弟，恃武胡作非為，反而不好。

徐氏家中還保留了鐵尺、軟鞭、雙劍、三節棍等武器，身體也相當硬朗，師兄弟（如溪湖三塊厝勤習堂的「阿甲」）若出陣欠缺人手時，會請徐氏去幫忙。此外，徐氏表示，勤習堂、同義堂皆學長肢拳，集英堂學鶴拳、太祖拳，猴拳則屬於短肢拳。

—— 1991年11月27日訪問徐清溪先生（67歲，成員），李秀娥採訪記錄。

東門村勝樂珠（九甲）、東義珠（九甲）、北管大鼓陣

東門村有二館屬於九甲系統的曲館，於戰後相隔不到一個月內先後成立。首先成立的是謝厝的勝樂珠，當初是由謝厝的謝永全招募，學員之中，成人較少，約七、八人，受訪者江松也是其一，青少年則有十多人。成立曲館是為了平常娛樂，庄廟「鬧熱」時也可由子弟出陣，不必多花費用。

謝厝請來的「曲館先生」是大華村的劉煙，劉氏學自和美的「九甲先生」，當初不選擇學北管，是因北管講官話，一般人聽不懂，而九甲則講南方用語，較親切好聽，且鄰村大華村九甲很興盛，遂由大華村請「先生」來教。早期一館四個月，

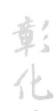

每月的「先生禮」約數十元，學了基礎之後，利用過年表演所獲得的酬勞作為「公金」，支付請「先生」及買「傢俬」的費用，共持續學了一、二年。直到十多年前，大家逐漸失去興趣，也不願再與陳厝的東義珠相互競爭，希望村人和平相處，遂停止活動。

勝樂珠的成員有謝慶賀（頭手）、徐玉麟（弦吹手）、徐有發（弦吹手）等人，正式的大型排場會請「先生」來助陣，而「先生」又會調社頭、崙仔尾、枋橋頭的弟子來幫忙。本館的祖師是田都元帥，以前每晚每人皆須上香，請祖師庇佑得以學成。田都元帥聖誕時，也會買餅及香燭慶祝，以示感恩。

至於晚一個月成立的東義珠，是由陳厝的陳春池負責統籌，聘請從大華村遷居仁里村的「九甲先生」巫連通來指導。依照慣例，若同村已有曲館組織成立，想學的人應該前往依附，但陳厝庄人為了面子，不願加入謝厝的曲館，遂在不到一個月內，另組新的曲館，這種舉動也種下東門村內謝厝勝樂珠與陳厝東義珠長達十多年互別苗頭的心結，只要庄內「迎媽祖」等場合，二陣都會「拚館」。

陳春池除負責館務外，也是東義珠的頭手，成員約有二十至三十人，祖師也是田都元帥。持續十多年後，也因成員日漸淡漠而於十多年前解散。東義珠與勝樂珠二館的解散，也平息了謝厝與陳厝持續十幾年的緊張狀況。至於陳氏則另組誦經團，並教了十多團的誦經團。

東門村的曲館之爭停息一陣子之後，陳厝的陳茂成興起另組北管大鼓陣的念頭，自己擔任正主持，並找徐傳乾任副主持。大鼓陣剛成立時，經濟狀況較差，故請求武聖宮幫忙出資，並掛名「武聖宮大鼓陣」，武聖宮管理委員會認為很有面子，且「鬧熱」時有自屬的大鼓陣慶賀，因而提供支援。

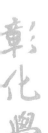

　　起初，大鼓陣的「先生」是由埔心鄉芎蕉村請來的黃阿出擔任，教了二個月後，因「阿出先」以撿骨為業，較忙碌，遂改請二重湳（二重村）的黃金寶（「阿標」，掌中團後場，擅鑼鈔，已逝七、八年）來教了一、二年。

　　然而，本庄組成的大鼓陣人手不足，無法出陣，有人介紹陳氏聘請大村鄉過溝的賴清海來幫忙，賴氏也來指導近一年，「先生禮」是由縣政府支出，係因縣政府鼓勵民間推行正當休閒娛樂之故，所以，武聖宮大鼓陣也可稱是「東義社區俱樂部」（由東門村和義民村合併的社區）。但「阿海先」教完之後就解散了，迄今已五、六年，前二年要「鬧熱」出陣時，還曾向外村借調人手，後來庄人嫌麻煩，乾脆請員林鎮雷震天大鼓陣等外地陣頭較方便。

—— 1991年11月27日訪問江松先生（70歲，勝樂珠成員），李秀娥採訪錄。1996年12月7日電話訪問江松先生，林美容整理記錄。

東門村勤習堂（獅陣）

　　埔心、義民、東門三村屬於南瑤宮「聖四媽會」，三月二十二日會到彰化南瑤宮請「聖四媽」，並到枋橋頭天門宮請「大媽」、「二媽」來「迓庄」，三月二十三日再送回廟中慶壽。本庄「鬧熱」除了「媽祖生」之外，另有六月十九日香山庵觀音佛祖成道日的慶典，會讓村民「乞龜」。東門村的庄廟則是武聖宮（主祀關聖帝君），在年底「謝平安」時，會舉辦禮斗並「拜天公」。

　　東門村勤習堂約成立於大正年間（1912～1925），是在

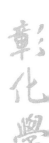

受訪者江松之父江春那一代成立的，江松（現年七十五歲）未出生之前，本地就有勤習堂了。最初，江春在埔心瓦窯厝的勤習堂接受張王的指導，並與數位志同道合的師兄弟義結金蘭：老大張漢鑼（埔心瓦窯厝人）、老二佚名、老三王成（東門村人，後入贅仁里村）、老四張永饒（其子張良嚴現為武聖宮廟祝，並任庚口村村長）、老五江春（東門村人，約十幾、二十歲開始習武）、老六張露（在外地教了很多武館，其子張清泉已逝）。江氏表示，張露和朱金水（張露的大弟了，負責大溝尾勤習堂）常來向江春請教武術。此外，另有一位師兄弟張金美很有名氣，教過王功勤習堂。

東門村勤習堂成立後，由「阿兵」（陳文炳）管理，並任負責人，江春則任勤習堂的副主持，出陣時都會參加，張露也曾來指導過。陳文炳過世後，改由其弟陳文讚主持。最初勤習堂約有二、三十人左右，戰後則有五、六十人，日後雖逐漸減少，但仍足以出陣。

江春那一代出陣，如到鹿港「刈香」時，必須沿路表演招式，有時不慎，還會被刀砍傷。後來出陣，不再操演「傢俬」（雙叉、鐵尺、「七尺」、籐牌等），只出獅頭、表演拳技而已。

江春「拳套」學得很好，為人也很謙虛，在日治時期到戰後初期從事包裝香蕉的工作，曾到過鳳山、旗山、彰化溪州、南投、屏東潮州等地工作，晚上留在當地過夜時，若有人想學武，便會加以指導，但不肯固定於外地任教。

江氏表示，目前庄內「迎媽祖」時，陣頭都會出陣，東門村內陳厝、謝厝是二個主要的聚落，獅陣多是陳厝的人組成，且人數已夠出陣之用。

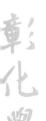

—— 1991年11月27日訪問江松先生（75歲，成員），李秀娥採
　　訪記錄。

許厝同義堂（獅陣）

　　許厝和黃厝合稱埔心村，共十四鄰，居民四、五百戶，
二千人左右，主要為姓氏為祖籍福建漳州府的許、黃二姓。庄
廟壽桃宮，主祀太子元帥，從二水桃山廟「分靈」而來，約有
百年歷史，庄中每逢四月初七的大太子聖誕、八月初七的二太
子聖誕以及九月初八的三太子聖誕，都有祭祀活動，但獅陣並
沒有出陣，只有「刈香」及別庄來邀請幫忙時，才會出陣。

　　許厝同義堂在日治後期就已成立，是永靖鄉陳厝厝的「阿
火師」來教的，戰後又請「阿火師」之子「六經師」、永靖後
街的蔡姓師傅（蔡石之父）以及社頭崙仔的「湖師」（姓詹）
來教了幾年，這三位師傅並非輪流來教，而是同時三個人若有
空，就前來指導。戰後，許厝同義堂的館主就由受訪者許舟擔
任，黃厝的人也會前來許厝學武。

　　一九六〇年代時，不同館號的武館間盛行「拚館」，附近
一帶都是勤習堂和同義堂互相爭勝，有一次庄中到二水桃山廟
「刈香」，遇到振興館的獅陣，便在廟前「拚館」。現在這種
風氣已經轉換，武館之間反而變得極為親切。

　　許厝同義堂的祖師是達摩祖師、華光先師，拳種是硬拳，
屬南拳的系統。許氏已於近年退休，改由其子許介清負責獅
陣，庄裡武館的新舊成員大約還有近二十人，但若要出陣，仍
必須與附近同館號的各庄互調人手。

—— 1995年1月28日訪問許舟先生（75歲，館主），羅世明採

訪記錄。

新館曲館（北管）

新館在日治時期有北管曲館，屬於「軒」的系統，但戰後就解散了。

—— 1995年1月27日訪問林老澎先生（71歲，村民），羅世明採訪記錄。

新館勤習堂（獅陣）、朝南宮金獅陣

新館即新館村，共十一鄰，居民約二百多戶、一千多人，姓氏很複雜。庄廟朝南宮，主祀媽祖，由彰化南瑤宮「分靈」而來，已有二十多年歷史，本庄也因此參加彰化南瑤宮的「聖四媽會」。

新館在日治時期請了本鄉瓦窯厝勤習堂的師傅來教武，但戰後就解散了。當時有學拳套及獅套，昔日的成員皆已去世。十多年前，庄中因朝南宮改建落成之後，為省下外聘獅陣的花費，又重新請瓦窯厝的張姓師傅（已逝）來教了一館，只教「獅套」，共有成員十餘人，命名為「朝南宮金獅陣」，屬於廟方的組織，並由受訪者林老澎負責。

—— 1995年1月27日訪問林老澎先生（71歲，負責人），羅世明採訪記錄。

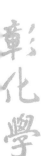

舊館員樂軒（北管）

　　舊館的庄廟爲霖興宮，主祀三山國王。主神是由荷婆崙請來的大王爺，相當靈驗，去年曾到中國「刘香」。據說，清領時期，乾隆皇帝要楊桂森到臺灣敗壞風水，所以楊氏到臺灣之後，便陸續破壞各地及廟宇的風水。所幸，荷婆崙的「王爺公」很靈驗，風水並未被破壞。

　　舊館員樂軒的歷史可上溯至日治時期，最初是由本庄李厝的前輩在山頂授藝，庄人賴天祥學成之後，於戰後初期重新招募庄人學曲，約有十多人參加，受訪者蔡垂發（現年六十一

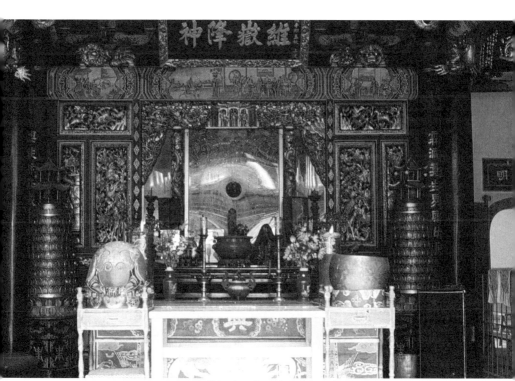

▲ 埔心鄉舊館霖興宮（林美容提供）。

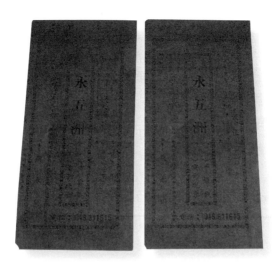

▲埔心鄉舊館霖興宮戲單（林美容提供）。

歲，二十九歲入伍）則在服完二年兵役返鄉後加入。蔡氏表示，以前入伍時，北管和獅陣都會出陣送行。

員樂軒的成員中，老一輩（現年七十餘歲）的有楊風池和楊加，具有總綱的資格。至於和蔡垂發同一輩的，則有蔡困、蔡風國、吳指、劉埔德、吳文禮等人，其中，蔡垂發、吳文禮也有總綱的資格。蔡氏主持員樂軒館務已十多年，原本保留了許多曲簿，但因為北管日漸沒落，沒有什麼人想學，一時疏忽，許多曲簿遂被孩子撕破，十分可惜。

本館成員當初只學了六個月就上場演奏，曾到彰化、員林街對曲，到北港「刈香」時也可上場，但若只學基礎而不再繼續學，就容易荒廢。以前是農業社會，晚上較有時間學曲，現在年輕人事業忙碌，無暇投入；老一輩的人白天忙於農作，夜裡尚有時間學習，所以成員一直沒辦法擴增。霖興宮的廟方希望蔡氏能繼續招生練習，以便神明「鬧熱」之用。蔡氏表示，

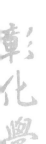

若霖興宮能招收十多名學生，就願意教，可惜因人手不足而作罷，員樂軒遂在一九八九年底解散。目前請「曲館先生」來教的行情，一個月只教十天，卻要花好幾萬元，因此，村裡最好有自己的「曲館先生」，大家的負擔才不會那麼重。

以前北管很盛行，舉凡本庄「神明生」、「刈香」、「好歹事」，若有人邀請，本館就會出陣。在「神明生」的部分，本庄有二月二十五日三山國王聖誕、三月二十三日「媽祖生」、四月二十六日「聖四媽」聖誕、六月十九日「觀音媽生」等。以前三月二十三日「迎媽祖」時，每個人都會穿著紅背心，並參加「吃會」，非常熱鬧，後來因人手太少，為了節省經費，遂在四、五年前，改成於二月二十五日的「王爺生」同時「迎媽祖」。

蔡氏表示，「軒」與「園」原本是如兄弟般的系統，所用的「傢俬」相同，只是曲譜與鼓介不同。大鼓陣則是自北管陣衍生的，若沒有北管的基礎，便無法組大鼓陣，大鼓陣與北管的區別是唱詞不同，且大鼓陣較簡省，一般只要五人就可出陣，而北管則至少要八人。

此外，蔡氏認為，只要同屬「軒」的系統，換到別的曲館，仍有辦法參加演奏，基本上，認真學習的老一輩成員才有辦法做到。目前一般北管陣「扮仙」時，多只扮《小三仙》，半小時就可完成，而正統北管的曲館則可扮《舊三仙》、《新三仙》，各約一小時，《新三仙》曲調較好聽。至於《醉八仙》更難演出，得十多人才可表演，其中鼓介、詩詞很多，且需費時三小時，若曲館沒有真本事，是不敢演出《醉八仙》的。

—— 1992年1月29日訪問蔡垂發先生（61歲，管理人），李秀

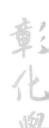

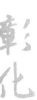
娥採訪記錄。

莒蕉腳勤習堂（獅陣）

莒蕉腳即莒蕉村，武館是勤習堂，曾請過一位溪湖的師傅來教，與鄰庄羅厝同一源頭。莒蕉腳武館已解散很久，庄裡的武館師傅也都已去世。

── 1995年1月27日訪問村裡老人會內十餘名村眾，羅世明採訪記錄。

羅厝永梨園（北管）

羅厝永梨園約成立於七、八十年前，自受訪者邱白之父邱長（若健在，近百歲）的時代開始，邱長約於二十多歲（婚後，邱白尚未出生）參加學曲。最初聘埔心鄉埤腳馨梨園的「阿牛仔先」（陳牛）來指導，陳牛是邱長妻子的義弟，少邱氏二、三歲。早期約有二十人參加，後來只剩下十多人，當初的學員現年都已九十歲以上，「先生禮」則是由成員共同出資。

「阿牛仔先」之後，本館沒有另聘其他「先生」來教，到了戰後，則由老一輩指導下一輩，逐漸傳承下來，雖然也曾教了一批一、二十歲的年輕人，但成員後來紛紛外出工作，永梨園只好解散，至今已二、三十年。

永梨園的成員包括邱長、邱莊慶、邱義得、邱新助、邱天有、邱夢、邱錢鼠、邱和解、李繼承、邱慶章、邱考、邱明

串、邱瑞東、邱舜藹等人，這些成員較有出場的經驗，雖然本庄學曲藝的歷史很悠久，但習成之後，卻沒有到外庄傳授的記錄。其中，邱瑞東（現年三十七歲）是戰後所傳的年輕一代，兼學曲藝與武術，是羅厝村勤習堂的成員，羅厝村內的武館與曲館，主要是由邱姓族人支持。

以前的永梨園並不常到外地出陣，往往只在附近村庄表演，獅陣才會四處出陣。本庄神明的「鬧熱」主要是三堯宮的「媽祖生」，（供奉彰化南瑤宮「分靈」的「大媽」、「二媽」、「三媽」），此外，本庄也參加「聖四媽會」，主要會到埔心義民村的五湖宮「刈香」，時間大約在每年三月二十日左右。以前若三堯宮「鬧熱」或要到彰化南瑤宮「刈香」時，本館皆會出陣。永梨園解散之後，大部分的樂器仍存放在三堯宮的後面，由於本庄獅陣相當活躍，需要鑼、鼓、銅鈸等，便借用本館的樂器進行操練。

—— 1992年1月29日訪問邱白先生（59歲，村民），李秀娥採訪記錄。

羅厝勤習堂（獅陣）

羅厝勤習堂於一九四五年成立，成立的原因是村中人口太少，只有五鄰，共一百多戶，其中邱姓是大姓。爲了防止居民被外庄欺侮，村長（已歿）便召集村人練武防身。村長先發動村人挖掘排水溝，再向水利會申請工資，所得的工資則用來聘請武師到本庄指導。本館最早的武師是西螺人，受訪者邱白（現年五十九歲，現任三堯宮委員）已忘記其姓名，只知在本地之前，武師曾教過溪湖湖西里的勤習堂，而勤習堂的淵源則

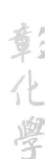

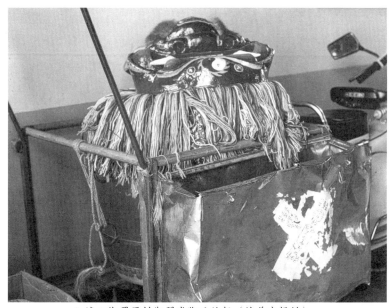

▲ 埔心鄉羅厝村勤習堂獅及鼓架（林美容提供）。

來自福建九龍山的少林寺。

　　教了幾年後，武師便命其「頭叫師仔」楊金發（已歿，是溪湖湖西里勤習堂的成員）來本庄繼續教，楊氏來教一年多後，便由本庄自行傳習，迄今已傳至第四代。邱白共有五兄弟，其中四人熱衷練武，屬本館第一代成員，分別是長兄邱前（年事已高，較沒處理武館的事）、二兄邱返、三兄邱湖、四弟邱白。邱白約十二歲開始練武，當初約有二十多名師兄弟。後來，邱白和三兄邱湖傳授邱三平（現年四十多歲，第二代成員）等十多名村人，接著，邱瑞東（三十七歲，第三代成員）等十多人也參加本館，並傳給第四代的國中生，現共有二十多人在學武。這批國中生是在一九九一年二、三月時開始訓練的，邱白原本曾向小學老師商量，是否可保留一堂體育課傳習

獅陣，日後也可參加比賽，但老師不敢答應。邱氏乾脆鼓勵村中的國中生參加，鍛練筋骨。出陣的酬勞也照樣分給成員，以資鼓勵，那些孩子們看到出陣所拍的照片，也都很高興。

勤習堂目前由邱湖、邱白、邱瑞東三人負責指導，但因時代不同，作風也得改變。從前徒弟對師父百般侍候，輪流供應茶水、點心，現在師父卻得和顏悅色的教導，還要煮點心給徒弟們吃，以鼓勵的方式取代苛責。

本館採義務指導制，並保留一、二萬元作為「公金」，以備不時之需，但從未動用。因為時常有出陣的酬勞補貼，並不欠缺經費。本館出陣的範圍則包括四湖、三條崙昭安村、松柏坑、鹿耳門、臺北景美、三重市、板橋等地，只要有人邀請，且安排得宜，皆會答應出陣，活動相當頻繁。此外，臺北縣的板橋市和三重市，都有人想邀請邱氏去教國術，但邱氏認為現代年輕人性情較暴躁，很難管教，因而推辭。

本館的「傢俬」有大刀、鐵尺、雙刀、鉤鐮、叉、耙、雙刈架、鐵叉、踢刀、斬馬、籐牌等，「傢俬」全部出籠時，須二十八人分別拿著，若是「牽陣」，則需二十四人。一般獅陣則因人手不足，而較為簡略。本館的獅頭為紙糊而非塑製，並經過「開光」，與一般表演性質的「開嘴獅」不同。邱氏表示，獅頭有獅神，故女人在月事期間不可觸摸。

本庄的三堯宮已有一百七十年歷史，奉祀彰化南瑤宮的「大媽」、「二媽」、「三媽」，一九九一年三月曾到中國湄洲「刈香」，每年會提前在三月二十日左右「刈香」。另外，本庄也隸屬埔心義民村五湖宮的「聖四媽會」，所以獅陣皆會為「迎媽祖遶庄」和「刈香」出陣。邱氏表示，臺北景美的順天宮預計在正月十八日到三堯宮「刈香」，本館會出陣迎接；正月初三日，溪湖也有一間廟宇邀請本館出陣。

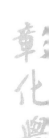

瓦窯厝勤習堂（獅陣）

瓦窯厝勤習堂約成立於日治初期，至少有九十年以上的歷
史，當初是由中國武師許成財來本地開基，教了二、三年後，
便返回中國，從此失去連絡。庄人便聘「西螺七崁」的「萬得
師」（受訪者陳耀東忘記其姓氏）來傳授了七、八年，之後，
「萬得師」再派其師弟蘇阿生來教了七、八年，蘇氏之後，又
換其師弟廖阿平前來指導。因此，瓦窯厝的勤習堂武術很興
盛，許多埔心鄉、員林鎮的勤習堂皆源自本庄。

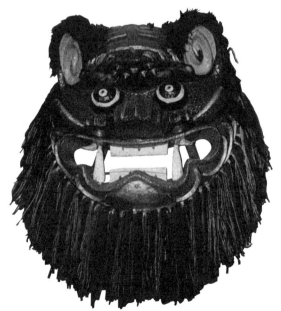

▲ 埔心鄉瓦窯厝勤習堂之獅頭（李秀娥攝）。

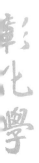

清領時期，瓦窯厝是一個大的地域範圍，在日治時期分為一堡、二堡、三堡，戰後則分別改為瓦北村、瓦中村、瓦南村。目前，瓦窯厝勤習堂是由三村合併的，各村各有負責人，若有活動，則由三村的負責人聯合召集。本館第一代弟子是張王、張露及一位張姓「做佛仔師」；第二代傳人是張福喜、張福富、張合旺（福富堂兄）、張金里；第三代傳人，即是目前的負責人陳耀東、張進吉、張徽炳三人。本館的武術傳承簡圖如下：

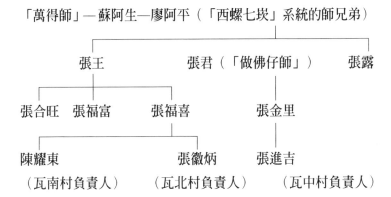

許成財（中國武師）

≠

「萬得師」—蘇阿生—廖阿平（「西螺七崁」系統的師兄弟）

張王　　　　張君（「做佛仔師」）　　　張露

張合旺　張福富　張福喜　　　張金里

陳耀東　　　　　張徽炳　　　張進吉
（瓦南村負責人）（瓦北村負責人）　（瓦中村負責人）

張王除了教過本館，也教過溪湖內三塊厝（現中山里）勤習堂及臺中沙鹿、龍井等地的勤習堂。其師弟「阿露師」（張露）則傳授員林田中央勤習堂及埔心鄉大華村、仁里村、東門村的勤習堂。此外，「做佛仔師」傳授彰化、王功、寶斗、中寮、員林溝皂等地的勤習堂，其子張金里則教過彰化阿夷庄、芬園大竹圍的勤習堂。

陳耀東師承張福喜，張福富、張合旺二人則任張福喜的助教。第二代傳人去世之後，便由第三代傳人承接館務，並分別

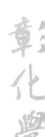

指導各村。張徽炳（瓦北村）去年仍在授武，共有三十多人學習。陳氏則在十多年前教了四、五十人，其中，女弟子有十多人，但目前庄內的學員，因工業社會的限制，已日漸減少。此外，一九九〇年，陳氏曾在員林源潭里教了二館。目前，陳耀東、張徽炳、張進吉三人轉而以接骨為發展的重心。

本館出陣的活動包括廟宇「刈香」、入厝、新橋啟用、新廟落成等，範圍遍及臺北、花蓮、高雄等地。本庄的慶典是每年正月十五日的「迎媽祖」，由於瓦南、瓦中、瓦北三村合祀

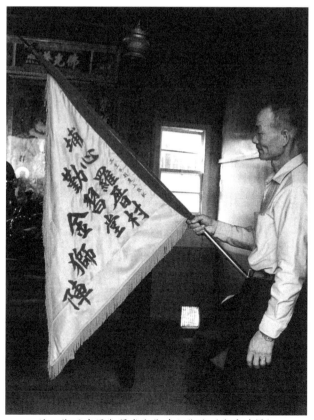

▲ 埔心鄉瓦窯厝勤習堂金獅陣之獅旗（李秀娥攝）。

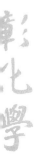

的明聖宮供奉「老四媽」，故在正月十四日出陣，前往彰化南瑤宮請「老四媽」蒞臨，並於十五日「遶庄」。獅陣則由陳耀東、張進吉、張徽炳等三人共同負責。

陳氏表示，除非師父過世，否則獅陣依慣例不為喪事出陣。若為師父送殯，也有特別的禮數，須準備十六組牲禮（豬、羊），獅頭繫白花、獅旗繫黑布，還須降半旗平拿，以示致哀。

本館的祖師有觀音佛祖、宋趙師祖、俊鶴師祖、張魁師祖、福德正神等五位，若未繼續教武時，就會將神位焚化。陳耀東的國術館因以醫藥為主，故奉祀關聖帝君、錢寶天醫、達摩祖師、華佗仙師、福德正神等。至於本館的獅頭屬開嘴的「青面獅」，古代認為「青面獅」是武功極佳的武館專用，現代的「青頭獅」則塗得較紅。另外，獅頭還分為「開嘴獅」、「合嘴獅」，或是「篏仔獅」、「雞籠獅」等。

其實，武館的獅頭屬於「太極金獅」，是天上的星宿，並非實際上的獅子。「太極金獅」獅頭上有八卦，下巴有九宮，雙頰有七星，故具辟邪作用。為何民間會用金獅迎神？陳氏認為，古代一位帝王統治期間，國家不安寧，太后煩惱而致病，某次南天門開，太后巧見一頭金獅而病癒，因感念金獅，故請來齊天大聖孫悟空耍舞，引金獅出洞至凡間遊玩。之後，天庭派雙劍童子將金獅帶回天上。因此，民間才模仿金獅、猴聖的模樣，於迎神賽會舞金獅驅邪，使世間獲得太平。至於現代選舉舞獅，是候選人希望因此獲得好彩頭。此外，臺灣以前並沒有「虎獅」一詞，這是戰後才傳入的「廣東獅」。「咬青」則是指請主以榕樹枝繫上紅包答謝獅陣，獅子用嘴咬住紅包之後，尚得吐還榕樹枝，以示還禮。

陳氏表示，勤習堂遠早於同義堂，傳說勤習堂是宋朝趙

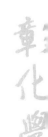

匡胤未當皇帝之前所傳，而同義堂則是洪熙官學習少林武藝之後，某次遇到三名流氓鬧事，洪氏出面化解，流氓甘拜下風，奉洪氏爲師，洪氏遂傳授虎拳，並創立同義堂。

—— 1991年11月25日訪問陳耀東先生（瓦南村勤習堂負責人），李秀娥採訪記錄。

仁里村勤習堂（獅陣）

本庄的庄廟奉天宮主祀觀音菩薩，歷史悠久，經費也較充足。涂厝內又另外成立聖化宮奉天庵，屬於鸞堂系統，主神同爲觀世音菩薩，有二十二年的歷史，經費雖較不足，但也算是公廟，每逢初三、初九，皆會扶鸞。奉天庵管理委員會曾在

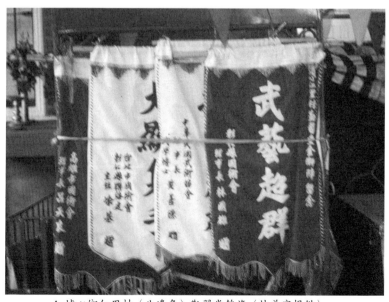

▲ 埔心鄉仁里村（北邊角）勤習堂錦旗（林美容提供）。

一九九一年九月五日前往中國浙江省南海普陀山，並迎回一尊玉觀音，據說奉天庵是第二個從普陀山迎回觀世音菩薩的寺廟。

本庄隸屬義民村五湖宮的「聖四媽會」，會在三月二十三日之前「迎媽祖」。此外，二月二十五日是舊館霖興宮的「王爺生」；三月初三日是「帝爺公生」，本庄獅陣都會參加這些「神明生」的「鬧熱」。

仁里村勤習堂的歷史，據說已有上百年之久，自受訪者涂俊成（偏名「俊德」）的父親那一輩就成立了。起初是由埔心瓦窯厝勤習堂聘請張露（庄人稱為「空露」）來教，練習地點便在北邊角的涂厝，「阿露師」教了很多年，成員共二、三十人（涂氏之父也是其一），直到戰後，「阿露師」還曾來教武，直到過世為止。涂氏十五、六歲便開始學武，曾親炙「阿

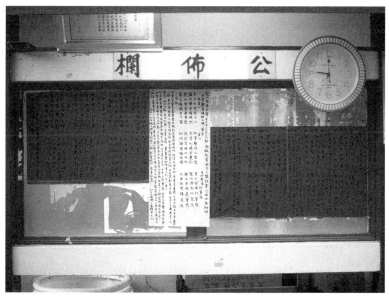

▲ 埔心鄉仁里村聖化宮公佈欄（林美容提供）。

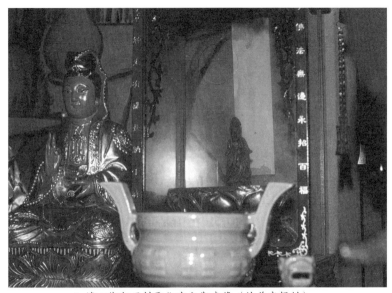

▲ 埔心鄉仁里村聖化宮之觀音像（林美容提供）。

「露師」，當時約有一、二十名同一輩的學員。仁里村內又分爲南邊角和北邊角，二地原本都在涂厝學武，後來北邊角的涂厝和南邊角的村民爲了拚面子，結下冤仇，故在「阿露師」死後，分裂爲北邊角勤習堂與南邊角勤習堂。

北邊角勤習堂請埔心瓦窯厝勤習堂的張福富來教武，由於張氏過世，已有十多年未繼續傳習了，剩下老一輩的成員支撐獅陣和鼓陣，只在「神明生」、「過爐」、迎匾、「刈香」時才出陣，而且只出獅頭，故只要七、八人就可出陣。至於全套獅陣需要更多人手，就無法出陣了。近來，武館打算重新招生訓練，並由涂羽任教，獅頭已糊好，但尚未正式開始。此外，本庄「迎媽祖」時，北邊角的獅陣也會出陣。奉天庵迎回觀音佛祖時，北邊角勤習堂的獅陣也出陣到臺西，迎接觀音回廟安座。

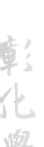

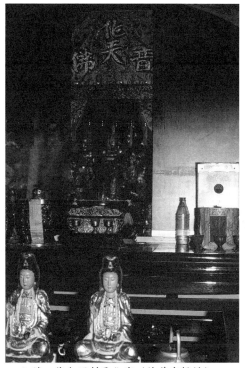

▲ 埔心鄉仁里村聖化宮（林美容提供）。

　　至於南邊角勤習堂，約有四、五十年歷史，由庄人朱金水（已逝多年）傳授，朱氏除在涂厝學拳之外，也曾到埔心瓦窯厝勤習堂向「阿露師」學武，與涂俊成之父及張福富是師兄弟。朱氏在南邊角勤習堂教了二十多年，最初有四、五十人學習，已逝的李其是成員之一。到了受訪者張金逢（約十多歲學武，現年五十八歲）這一代，約有三、四十人學武。後來，大家忙著工作，至今已解散二十五年左右。解散之後，朱氏才到溪湖三塊厝勤習堂教武。另外，朱氏也教過義民村勤習堂。

　　張氏表示，家境並不富裕的朱氏未收「先生禮」，但武館的茶資、點心費及買「傢俬」的費用則由徒弟分攤，後來成員認為

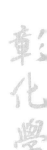

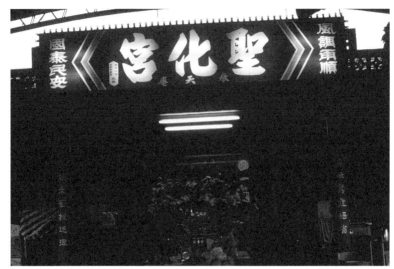

▲ 埔心鄉仁里村聖化宮（勤習堂練習場所）（林美容提供）。

無法負荷，因而解散。至於出陣所得的酬勞，則交由朱氏收取。此外，以前獅陣還曾為「迎媽祖」，步行到鹿港天后宮，從下午走到隔天晚上，才能返回本庄「逡庄」，非常辛苦。

── 1992年1月29日訪問張金逢先生（58歲，南邊角成員）、
　　涂俊成先生（65歲，北邊角成員），李秀娥採訪記錄。

大華村雅南珠（九甲）

〈訪問吳上海先生部分〉

　　日治時期，雅南珠是由大華村和仁里村的村民共同組成的，曲館設在大華村劉厝人劉微家隔壁，很多人都到劉厝學九甲，當時是由巫連通（仁里村人）授藝，老一輩的成員有劉微、劉阿報二人（皆已逝）。

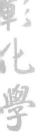

　　戰後，雅南珠分成大華村和仁里村二館，大華村雅南珠由劉伸報傳承。當初是由溪湖鎮西勢湖的二名兄弟（因受訪者吳上海與「先生」久未聯絡，忘記其姓名）來教二館，後來吳氏入伍服役，大華村的雅南珠也就解散了。雅南珠以前沒設「公金」，「傢俬」也都損壞了。

　　目前，雅南珠的成員只有十多人還健在，包括大華村的吳場、仁里村的巫連通（二人皆七、八十歲左右），五、六十歲的吳上海、吳炳旦、吳慶風及三、四十歲的成員，則皆有五、六人。

　　從吳氏的曾祖父時代起，庄中以舊館公廟霖興宮三山國王聖誕（二月二十五日）為主要的慶典，王爺在每年正月二十四日「刈天香」，共有七十二庄聯合用大轎、陣頭送王爺到埔鹽鄉中股園出海。未開放赴中國探親之前，係由乩童請示王爺到中國「刈香」的返回日期，信眾再到海邊迎接。

　　後來，大華村吳厝的吳振鴻由溪湖荷婆崙迎回三山國王，成立德成堂，並組織「吳厝德成堂大鼓陣」，而德成堂大鼓陣眞正的負責人是吳上海，目前由吳氏及其堂兄弟吳炳旦二人，組織年輕人，並指導大鼓陣，成員共有七、八人，皆在德成堂內練習。以前雅南珠還有奉祀田都元帥，現在仍然加以奉祀。此外，以前大華村曾「迎媽祖」，但三年前已不再舉辦。

〈訪問巫連通先生部分〉

　　本庄的庄廟是舊館的王爺宮，每年會到溪湖荷婆崙肇霖宮「刈香」，也參加新館朝南宮的「迎媽祖」，請媽祖來「逡庄」，隔日再送回朝南宮。後來，也會請五湖宮的「四媽」前來遶境。

　　由於仁里村與大華村相鄰，在日治時期，二村參加一同

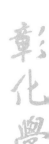

曲館雅南珠，直到戰後才分爲二館。雅南珠約成立於昭和元年（1926）左右，即受訪者巫連通（1911年生，仁里村人，後遷居太平村）十六歲時，並由大華村劉厝的長輩劉微等人組織，劉氏即負責人，曲館設在劉家隔壁，當時同一輩學曲的至少有十幾人。

雅南珠屬於九甲，由於北管講官話，難以學習，故大華村、仁里村選擇成立九甲館。最早的「先生」是從彰化拉哩山請來的「明華先」（姓氏不詳），每月來教十日，持續了一年多，又請了社頭新厝仔、芋寮仔的二位「九甲先生」來教，後來因雅南珠的成員已學成，故未再請「先生」。日治末期，因局勢緊迫，政府全面禁止戲曲活動，雅南珠也一度中斷。戰後（約1947年），雅南珠再度重整，由巫連通指導，但學曲藝的風氣因社會經濟、娛樂型態的改變而日漸沒落，遂於一九五六年解散。

巫氏二十餘歲即已學成，日治時期，曾在大華村吳厝教了二、三年，吳厝沒立館號，共教十六、七名學生，吳厝的曲館也解散將近二十年。巫氏在日治時，除大華村之外，也在新館教了一年多，但仍未立館號。到了戰後，巫氏則在東門村教了東義珠一年多。

雅南珠是純曲館排場，沒學演戲。使用的樂器有大廣弦、殼仔弦、笛、嗩吶、月琴、三弦、銅鑼、銅鈸、鈔、響盞、拍板等。使用的牌子有【風入松】、【大瓶祝】、【二凡】、【一江風】、【玉芙蓉】等，祖師則是田都元帥，在學藝時才有祭拜，未設館教學時，就將神位焚化。

由於戰後有意願學曲藝的人不多，巫氏因而未保留多少曲簿。所謂的曲簿，是將所學的角色分別抄集一冊，「先生」依角色不同而輪流教不同的學生。巫氏表示，以前的人不易學

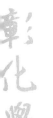

曲，學旦角的發音要細、要收，小生得斯文些，現代人較聰明，四個月就可學成。

以前雅南珠遇到本庄「鬧熱」、迎娶等場合，皆會出陣。本館曾被邀請到社頭、北斗等地表演，也曾與北管陣「拚館」，如果樂器好、音色好，往往多會獲勝。當時沒有賞金的制度，是由觀眾的多寡而定。

── 1991年11月27日訪問吳上海先生（成員）、巫連通先生（80歲，曲館先生），李秀娥採訪記錄。近聞巫連通先生已於1996年逝世，謹此哀悼。

鳥巢同義堂（獅陣）

鳥巢屬太平村，共十四鄰，六百戶左右，近三千人，主要姓氏為祖籍廣東省饒平的張、徐、邱三姓。庄廟東天宮，主祀關公，建廟已十多年。鳥巢也是社頭「枋橋頭七十二庄」之一，本庄的媽祖是由鹿港「分靈」的「聖三媽」，有二百八十多年的歷史，在鹿港天后宮中登記有案，有編號和暗記可資核對，在庄中則由爐主輪祀。

鳥巢同義堂是由永靖鄉陳厝厝傳入，「阿火師」（楊坤火）曾來教過，之後，武館便解散。受訪者徐清桓（1919年生）不太清楚這段歷史，徐氏十三歲開始學武時，係參加其叔父劉園重組的武館，當時是請「阿火師」之子楊六經來教，楊氏來教時，大多時間非親自傳授，而是由他帶來的徒弟教武。劉氏之後，就由徐氏擔任館主（仍是日治時期），徐氏遂又請「六經師」的師兄邱天殿、楊偏祥（較「六經師」年輕）來教。後來，太平洋戰爭爆發（1941年），政府禁止武館傳習，

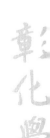

只能單純出陣,警察曾數次來搜查武館名冊,但成員都只是農民,沒有「有案底」的不良分子,遂不了了之。

戰後,徐氏重新組織武館,並延請「六經師」的師兄弟詹天祝來教了一段時間。之後,就由庄中的徐氏、徐文鐵(已逝,曾到雲林林內大茄苳授武)、徐有道(遷居花蓮)等數人教導。徐氏下一輩的成員,就是受訪者邱正程這一代,並由邱氏接任館主。

本館以前組織獅陣時,曾發願若庄中媽祖要「刈香」,將義務當「轎前」出陣。但隨著社會變遷,年輕一輩沒人想學,成員逐漸減少,前幾年「枋橋頭七十二庄」到鹿港「刈香」,庄中人手不足,外調幾位鄰庄同館號的成員,但配合起來並不協調。邱氏「刈香」回來之後,遂和徐氏等人討論獅陣的存廢,結果,老一輩的成員為了庄人團結及武術傳統不宜斷根、庄中可完全靠自己的人手出陣等原因,遂重整為目前的獅陣,且完全為庄中公用,拒絕外庄的邀請。若屬庄中的公事或庄人入厝,只要來邀請,本館一定會義務出陣。

本館的獅頭都是庄內自製的,以前是用土模製的獅頭,一顆可達十三斤,現在紙張製作進步,可以少糊幾層,也就較輕了。本館沒有祭拜祖師,但徐氏表示,長「傢俬」的招式都是古人周同所創,故稱為周同拳。此外,現任鄉代會祕書的徐文標曾以筆記方式,記錄百餘種的拳譜。對此,徐清桓表示,由於許多招式會傷人要害,以前的師傅怕徒弟會恃武欺人,故在教武時加以轉換,讓招式緩和。但因為如此,武術也就逐漸失真了。

── 1995年1月26日訪問徐清桓先生(76歲,前任館主)、邱正程先生(37歲,館主),羅世明採訪記錄。

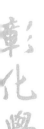

第五章　永靖鄉的曲館與武館

　　永靖鄉在彰化縣東南部，位於彰化隆起海岸平原之南緣，全域海拔二十至三十公尺之間，地勢平坦。北臨埔心鄉、員林鎮，南接田尾鄉，東接社頭鄉，西鄰溪湖鎮。鄉名昔作「關帝廳」，乃因瑚璉輔天宮主祀關聖帝君得名。而「永靖」之名，則於清嘉慶十八年（1813），由彰化知縣楊桂森命名，因彰化縣境閩、粵分類械鬥迭起，故以永靖爲名，寓永久平靖之意。境內居民之祖籍，則包括漳州、龍巖州、永春州、潮州、嘉應州籍等地。

　　清領康熙末年，施世榜築八堡圳支圳及此，大批饒平縣陳、邱姓客籍移民及同安縣閩籍墾戶湧入本鄉境內墾荒。

　　永靖鄉約有二十一平方公里，地勢平坦，農業經營採取集約耕作制，園藝業興盛，水稻、葡萄、檸檬、蔬菜皆爲主要作物。

　　目前所知，永靖鄉的曲館有十二個，除了福興庄同樂成爲南管外，其餘十一個都是北管館閣，而且都是「軒」的系統。

　　就北管的師承而言，許多館閣是請本鄉或本庄的人擔任「先生」，如竹仔腳竹雅軒請關帝廳的劉永瑞（會演布袋戲）及永靖街的詹呈爐，四塊厝賜樂軒請崙仔尾的胡天助、胡天爐；福興庄福樂軒請永南村的先生（姓名不詳，但據說永南村曾是「北管窟」，曲師很有名氣）；湳港正樂軒請永靖街新樂

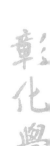

軒的張文田（本庄人詹昌、詹柚學成後，也在本庄教）；浮圳新樂軒請永靖街新樂軒的「林牛港」（林港）；瑚璉改樂軒則由本庄人邱傳丁去田中學成後，回本庄開館授徒。

　　有一些館則是請外地老師來教，如崙仔尾以成軒請埔心鄉吳厝庄的「阿拔仔」及埔心鄉二重湳的「空仔」，員林湖水坑的李錦順也來指導過；湳港西和樂軒請田尾鄉北曾村的「阿鋤」和「阿明」。

　　此外，有一些館則是兼請外地及本鄉的老師，如四塊厝土同軒較早曾請本鄉五汴頭的陳西庚來教，後來又請鹿港一位施姓「先生」來教；五汴頭的正成軒曾請鹿港來的「佬先」，但據田尾鄉鎮平玉磬軒的資料，應是陳其清，人稱「大肚其清」，而據永靖街新樂軒的資料，永靖街的張文田也曾去該館任教。

　　由外鄉請來的「先生」中，以鹿港的陳其清及彰化集樂軒的吳洪番為兩大著名曲師，前者教五汴頭正成軒（此乃據田尾鄉鎮平玉磬軒的資料），後者教關帝廳新樂軒，其徒弟劉永瑞學成後，不但演布袋戲，也教本鄉的竹仔腳竹雅軒、崙仔尾以成軒及四塊厝賜樂軒。劉永瑞的弟子邱閭學成後，除了曾在本庄竹仔腳竹雅軒任教，還先後教過彰化莿桐腳、高雄下茄苳等地。

　　由上述師承關係，可看出永靖街似乎出了最多「先生」（張文田、林牛港、詹呈爐三人）。至於永靖街新樂軒本身的師承已不可考，只知有好幾位。但有趣的是，據受訪者說，新樂軒並不是大館，只是以前永靖街很多人出外演歌仔戲，後來因沒有戲可演，就回來教曲館，因此「先生」很多。由此可知，歌仔戲與北管在音樂上應有不少相通之處。另一方面，也令人好奇這些「先生」教的北管與正統的「北管先生」所教的

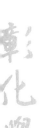

北管有無差異之處。

永靖鄉以往雖然曲館興盛，也出了不少曲師，但現在已幾乎沒有曲館的活動了。較晚解散的浮圳新樂軒，也在一九六一年左右解散。幾年前，許樹藤成立永樂天大鼓陣，但現在也沒有什麼活動了。

南管系統方面，福興庄同樂成學的是「天子門生」，在日治時期由溪湖頂寮人吳江「起館」，教了二、三年，吳江不教後，由溪湖滴底「陳倫」來接續教了二館。吳江也在滴底教過，不過，陳倫是和美洪明華的學生。此外，鹿港教九甲仔的陳程，也來福興庄教過。目前同樂成還存在，尚能出陣，但要與溪湖滴底和頂寮的人合陣才行。

本鄉居民以「福佬客」為多，上述北管曲館所在，大多為「福佬客」居住的村莊，唯一的南管曲館所在的福興庄，反而是漳州府南靖縣移民所居住。

永靖鄉有十四個武館，分屬二大流派。屬同義堂系統的有竹仔腳、滴墘、同安村、後街、滴港、新庄仔、陳厝厝、浮圳、崙仔等九館。屬勤習堂系統的有四塊厝、同仁村、福興庄、獨鰲、崙仔尾等五館。其中，竹仔腳先傳春盛堂武藝，後來才改名同義堂；而新庄仔武館原先為同義堂，後改為順武堂。

同義堂系統的武館中，最有名的是陳厝厝同義堂。同義堂創始人羅乾章和徒弟黃仔順等人到陳厝厝「開館」之後，經過楊坤火及其子楊六經的發揚光大，遂名噪一時。現今彰化地區的同義堂，很多是由楊氏父子或其徒弟所傳下。在祖堂所在的永靖鄉，楊坤火及其門下所傳的館，計有陳厝厝、竹仔腳、同安村、浮圳、崙仔等同義堂。而黃仔順另教過滴港同義堂，其徒「黃仔送」則教過滴港及新庄仔同義堂。後街同義堂由蔡枝

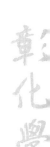

來及蔡天鎮傳授，都是有名的師傅。

至於勤習堂系統，有三個武館已解散，情形如下：四厝勤習堂，早期由一位中國武師及曾本傳館；福興庄勤習堂，在一九四六年成立，隔年即解散，所請師傅為張紹書和曾本；獨鰲勤習堂，解散已久，只知曾本、胡渡、胡敖皆來傳授過。尚存的同仁村勤習堂，則由員林溝皀張紹書傳館。至於崙仔尾勤習堂的師傅有曾本及胡麒麟。胡麒麟之妻「鳳陽婆」、其子胡渡、其徒胡敖，皆在崙仔尾傳授武藝，相當出色。

雖然永靖鄉有二大武館系統並存，但由於同義堂系統在戰後大盛，掛其堂號的，在鄉內占明顯優勢，故調查資料中，只見各館在各自系統內，有館與館之間的互相來往，而無二大流派「拚館」現象的描述。

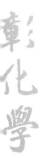

埔鹽鄉曲館與武館分布圖

●曲館 ▲武館 ＊聚落名 ——村里界線 ━━鄉鎮界線

01 新興村
02 大有村
03 永平村
04 西湖村
05 好修村
06 南新村
07 瓦磘村
08 未樂村
09 埔鹽村
10 出水村
11 南港村
12 大竹村
13 新水村
14 石埤村
15 天盛村
16 角樹村
17 三省村
18 廍南村
19 豐澤村
20 打廉村
21 埔南村
22 廍子村

竹仔腳竹雅軒（北管）

〈訪問村眾部分〉

　　大家只知道竹雅軒的「先生」是永靖關帝廳的劉永瑞，曾演過布袋戲，約在六十多年前，搬到本庄劉樹木家裡住，並在該處「起館」；後來又搬到庄內邱厝的邱入那邊去教。現在本庄的曲館子弟凋零殆盡，僅存的「田崎仔」（邱閨）以前在本庄學過曲藝，並在本庄教過，也已遷至彰化市。

〈訪問邱閨先生部分〉

　　竹雅軒成立於清領時期，已歷時一百多年，受訪者邱閨的父親、叔父都有學。邱閨很小的時候，竹雅軒就請「先生」來教，到他懂事的時候，「先生」都死了。他五、六歲的時候去竹雅軒遊玩，當時其他的成員大多是四十幾歲。

　　邱閨又名「田崎仔」，其同母異父的兄長邱田垺也有學曲，邱田垺已逝，若健在，已八十四歲，他的曲書由邱閨接收。訪問時，邱氏拿出七本曲書及一本《吳弦譜簿》，都是一九六一年抄錄，但內頁寫「昭和四年（1929）抄」。他說這都是比較一般性的，另有好幾本較特殊的。

　　這些曲書都是竹雅軒的兩位「先生」傳下來，劉永瑞先來教，詹呈爐後來，兩人皆大邱錦章三十幾歲，皆已逝。劉永瑞住關帝廳，後來去日本，大約五十幾歲時，在臺南開元寺出家。邱閨十六歲那年，曾去探望劉氏。劉永瑞教過福興鄉的曲館以及永靖鄉四塊厝、崙仔尾的曲館。

　　劉永瑞去日本後，才請詹呈爐來教，那時邱閨十二、三歲。詹呈爐住在永靖街。那時館主是江欲祥，他是村內的有錢人，在日治時期就有三甲多地。他晚上要煮點心，並負責「先

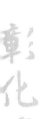

生」的膳宿，昭和時期（1926～1945），每個月還要給「先生」三百多元，那時邱閨的表叔在教書，每個學生才給他兩角學費。江欲祥有三兄弟，其弟只大邱閨一歲。那時竹雅軒在江家，本來竹雅軒有一曲館，但因人多嘴雜，江欲祥遂在自己家中設館學曲。

邱閨四歲的時候，因不會尿床，故常隨「先生」劉永瑞去教館，到了當地，人家會買冰糖給他吃。七歲時，有一次竹雅軒與福興庄南管團（同樂成）「拚館」，原本由竹雅軒的成員周陣擔任主唱，周陣只大邱閨六歲，會唱及念口白，邱閨每日聽周陣在家裡練唱，就學會唱曲了。那日是江存（「大籃存」）娶媳婦並慶生，邱閨的老師劉永瑞抱著他坐在交椅上，用一件大袍將他蓋住，故意不讓人見他，由他唱曲，那時人山人海，只聞唱曲聲，不見人影，大家爭相要往前看，卻又不得見，從此邱閨即有聲名。

邱閨十幾歲即會念曲、歕吹，就在竹雅軒教本庄不會曲藝的人。邱閨學總綱，會打班鼓，很小的時候就會「大鼓鬧」，那是一種娶新娘時用的樂陣，一人打鑼、兩人歕吹、一個鈔，大鼓用人扛著，一人站在中間打鼓。他曾跟著村人去過員林百果山、海口牛埔厝迎親。以前迎親的隊伍很長，要動用一百多人，新娘轎四人抬，媒人轎兩人抬，聘禮也需要很多人抬，都是用黃麻染紅做的繩索。四日之後，新娘回娘家，要蒸米糕分贈左鄰右舍。娶親時，雙方常起爭執，有一次曲館的一位成員「水竹」娶親，其岳父邱阿成因不滿意聘禮雖然裝了三、四十盒，但有些盒子只放了五、六瓶酒，因此不讓新娘上轎。聽說有些親家，在女兒歸寧的時候，仍要整女婿，故意在煮熟的雞蛋上澆油，用筷子都夾不住，有經驗的人隨身帶骨針，以便夾蛋。娶親的習俗，男人都要穿「對襟仔衫」，窮人家要去借好

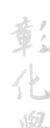

看的衫褲、皮鞋、手錶。那時有錢人才睡「紅眠床」，一張床要五、六十元，窮人家只能睡竹床，枕頭也是竹編。娶新娘若用曲館排場，最多有二十幾人，辦喜事的人家只招待曲館的成員吃喝，事後才補貼一點錢，讓他們修理樂器或買新樂器。娶新娘時，通常在「拜天公」之後才吃湯圓，連曲館的人一同招待，菜色要有二、三十碗才能宴客，以前都用粗碗，菜色多半是鹹菜、芹菜之類，裡面只放一點瘦肉或魷魚，再加一點雞粉，有錢人家才買整罐甚或整箱的雞粉，一罐要十一、二元，請客的時候才會使用。

永靖地區「拜天公」時，道士穿紅衣，喪事才穿黑衣。「紅頭司公」與「烏頭司公」不同，但彰化地區兩者混合，「烏頭司公」也做喜事。邱閩沒有學「紅頭仔」，也沒學誦經。「拜天公」時需後場，要用小鈔、班鼓、噠仔，配合誦經者。獨鰲有三戶人家擔任「紅頭司公」，頭上都綁紅巾。「拜天公」的收入，一人二元至四元，後場則一人三、四元，但要講吉祥話。以前娶新娘的喜事也用八音吹，即用弦、笛、鑼、響盞等樂器。

邱閩的師父劉永瑞是劉再興的兄弟，他會布袋戲，劉永瑞的師父是「阿昌」，很會操演布袋戲偶，「阿昌」的兒子本來也學布袋戲。邱閩六歲的時候，曾跟劉永瑞學布袋戲，師傅就用腳踏車載他四處去演戲，劉永瑞是演戲的奇才，因常與「流氓陣」在一起，口白很有江湖味。

邱閩於二十歲入贅到鹿港的林投家中，起因於他十六歲去那裡演布袋戲，深獲賞識，十八歲起，遂在林投的布袋戲團同樂天（屬鹿港同安村）擔任主演。邱閩的布袋戲演得非常好，言辭相當典雅，像古代的書生。他家裡還有戲偶及劇本，他說布袋戲扮仙與曲館扮仙的調、韻都相同，曲館中，打班鼓的人是「萬軍主

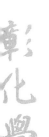

帥」，但演布袋戲時，則以操偶的主演最重要，後場要配合他。以前有一彰化人「歪先」（姓林），布袋戲演得很好，那時七月中各村輪流普度，一個月下來，要演三十幾齣戲，芬園鄉下茄荖有位「庭先」也會演布袋戲，也有很多曲書。

邱閏入贅鹿港之後，就與竹雅軒較無往來。他二十一、二歲的時候，有一位北斗人曾小寶覺得他資質很好，還去鹿港教他亂彈。那時曾小寶已六、七十歲，他的子弟戲不分軒、園，所留下來的曲簿，邱閏曾學了幾齣。

邱閏二十八歲搬到彰化市，演布袋戲演了很久，一直到太平洋戰爭時期，他說，日治時期一棚布袋戲在彰化行情是七元，在鹿港是六元，而且不供食宿。要跟派出所講祈求太平才能演出，戲台只有一盞燈，後場都暗暗的。邱閏演戲前，得先想戲齣，事前並問些當地的俚語，以便演戲時可用。那時米、肉都是配給的，但演戲時，他們可吃到鰻魚、蟹等，而且大家為了祈求太平，一直給酬金，常常戲快要停歇，有人給酬金又繼續演，一直演到天亮，光是酬金就二、三百元，一人最少可分十元。但是，當主演的人卻很辛苦，有所謂「錢大肉，人落肉」，意思是雖然錢賺得多，但人卻因緊張而消瘦，且那時演戲都用人聲，沒有麥克風。

竹雅軒不曾上棚演戲，因庄內學曲者只有邱閏識字，後來也以布袋戲及排場到外庄討生活。邱閏離開竹雅軒之後，他們若要出陣，仍請邱閏回去。每年二月二十四日三山國王聖誕，下午要「逡庄」，竹雅軒出陣大約要用七、八人，而現在只剩下三、四人會打銅器，會唱曲的人都沒有了。例如邱萬字，他會鑼、鈔，也唱小旦、正旦；邱慶章（比邱閏大八歲）會吹、弦，也會細曲，即是不用鑼鼓，只用揚琴、簫、古箏時所唱的曲；周陣也會唱曲；另有劉松（與邱閏同齡），他會打通鼓，弦、笛、揚琴、

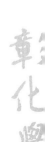

沙箏也都會，但已遷居白河。邱閩之兄邱田坿於三年前過世，享壽八十一歲，他死後，竹雅軒的「傢俬」放在他家，原本曲館設在三山國王廟內，因正在建新廟，故「傢俬」移到邱田坿家，大鑼、吹、鼓架都還在，去年起已連續二年未出陣。有時竹仔腳去荷婆崙進香，仍用竹雅軒的名義出陣，邱閩會找三、四人去助陣，因竹雅軒欠缺吹手及打鑼的人。

邱閩自己教過埔尾及彰化市莿桐腳（屬「軒」），埔尾沒有開館，但有整棚布袋戲，當時包括里長，共有十幾人學，那是二十幾年前的事。前一陣子，邱閩還去高雄縣下茄萣教曲。

「阿昌」是邱閩學布袋戲的師祖，關帝廳下厝底的「鳳梨明」（正名不知），以及詹有權、「卜先」（姓邱）、「港先」（不識字，會糊紙）、「大鼻萬」（姓邱，曾去中國學歌仔）、邱九熊、邱晉山是其師叔，也就是劉永瑞的師兄弟，都會北管，其中「鳳梨明」是「阿昌」的「頭叫師仔」。

彰化集樂軒的「洪番先」（吳洪番）則是邱閩學曲的師祖。「洪番先」與林綢是師兄弟，「洪番先」擅長大花，曾去關帝廳教曲，也曾在梨春園教過吊規仔曲，教了二、三館，因吊規仔是新路，梨春園欠缺吊規仔，故請他去教，但梨春園與集樂軒不合，事後他們並不承認「洪番先」曾去教過。

戰後，政府想消滅曲館，故設立平劇學校，而不提倡北管。和美成樂軒請賴木松去教，都由吳振天出錢，花了幾百萬；邱閩去下茄萣教，當地也花了一百多萬元。這十幾年來，政府要提倡民間曲藝，但已經斷層，等老一輩的人死後，曲館就不再存在了。不過，曲館的沒落，與歌仔戲的興起也有關係。

邱閩稱賴木松為師伯，賴木松接著南門口「臭獻先」（陳臭獻）之後，去和美成樂軒教，已逝的「臭獻先」不會弦、吹，但唱曲的方面很飽學，粗、細曲皆會，很多徒弟在豐原、

臺北教曲，賴木松也曾向「臭獻先」學曲，故「臭獻先」在和成樂軒教了二、三十年後，便由賴木松去教。

邱閩來彰化二十幾年後，加入慶義齋，即所謂的「六館聯」，是彰化城內六個曲館的老曲腳聯合組成，邱閩加入之前，慶義齋早已成立六年，現在只剩下邱閩、吳舉財（八十歲）、賴木松（七十五歲）、林德金（八十四歲）四人。原來參加的人還有小西澤如齋的李平（大鈔）、賴水林，菜園底慶樂齋的沈阿贏、吳鎮江（「鎮江先」）、吳鎮福（很會打鼓），石頭公集義軒的「抓魚个」，以及祖廟仔慶梨園的黃金樹（會弦、吹），但這些人都已過世。吳舉財是菜園底慶樂齋僅存的人。據邱閩說，吳舉財並不識字，但記性很好，也學了十幾首曲，其兄亦有學曲。菜園底有三山國王廟，曲館即在那裡。林德金是下廍仔人，下廍仔曲館現名昇樂軒，這是請和美人來教後改的，但以前非此名。六館聯慶義齋尚有一成員黃媽鑑（黃麗珍之父，肖兔，已逝）參加了十幾年，都是他出錢維持。邱閩三十幾歲時，與他相識，才加入慶義齋。

—— 1991年11月28日訪問村眾，周益民採訪記錄。1992年8月6日訪問邱閩先生（又名邱錦章，74歲，曲館先生），林美容、周益民採訪，林美容整理記錄。

竹仔腳春盛堂、同義堂（獅陣）

受訪者邱棟樑大正五年（1916）生，十七、八歲就開始學「拳頭」，那時是在春盛堂學的，同輩學的有二十幾人，師父多人，都是從員林三條圳春盛堂來的，有「阿燈師」（江燈），「文開師」（江文開）及邱樹火等人，當時師父騎腳踏

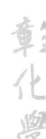

車來本地教。

在邱棟樑三十歲，即距今四十多年前，由本村人邱樹火提議，鑒於同義堂的獅較敏捷活潑，就到陳厝厝請「六經師」（楊六經）、「松師」（劉煙松）來邱樹火家裡「起館」，在其廣場教了三十一、二年，由邱樹火親自擔任堂主，他是邱棟樑的父執輩，也是庄內最早學武的人之一。以後遷到邱棟樑家，教了二、三年，改由其擔任堂主。因為暑期天氣熱，不適合學拳，於是大多在秋、冬時，也就是九月至十二月學習，差不多是一年練一館多。同義堂人約教了四、五年，就停辦了，因為大家都去找工作，而年輕人去讀書，因而「散館」。當初都是叔侄混在一起學，現只剩下一、二個務農的人，不是沒興趣，就是只顧自己土地，常常沒空練拳。「松師」的外號叫「青番松」，邱棟樑解釋說，他做人很硬氣豪爽，有時會鬧脾氣，故有此稱。

陳厝厝同義堂的「火師」（楊坤火）及其長子「六經師」有拜祖師爐，但傳到竹仔腳時，即已不再拜了。時代變遷，於春盛堂時代是點「電土火」，而在同義堂時代，就有電燈了。武館在戰後初期，一度很興盛。至於館金方面，邱棟樑估計，一館四個月可以收到上千元，因為有三十多人來分攤支出，平均一個人一個月要出四、五元，當時替人挑土，一天才五角工錢；而幫人播田、割稻，一天工錢則為一斗二的穀子，建築房屋的師傅亦是這種行情，一斗米值四、五角。日治時期，十五歲以上的人才領成人工資，男的一天四角、女的一天才一角半至二角而已，若是同樣以米為單位換算，現在的錢差不多有三、四百塊錢。當時練拳是有錢人閒暇的娛樂，窮人顧三餐都來不及了，是不會學拳的。而米在從前很值錢，不像現在如此便宜、容易買到。另外，戰後，一天的工錢是三塊錢；

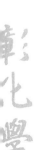

一九六四年時，一斗米值三十一、二元。當時，每天天黑後，就有較勤奮的三、五人，聚集在館前自己練習、複習；師父從陳厝厝騎「鐵馬」來，通常八點可到竹仔腳，大伙兒差不多在七、八點到齊，然後一起開始練拳，到十一點或十一點半結束。練完後，會煮麵當點心，點心費是由大家出錢的。以日治時期的物價而言，一斤麵值一角多，另外再加些香料、煤油的費用，韭菜則是自己種的，不用錢，煮茶的茶葉、燒火的柴錢，平均由每人分擔，一天才八分錢而已。至於「傢俬」方面，剛開始練習時，是去師父家裡借的，後來才由大家募集打造整套。

本庄供奉三山國王，另外像三塊厝、荷婆崙、海豐崙，亦拜三山國王，每年二月二十五日「王爺生」，前一天會去請彰化的「聖四媽」，並連大轎、獅陣一起「逡庄」。此地風俗，獅陣過年時沒「逡庄」，另外像「刈香」或幫人捧場時，會出獅陣。當時酬勞都歸師父，徒弟出陣只是圖個熱鬧而已。他們以前都有大塊農地待墾種，只有師父來調人手，才會出陣到外面去。從前的人較樸實。對師父較忠誠，農村生活也沒什麼娛樂，所以師父才叫得出去。現在情況不同了，師父來請，也都不理睬了，或者是要付錢才叫得動。若是外地來調人手，本庄可出去的，只剩五、六人而已。他們出陣也僅限獅頭、旗、鼓等項目。邱棟樑本人於三、四年前退休，不再出陣，竹仔腳獅陣的負責人，改由其侄邱森財擔任。

春盛堂的拳法和同義堂的不同，春盛堂站的是丁字馬，跟同義堂差不多，兩腳的距離較遠，但春盛堂的後腳較軟，同義堂的後腳較硬，較出力，而振興社的腳馬就較小些。春盛堂的拳法有很多種，其中也有打四門的，不過，邱棟樑已不大能分清楚其和同義堂的分別。邱棟樑學同義堂的順序是從四門、

連環走馬、短肢（逢手搏鬥）、長肢、龍虎會，一直學到虎拳時，就學不住了。

—— 1991年11月27日訪問邱棟樑先生（76歲，前任堂主），周
益民採訪記錄。

湳垱同義堂（獅陣）

受訪者游玉但學獅陣不曾拜師，而是當別人學習時，在旁邊觀看；武功則是平時向他人討教、請益得來的。

湳垱大約在戰後沒多久，有出獅陣，游玉但十幾歲時，看到有人「起館」在學，因為有一認識的好朋友在學，常去看他們練習，知道「火師」（楊坤火）、「天鎮師」（蔡天鎮）來本庄教過拳；不過，他不曾看過本庄的「傢俬」，而獅頭至今仍有人保留著。那時在堂主的家中練習，但那人已經過世，問他的後代也不會知道。游玉但家也有獅頭，去年才向永靖後街的蔡石買的，是一個中古貨，花了八千六百元，再請在廟裡做漆工的重新油漆上色整理，然後自己用紅毛線編鬃毛，「請人去剪五彩布匹來製作獅衣。

湳垱的庄廟是最近才有的，今年就要興建，奉祀玄天上帝。以前埔心鄉舊館村是奉祀三山國王，每年二月二十五日，會去迎請彰化南瑤宮「四媽」來一起「遶庄」，而「迎媽祖」都在二月擇吉日來「遶庄」，但現在已經好幾年（大約有一、二十年）沒有「迎媽祖」了。要是獅陣還在的話，「迎媽祖」時，就會出陣，一陣獅陣要十多人才夠。庄民入厝很少用到獅陣，現在已經不出陣了。

游玉但的堂兄游東自己花精神學獅陣，年近七十歲，因

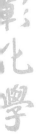

爲「鼓目」較簡單的緣故，所以用聽的就會了。游東的父親是建築工，游東的父親還在的時候，有人來叫就會出陣，但是現在已不大願意出去了。在他們庄頭附近，也沒有職業性的獅陣。湳垵同義堂以前學武的時候，夜間都是用鐵罐裝的「番仔油」點火照明；湳垵也曾出了一個拳頭師傅，即「天鎮師」的父親「枝來師」，所教出來的徒弟學得不是很好。在「散館」後，還有些老一輩的人出來傳些拳腳給年輕的一輩，差不多有五、六人在學，裡面有一人是游玉但的同學，游玉但大概是那時候學的吧！後來很多學武的人先後去臺北，所以也沒有人學成功。本庄沒有人會推拿、接骨，據游玉但的說法，在永靖地區，也沒有幾個會接骨的接骨師，因此，他從不曾聽過有名氣的，以前也不曾有過。

游玉但知道「火師」又叫「賊仔火」，是因爲眼神靈活，有點賊溜溜的緣故。他認識「火師」之子楊六經，是因爲楊六經當過永靖果菜市場的業務員，身材很高大，游玉但和楊六經、楊六龍（「火師」么子）都有交情，但他們不曾來本庄傳館。游玉但也認識蔡石，但不曾和蔡石一起出陣。浮圳的張其北卻曾和游氏合出過陣，竹仔腳的邱森財也曾來與游氏合陣，游氏也認識邱棟樑。但他說邱棟樑並不能算是邱森財的師父，只能算是同一輩學的人中較資深的。如此看來，在永靖地區武館的傳承，普遍發生問題，原因之一應是他們不「拜爐」。像浮圳的張其北和游慶堂之間、竹仔腳的邱森財和邱棟樑之間，似乎有心結不能打開。另外，陳厝厝楊六龍和永靖的蔡石，亦有類似的情形發生，不過，其競爭者大多已亡故，或遷居外地了。

—— 1991年11月27日訪問游玉但先生（58歲，村民），周益民採訪記錄。

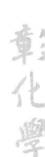

四塊厝賜樂軒（北管）

四塊厝的賜樂軒是本庄兩個曲館較早存在的一個，約是四、五十年前的事，戰後即解散。當初發起人是胡龜結（「媳婦仔」），從崙仔尾請胡天助、胡天爐來本庄做「先生」。永靖竹仔腳人邱閏（「田崎仔」）來這裡學過，他學得很不錯，也是擔任「先生」的人。當時曲館是由魏美做館主，「館址設在今日村廟附近的楊姓「共業」清河堂中。當時的學員有十多人，其中，魏溪圳學弦和吹，楊國獻則鼓、鑼、鈔、弦、吹都會演奏，魏有明打通鼓，「啞狗錘仔」與傅追兩人則會吹。以上所提及的人物，大多已經過世。

至於現在村廟的誦經團，是十多年前成立的，因為沒有遞補成員，年輕的女孩早就嫁人，只剩下一些老年人或未嫁者，成員沒剩下幾個。而其後場的弦吹和老一輩的「曲腳」沒有關係，是看別人演奏時，自己揣摩吞吐氣而無師自通，上不了大場面。

—— 1992年6月10日訪問老人會村眾、盧忠先生、傅文禮先生，周益民採訪記錄。

四塊厝玉同軒（北管）

四塊厝的玉同軒成立較賜樂軒晚，但也同樣在日治時期活動，直到終戰，才不再出陣。按照受訪者傅土井的說法，四塊厝分成兩邊，賜樂軒設在村庄入口處，即村廟附近；而玉同軒則設在村庄較內側，但離出口不遠；如此說來應該是庄頭、庄尾之分，但也有些老人用庄外、庄內的說法，即賜樂軒在庄

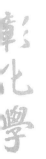

外，而玉同軒在庄內，特別是盧姓聚落，或者住處較靠近玉同軒這邊的人，都是用這種分法，可能與庄內分姓聚居而分出「角頭」有關。

　　玉同軒由盧坪發起，從鹿港請來一位施姓「先生」，又因盧坪曾和永靖五汴頭的朋友熟識，在更早的時候，曾請那邊的陳西庚來指導。曲館設在由村廟出來右轉不到一百公尺處，是用竹筒插地圍繞而成，其土地是向臺南的大地主吳郡山租的。陳西庚騎腳踏車來教，當時，庄內總共才三、四輛腳踏車而已。

　　本庄每逢三月要去彰化南門口「迎媽祖」回來「遶庄」，所以，自過年後到三月初，曲館較有練習；其餘時間，則由館員自行於晚上團練。他們只學樂器和對曲而已，沒有學演戲。神明聖誕時，就排場演奏，至於庄內演戲，都是從外地請來。以前曲館子弟遇到庄內「好歹事」，都要去排場；而本庄的兩個曲館，似乎有各自的負責區，住在庄頭和住在庄尾的人，不會請同一館的陣頭。陣頭純粹是服務性質，沒有以陣頭維持生計。

　　以前買「傢俬」的錢、「先生禮」及租曲館土地的錢，都是由團員平均分擔。當時曲館的子弟大約有二十多人。

── 1992年6月10日訪問盧忠先生、傅土井先生，周益民採訪記錄。

四塊厝勤習堂（獅陣）

　　本庄與湳垜、新館、舊館合為一「角」，參加彰化南門口的「聖四媽會」，每年三月二十三日「媽祖生」到南瑤宮「刈香」、「請媽祖」，回來時，才由獅陣到庄頭接媽祖「遶

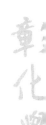

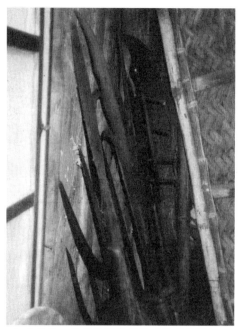

▲ 永靖鄉四塊厝勤習堂傢俬（羅世明攝）。

庄」。庄內主神是關帝爺，正月十三日舉行慶典，以前「鬧熱」時，獅陣也去「逡庄」、排陣，現在沒有出陣，只是各自帶牲禮祭拜而已。另外，「刈香」曾去過鹿港天后宮、荷婆崙霖肇宮。現在若要請陣頭，大多是去同仁村，請同義堂的獅陣出陣。

　　四塊厝勤習堂自從日治時期就有了，師父是來自田尾鄉崙仔尾（今崙美村）的曾本，教拳的地點在盧文閔家的大埕，那時有收「先生禮」，但詳情並不清楚。再度授徒，是在戰後約一九五〇年代，由本庄盧文閔再集結庄內已經會拳頭的十多人，傳授年輕的一代，因為大家都是同庄人，盧文閔也不是以師父自居，故不收「先生禮」。據說盧文閔的師父是中國人氏，當新一代學習時，已有電力設備；每到晚上吃完飯後，有

興趣的人就自動集結，差不多練到十一點鐘左右，冬天練習的時間久一點，夏天就練短一點。「起館」時，才設祖師、香爐，平常並沒有祭拜，當要出陣時，才會拜祖師。

　　以前過年時，本庄的獅陣正月初一到初五都有「弄春」、「咬青」的習俗，在庄中出陣屬於義務性質，但本庄的「好歹事」都沒有請獅陣的慣例。他們新一代正式學的時間雖然沒多久，但是配合老人仍可以出陣，所收到的酬金充當「公金」，做為補充修理「傢俬」、鑼鼓、獅頭之用，所以整套「傢俬」如刀、槍、棍等武器，是到這一輩才打造齊全。直到十多年前，因為年輕人都已外流，所以就解散了。

　　盧文閱以前也會推拿、接骨、使用膏藥，但沒有正式拜師，而是因他識字，自己從藥冊、銅人簿揣摩而來。

── 1992年6月10日訪問盧曜琮先生（館員），周益民採訪記錄。

同安村同義堂（獅陣）

〈訪問陳炳煌先生部分〉

　　同安宅即今同安、同仁兩村，同安村共有十一鄰，約二百多戶，一千餘人，主要姓氏有陳、王、林三姓，陳姓來自福建漳浦縣。庄廟同霖宮，主祀三山國王，神像有近三百年的歷史，尚未正式蓋廟，現僅有鐵棚搭建的房子，每年二月二十五日三山國王聖誕及十月十六日演「平安戲」，都有祭祀活動。

　　同安村同義堂是在一九四六年左右，請本鄉陳厝厝（今永興村）的賴振南來教，賴振南和「六經師」是師兄弟，若健在，約近一百歲，賴振南來同安村教約三、四年，沒有收「館

禮」，另外還在員林南天里教過。同安村武館設立時，堂主是受訪者陳炳煌的父親陳萬金（若健在，約七十多歲）。以前只有在「刈香」或三山國王「遶庄」時才出陣，但因人手逐漸流失，目前已有十年沒有出陣。

〈訪問林新竹先生部分〉

同安村同義堂是由陳厝厝的「振南師」來教的，據說陳厝厝同義堂是一位「阿乾師」來教的，「阿乾師」原來住在二水鄉十五庄附近，後來遷居至南投松柏坑，現在松柏坑十字路口旁的麵店，即是「阿乾師」子孫經營的。同安村同義堂的祖師是華光先師，並沒有拜其他的神祇。

—— 1995年1月24日訪問陳炳煌先生（54歲，連絡人），1月27日訪問林新竹先生（74歲，成員），羅世明採訪記錄。

同仁村勤習堂（獅陣）

同仁村共有十三鄰，主要姓氏為黃姓。庄廟是和同安村共同祭祀的同霖宮。

同仁村勤習堂創立於戰後，當時請了員林鎮溝皂張紹書（現仍健在，約八十五歲）來教約四年，張紹書還教過雲林縣林內、彰化縣溪湖鎮、大村鄉港後等地。以前同仁村的堂主是黃軒合，黃軒合之後，就沒有再設堂主，僅由受訪者黃義益擔任連絡人。目前獅陣人手大約僅剩十餘人，只有「刈香」、入厝時才出陣，庄廟演「平安戲」時並不出陣，而且現在只有單純的舞獅，沒有舞「傢俬」，也沒有表演拳術。

—— 1995年1月25日訪問黃義益先生（66歲，連絡人），羅世

明採訪記錄。

福興庄同樂成（南管）

〈訪問邱發長先生部分〉

福興庄同樂成屬南管，日治時期（1895～1945）由溪湖頂寮人吳江設館，吳江在福興教二、三年，先後教了好幾館，庄內約有三十人學，曲館在村廟左邊路口雜貨店後面，名叫福興同樂成，拜祖師「天子門生」，安一香爐，貼一紅紙，每月初二、十六要上香，到館內要先燒香拜祖師。昭和年間（1926～1945），換成溪湖湳底錦樂成的黃明對（現年七十一歲）來教，湳底也是由吳江教的。師承和美洪明華的黃氏謙稱自己不會教曲，遂由其同門師兄弟陳程（湳底人）來同樂成教了二館，到第三館就解散了。陳程與黃明對是同門師兄弟，兩人都是和美洪明華的學生，皆湳底人，湳底曲館名錦德成，現已解散。

福興庄往昔有二陣曲館，即南管同樂成與北管福樂軒；二陣武館，即勤習堂和同義堂。在以前娶新娘還用轎子抬的時代，南管都出去幫人家「鬧熱」，也為入厝、喪事等出陣，以前有曲館時，出陣收入皆做為「公金」。往昔庄廟大拜拜時，南管在廟前，北管在對面埤邊，二陣互相「拚館」。福興庄較重視南管而不喜歡北管，認為北管的聲音像喪事一般。

目前南管尚有出陣，但也要與湳底和頂寮的人合陣才可以，去年「觀音媽」到嘉義柳仔林「刈香」，湳底和頂寮的人也來幫忙，福興本庄則出五、六人。「觀音媽」聖誕，則無論南、北管皆未出陣，是由誦經團負責，並另請布袋戲或歌仔戲來演。過去「聖四媽會」海豐崙角由福興輪值爐主時，南管會去彰化南瑤宮，北管則沒去，因為福興南管較有份量。偶而，

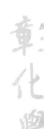

有親戚關係的人家也會請北管。南管較難學，以前庄內自己就可以出陣，現在已不行了。因此，若到海口請「牛仔陣」，就要花好幾萬元。

目前「傢俬」都放在村長家，大旗、彩牌、燈籠上都寫福興同樂成，反面是天子門生，喜事大旗是白色滾紅邊，喪事是黃色寫黑字，且喪事只出大旗。南管並無上棚演出，也無女性成員，當年排場時，大旗、燈、彩牌在八仙桌前排成八字形狀，彩牌在中間，表演的人在前面排成一圓圈。

〈訪問江梅樵先生部分〉

受訪者江梅樵今年七十歲，是學南管的，屬福興庄同樂成。他三十多歲時學曲藝，學了四、五年，他們的「先生」有溪湖的「米粉江」（或「江仔」）和鹿港教九甲仔的陳程。本庄曾以南管和永靖街頭的北管陣「拚館」，但那時本庄的北管並未加入。只有「迎媽祖」時，南管、北管才於廟口排陣（二月十九日迎彰化南瑤宮的「聖四媽」）。

江梅樵說，在他童年時，即有獅陣，之後才有北管，時約日治末，而南管又較北管晚成立。獅陣的堂號叫勤習堂，當時有兩陣獅陣，一在庄南、一在庄北，師父來自西螺，比曲館更早消失。北管在庄內的溝厝邊、庄廟的對面設館，南管則在邱清江、邱聰明的家設館。南、北管的「傢俬」都是私人打造的，並沒有「公金」可用。但庄內有喜事、入厝時，南、北管皆可出去排陣，人家若致贈酬金會收下，有時是大家均分，有時則當做「公金」使用。

—— 1991年1月23日訪問邱發長先生（成員），陳錦豐採訪記錄。11月28日訪問江梅樵先生（成員，70歲），周益民採

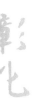

訪記錄。

福興庄福樂軒（北管）

　　以往福興庄庄廟主神觀音佛祖聖誕時，陣頭有時出陣、有時沒出陣；但「迎媽祖」時，只要陣頭仍在，就一定會出陣。如今這種風俗已經不存在了，只有在二月十九日時「請媽祖」到村中祭拜而已。江梅樵說，當年他們吃飽飯後，就開始練對曲；起初照明是用蠟燭、「水油」，後來就用電燈了。南、北管都有拜祖師、香爐，南管是田都元帥，北管則不清楚。

　　江千養已經八十四歲，是學北管的，在他二十多歲時，學了二、三年。「先生」是永靖人，姓名已記不清楚。當初，是本庄「鬧熱」時請他來演戲，看他演得不錯，遂留他下來教，「先生」仍住在永靖，騎腳踏車來教曲。當時的學員要出錢交「館金」，但不清楚金額。練習時間大約在晚飯後的七、八點鐘起，練到十一、十二點休息，那時還是用煤油燈照明。

　　當時永南村是「北管窟」，師父很出名。同時在學的就有二十多人，「傢俬」是由各人自行打造、屬於私人的；而發起人有江千養、劉溪旺、江木發、江養來。江養來應算是館主，江木發是頭手、班鼓手，江木發過世後，曲館即解散了，時約在五十多年前。

　　每年正月初一及初二，福樂軒會出來排陣、排場，但是次數不多；「鬧熱」時，也會出來迎神明，次數稍多。入厝、「遶庄」算是義務的，他們不曾向人收錢，有些人會給酬金，有些人會招待他們留下來，作為答謝。當年，過年的時候，子弟還會送禮金給師父。並在練習時泡茶請師父喝；練習後，則沒有吃點心的習慣。

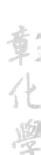

── 1991年11月28日訪問江千養先生（84歲，福樂軒成員），
　周益民採訪記錄。

福興庄勤習堂（獅陣）

〈訪問江秋陽先生部分〉

　　本庄的獅陣是一九四六年召募成員而成立，但在隔年即
「散館」了，因為當時為臺灣地方自治第一次的選舉，附近每
個庄頭都分了派系，本地即分成屬於國民黨的陳派，與無黨派
的邱派，因競選活動彼此勾心鬥角，導致不能出陣。

　　本庄的獅陣，原本要請同義堂的師父來傳授，但因為老一
輩的人（包括受訪者江秋陽的父親、么叔江鳳洲），以前曾和
崙仔尾（即今崙美村）的師父曾本練過拳，算是勤習堂的子弟
（只學拳，並不出獅陣），所以堅持要請勤習堂的師父來教，
遂請員林人張紹書（江秋陽的岳父）前來。張氏擔任員林鎮溝
皂里長職務長達三十餘年，甫卸任不久。張紹書來福興庄時，
也在本庄租了一甲多的田地耕作，並在田尾處建屋居住；有
一、兩個徒弟偶而會幫師父種田，大部分的徒弟逢年過節才送
禮致意。但是，，即使師父有心傳授，有些徒弟也不想學，這
是因為忙著種田或經商的緣故。當初是在江金同家設館，與江
秋陽同一輩學武的，有江余嫌、江清勤（現任本村村長）、江
梅樵等人。

　　勤習堂的馬步是站三角馬，拳套和一般武館所教的一樣。
「傢俬」有鐵叉、大刀、牌等，他們有四十人，每人各選一樣
武器去打造，而合成一整團。但是，江秋陽說，他們並沒有人
學成。

　　張紹書會用藥，有藥粉、「藥洗」、膏藥（漢藥，可立即

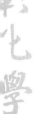

止血），而江秋陽的父親是「漢醫底」，其弟在庄外的街上開設順保藥房。江氏說，中藥都是被老一輩荒廢掉的。像他丈人只傳給自己的兒子，么子現在還有開設國術館。當時，他們都利用晚上練拳，差不多吃飽飯就去學，一直到十一點、十二點時休息，有時煮點心（吃麵或米粉湯），由各人輪流出錢。堂主較有錢時也會請客，本身也學拳，卻沒有學得很好。當時照明則是用「電土火」。

福興村有一江氏祖廟，祭祀公業有三甲多田地，用以收取田租。另外，臺南某處姓吳的祖廟亦在這附近（福興村、竹仔腳、崙美村、田藝村），也有好幾十甲的「公地」。

江秋陽本人也學過南管曲館的樂器，現在除負責本庄一座私壇外，還參加外面誦經團的出陣。他說，誦經團的組織在以前就有了，是源自「三藏取經」的典故，在近十幾年才逐漸流行起來。他擔任後場的「文旁」，一晚工錢一千元，工作到晚上十一點止。他說，一般喪事的做法，在人死尚未入殮時，就要念「腳尾經」，而在頭七時請神佛做主超渡亡靈。而一般寺廟做法會時，則有「做供」、「做贊」、「祝壽」，最後才是「拜果」。誦經團分為三種，即是龍華、沙門（又稱空門）、道教。龍華派盛行於中部；沙門穿黑色海青，念「吃菜經」，流行在臺中以北地區；道教主要是建醮。這三種派別的科儀或有不同，像「拜果」時，龍華的人要踩腳步，但沙門只是站著念而已。前場最少要三人，也有五、七或九人的，正中間的人是最飽學的，叫做「中尊」。而後場人數較具彈性，看出資多少而定，一般正式的有鼓手、電子琴、電子三弦（吉他）、弦、揚琴、吹、三弦等。

庄內陣頭一般出陣「迎神明」是三月初三的玄天上帝聖誕，「請媽祖」是三月二十三日，迎彰化南瑤宮的「聖四

媽」。江氏學的南管,又稱「天子門生」,是皇帝親自敕封的,其典故是以前有一次皇帝生病,心情煩悶,想聽一些音樂,換了幾種都不滿意後,輪到南管演奏,皇帝龍心大悅,才冊封的。所以南管的陣頭較大,在迎神行列中,一定要在最後面,又配兩令旗和涼傘。現在南管出陣沒用涼傘,以前若是出南管陣送殯,孝眷要跪拜,現在已不流行用涼傘,所以才可送到「山頭」。南管是「線路」,其音樂清而不雜,沒鼓沒鑼,也沒有喧鬧聲。

〈訪問江梅樵先生部分〉

本庄習俗,入厝並不請獅陣,過年也不「逡庄」。獅陣兩陣原各有五、六十人,但後來學成不過二、三十人而已。一陣叫勤習堂,在江秋陽家裡設館,師父是江秋陽的岳父,名叫張紹書,員林人;另一館則較晚設館,約在戰後,是在江天南、江煙的家裡設館的,但技藝不精,有一次出陣,大家爭著要當獅尾,因其較容易且輕鬆之故,後來決定大家輪流。在這兩陣並未設館之前,並沒有聽過有誰會拳頭。另外,也有幾個隔壁庄(崙美村)的人來學過獅陣,其中有一個叫詹祿。

—— 1991年11月28日訪問江秋陽先生(65歲,成員)、江梅樵先生(同樂成成員,70歲),周益民採訪記錄。

崙仔尾以成軒(北管)

崙仔尾屬「聖四媽會」,「聖四媽會」分為七、八個角頭,而「老四媽會」則分成十二角頭。

受訪者胡安今年八十二歲,在十六、十七歲時學曲,一

共學了兩館。師父有兩位，是來自埔心吳厝庄（或梧鳳庄）的「阿拔仔」（姓黃，正名不詳）及二重湳的「空仔」（不詳姓名）。湖水坑的李錦順和胡安交情不錯，曾來本地指導過。他們練曲時，也有準備像鹹粥之類的點心給師父吃。

「阿拔仔」算是胡安的親戚，他的母親是胡安的堂姑，因而來教館未收「先生禮」；教曲時，是在自己的家裡設館。「阿拔仔」也會演布袋戲，成立過二團布袋戲。「阿拔仔」教時，都是先開曲來念，再依序教通鼓、班鼓、鑼、吹等。現在一些舊的「傢私」都搬到庄廟裡。胡安說，吹較沒有人要學，因為要學會吞氣，不然就會比較痛苦；胡安本人什麼都學，像打鼓（通鼓、班鼓）、弦、鑼、鈔等演奏和唱曲均擅長。他說，北管不傳下來，是很可惜的事情。一般北管要對曲的部分他都會，另外，他也會「南音」（南管）線路的弦仔、笛。他認為崑腔較細緻，其樂器有弦、七星鑼（雲鑼）等。胡安親自示範樂曲表演，用大廣弦、吊規仔分別拉了《哪吒下山》中的一段平板、流水（劇情是師父叫哪吒下山為父母效勞），及《天水關》中的二黃、西皮，孔明收姜維的那一段，他邊講解、邊示範樂曲。

本庄熟練曲藝的，已經沒幾人了。能夠出陣，被叫出去湊人手的，也只剩下胡安一人。柳樹湳去北港「刈香」時，胡安曾參加過，也曾在那個庄頭排過陣；另外，社頭埤斗及彰化和美等地，也來找他出陣過；他和大村、東山、浮圳的江河醜，及湖水坑的「賢仔」友好，也一併出過陣。

—— 1991年11月28日訪問胡安先生（82歲，成員），周益民採訪記錄。

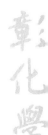

崙仔尾勤習堂（獅陣）

〈訪問曾祿先生部分〉

庄中的主神是媽祖，屬「彰化媽」，好幾年才去「刈香」一次。一般只是在三月時，「迎媽祖」來庄頭遶境而已，獅陣則會跟隨在媽祖之後。以前獅陣還在時，「刈香」回來，會到永靖迎神，再送回村中的廟裡。本地風俗罕用獅陣，入厝不用獅陣，過年也沒有出來「咬青」。

曾祿的叔父曾本做過拳頭師父，也會舞獅，但他大部分在外庄教武，像鄰近的福興、獨鰲等地，本庄也有人找他學過。和曾本同一輩的人，約在昭和時期（1926～1945）就有人和他學了一、二年。在曾祿十幾歲時，就看到獅陣表演，而叔父曾本坐在師父專屬的座位，看徒弟們舞獅；最後一次出陣是在曾祿二十一歲時，即距今五十七年前，以後即不曾再見過本庄獅陣出陣。本庄只有一個獅陣，和胡厝的獅陣算是同一館的，輩分應算是師兄弟。

曾本是本庄人，並不收「先生禮」，但下一輩的人都沒學了，連曾本自己的兒子也不會拳頭。曾祿一再強調，獅陣的成員都是務農的，不是職業性質。曾本並沒有配藥，不知他是在本庄或外地學的拳頭，也不知究竟收過多少徒弟。

〈訪問胡安先生部分〉

胡安的師父是胡麒麟，斗六人，當初是在胡家的「公廳」設館。胡麒麟有個兒子胡學藝，現仍在斗六國小旁邊開設國術館。而胡麒麟本人曾到過少林寺學武，其妻外號叫「鳳陽婆」，也擅長拳術，因為「鳳陽婆」的父親，即是少林寺內的拳頭師父。胡麒麟和「鳳陽婆」育有四子，皆學拳術，長子

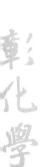

「渡仔」，二子「順治」，三子「三江」（胡學藝），四子「四海」，在臺北的新莊、林口一帶開設國術館。胡安的大哥也會拳術，但他是在南投學的，現在臺北蘆洲開設胡連安藥房，今年九十歲。戰後，「渡仔」也來崙仔尾教，他在本庄總共教了四館，其中兩館在羅遼光家設館，兩館在「蝦米珍」（姓陳，忘卻全名）家設館。「渡仔」在教時，胡麒麟的「頭叫師仔」胡敖會來幫忙，胡敖是胡安的堂兄弟。後來「渡仔」到獨鰲村去教，胡敖也去幫忙，那時胡安每晚都要幫胡敖「提燈仔火」，兩人一起走路過去。「燈仔火」是用兩個鐵罐連在一起，內盛「番仔油」或「水油」，或者用鉛片圍起來，點蠟燭來照明。

　　胡安本人在十四、五歲時即學拳術，後來「渡仔」教的四館都有參加。而本庄的獅陣在日本人返國、二二八事變時（差不多與胡安娶妻的時間相近）便不再出陣了。

　　胡麒麟的功夫很厲害，可以用煙桿做武器；在本庄教時，曾露過一手，用一隻手將喝茶的杯子捏碎，再全部嵌進牆壁裡面。若是運功而站上秤台，其重量竟可高達五百公斤。另外，胡安表示，高雄旗后的葉再傳也很出名。

　　「渡仔」在本地教時，有收「館金」。練習後，通常由徒弟輪流從家裡帶食材來館裡，煮點心給師父吃，而且只供師父吃，通常是煮些鹹粥、菜脯粥之類的。「鳳陽婆」有時候也會來本庄住，探視其子「渡仔」。

　　練習「傢俬」時，要成對相向對練，有籐牌、鐵叉、大刀、單刀、雙刀、鐵尺、雙鐧、鉤鐮、斬刀、齊眉、七尺、九尺、丈二等。師父胡麒麟會用藥，在開始練時，要吃行氣散，他曾傳下銅人簿，胡安也有學到。胡安說，銅人簿應該叫「十八銅人簿」，在少林寺是很大本的；師父也會治療跌打損

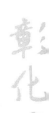

傷、推拿接骨，也會「做膏藥」，開青草、「藥頭」的藥方。而他們用藥，都是要看時辰用藥引，如此，藥方才會生效。

胡安若出陣「刈香」，都是幫人家拿頭旗，頭旗不是任何人都有資格拿的，特別是要腳步好的人，才可勝任，一般出陣要踏大小門、大四門、七星步等。而胡安的腳馬是受「鳳陽婆」傳授，八卦步有辟邪的功能，他踩的八卦，一卦一步、一邊八步，左邊左腳開始、右邊右腳開始，踩完剛好回到原點，而八個方位皆有踩到。開始必定由生門（坤卦）踏進，八方位都要燒金紙，踏在地面成一八卦圖形，一般是在民宅的客廳或廟口前才踩的。

以前胡安曾隨人由彰化到笨港去進香，他曾到全省各寺廟去「刈香」，而平常較常去的是高雄三鳳宮、福興的柏龍寺（隔壁庄）和柳仔林的碧林寺。以前是以達摩祖師為祖師，胡安說，在芬園鄉的縣庄寶藏寺，有祖師的神像。

—— 1991年11月28日訪問曾祿先生（82歲，成員）、胡安先生（82歲，成員），周益民採訪記錄。

獨鰲勤習堂（獅陣）

獨鰲即獨鰲村，過去有勤習堂武館，但已經解散很久，老一輩也已去世。

—— 1995年1月25日訪問兩位村民，羅世明採訪記錄。

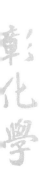

瑚璉改樂軒（北管）

〈訪問邱家將先生部分〉

　　本庄的庄廟在戰後才興建，廟名輔天宮，主祀關聖帝君，聖誕是六月二十四日。本庄向來都請外地戲班來演戲，往年很少有「平安戲」的演出。本庄參加彰化南瑤宮的「聖四媽會」，但平時都前往鹿港「刈香」。

　　瑚璉改樂軒主要是在日治時期大正年間（1912～1925）活動，戰後館主兼「先生」的邱傳丁過世後，整個曲館就算解散了。聽說當初邱傳丁去田中拜師學曲，回來便自己擔任總綱，受訪者邱家將是邱傳丁的侄子，學歕吹。學的人幾乎都是本庄邱姓的人，偶而有一、二個隔壁庄的人來學。學員練習時零零散散，但在出陣時，仍有二十到三十人，並沒有其他「先生」來本庄教過，「先生」教曲不但是義務性質，而且還要花錢，像買「傢俬」、修理弦線、茶錢等，都是由「先生」支付的，因為當時「先生」家裡，算是庄內最有錢的。

　　嚴格來說，本庄的曲館學得並不多，陣頭都是自己人在用，像「神明生」或「迎媽祖」出來「遶庄」；本庄人有喜事、入厝，也會請曲館排場慶祝，因為大家都是熟人，所以沒有收酬金，只是請吃一餐罷了，曲館也可以算是一種地方的娛樂團體；過年時，曲館也會出來「鬧熱」；至於喪事，本庄人過世時，曲館並沒有出陣。通常在吃過晚飯後，成員各自到「先生」家裡練習，時間長短不限，累的人就提早回家，而當時還是「點電火土」照明的時代。

　　至於和外面曲館的互動情形，若是要交往，恐怕都帶點競爭、刺探情報的性質；以前日治時期的國家慶典「天長節」時，附近的曲館都到學校（今永靖國中）排場，改樂軒被賞給

優勝旗。另外，有一次到鹿港「刈香」時，也在龍山寺前和人家排場「軒園拚」。

〈訪問廟祝部分〉

　　據輔天宮的廟祝說，廟裡上個月底（即五月底）又開始組織曲館，「先生」是員林湖水坑的李錦順，目前學員有十四、五人；發起人是管理委員余夫，學費、「傢俬錢」都由廟裡支出，目前因尚未學會，所以沒有取館號，以免被別人嘲笑。

—— 1992年6月10日訪問邱家將先生（80歲，館員）及廟祝，
　　周益民採訪記錄。

永靖街新樂軒（北管）

　　村廟永安宮主祀三山國王，有七十二庄的組織，是建廟時組成的，現在各庄都有自己的廟宇。

▼ 永靖鄉永樂天大鼓陣的創立人許樹藤（林美容提供）。

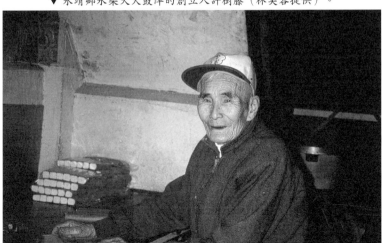

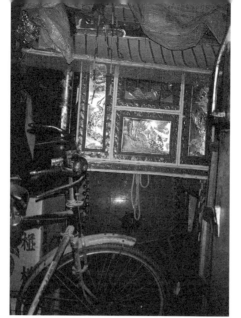

▲ 永靖鄉永樂天大鼓陣許樹籐家的大鼓
（林美容提供）。

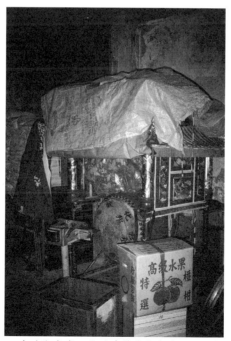

▲ 永靖鄉永樂天大鼓陣許樹籐家的大鼓鼓架
（林美容提供）。

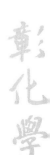

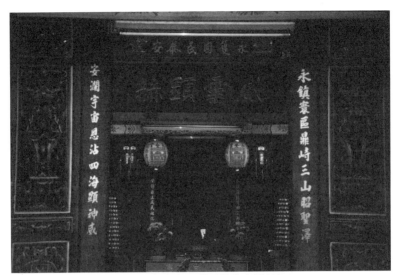

▲ 永靖鄉永安宮門聯（林美容提供）。

　　新樂軒的樂友現在剩下不到三人，受訪者許樹籐三十多歲才學，那時約一九四八至四九年，他學樂器；另一人是「謝火爐」（謝欽），比許樹籐少一歲，學上台演戲；另有一位吳德霸，已過世了，其妻尚健在。當時學的人不必出錢，參加的人都是男性，因興趣而學，而且「鬧熱」時也可用。樂器都是由庄人「寄付」添購，新樂軒算隸屬永靖街與關帝廳的曲館，但湳港西也有人來學。

　　來教過的師父都已經逝世，以前永靖街很多人出去外面演戲，後來因沒有戲可演，就回來教曲館，因此「先生」很多，共有七、八人，林牛港是其中之一，張文田也是，他去五汴頭玉同軒教過曲館，盧金長、邱進山也在新樂軒教過。「先生」因為都是本地人，故沒支領薪水。

　　新樂軒不是大館，沒有總理，沒有人要當「頭人」，因當「頭人」要花錢，以前都是謝欽負責，因為他在村廟邊經營

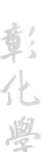

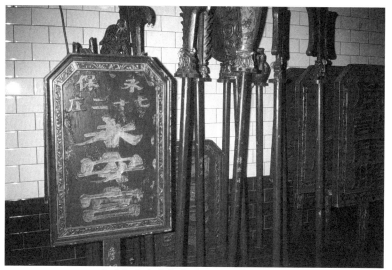

▲ 永靖鄉永安宮執事儀仗（林美容提供）。

「點心攤」，較方便。以前在永安宮（王爺宮）學曲藝，拜西
秦王爺。戲服都用租的，只演過幾次戲，之後就解散了，差不
多在一九六一年左右。

　　幾年前，許樹籐成立永樂天大鼓陣，現在也沒有什麼活
動，因為吹手都被找去當「齋公」。聽說永靖老人會要學大鼓
陣，但沒有經費。

　　在許樹籐小時候，苦苓腳（即瑚璉）的曲館很盛，它與五
汴頭的曲館（正成軒）「拚館」，跟彰化集樂軒與新春園「拚
館」一樣出名。以前的「拚館」，日治時期在豐原最多，後來
臺中的「拚館」才比較厲害，由於臺中的曲館大多是大生意人
參加，規模較大。

—— 1992年1月31日訪問許樹籐先生（81歲，成員），林美容
　　採訪記錄。

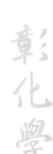

永靖後街同義堂（獅陣）

本地村廟永安宮奉祀三山國王，以農曆二月二十五日為慶典；現在「國姓爺廟」面臨拆遷，因此「國姓爺」也暫祀永安宮。本地居民參加彰化南瑤宮的「老四媽會」和「聖四媽會」。

受訪者蔡石，人稱「阿石師」，自稱其功夫傳自祖父蔡枝來，因為其曾祖父很富有而沒有子嗣，遂買蔡枝來（原姓賴）為子。蔡枝來很活躍又外向，所以請拳師教他練太祖拳，他學得不錯，家境又富有，但不曾開館授徒，不必教徒弟維生，但還是被稱為「枝來師」。

蔡枝來和同義堂的淵源，是有一次到外庄遇到一位「走江湖」賣藥的「王祿仔」在表演功夫，好奇上去較量，彼此結為好友，此人就是羅乾章。「枝來師」邀請羅乾章到家裡作客，又結拜為兄弟。

蔡枝來原先沒有學獅頭和鼓介，就向羅乾章學習，但兩人仍是同輩相稱，算是彼此切磋。而同義堂是羅乾章在蔡家長久受招待，尤其抽鴉片所費不貲，時間一久，自己覺得不好意思，就找蔡枝來開館，賺一些費用。但是蔡氏說，永靖街仔要學武的沒幾人，所以羅氏住在永靖街仔，卻跑到陳厝厝設館，以至於現在陳厝厝總是說他們最早設館。

本庄同義堂傳到第二代，係蔡石的父親蔡天鎮，人稱「天鎮師」，若健在，約九十八歲。他本來不學武，因其三哥較早學而有傳承，後來其三哥被木材壓死，就換「天鎮師」傳續同義堂。本庄同義堂傳到蔡石，算第三代，蔡石的兒子現在就讀永靖高工，蔡石並不強迫兒子學武，就看他本身的意願。

蔡石有祖傳的祕方，也有銅人簿，是從少林至善禪師傳下

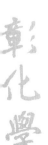

的手抄本。他有學到推拿、接骨、「藥洗」、藥粉（有效但易脫落）、草藥等，但沒有學到膏藥。

至於「傢俬」方面，蔡氏祖父時代，那棚「傢俬」是有錢人貢獻給庄頭。但在二二八事件時，有人密告，說永安中醫診所的「瘦腳章」（林永章）藏有短槍，「傢俬」放在「天鎮師」家，打算圖謀不軌。「天鎮師」和他二哥怕得要命，連夜抱著「傢俬」往家後面的河溝丟，等到事件平息再去撈時，只剩下「斬馬」、鐵叉和雙刀而已。所以，其父授藝時，「傢俬」並不是庄頭「寄付」的，而是學的人自己花錢買的，放在各人家裡。事隔三年餘，鄉下才又有人聘請「天鎮師」去教，「天鎮師」一共在永北開了二館，而永南、港西、埔心許厝及花壇各一館。

至於「拚館」的經驗，在「天鎮師」時，要是有一地方要「鬧熱」，大家就趕快調人，說今晚某地要大拚陣，通常對手不會是同館號的。本庄同義堂的對手，常是埔心的勤習堂。因為「天鎮師」去外地教得多，本地的徒弟反而少，所以要「鬧熱」時，就將外地的徒弟叫來。現在本地已不再立招牌，若要出陣就聚集附近的人手支應。也沒有帶「傢俬」，因為至少要有五十人以上的陣頭，才配得上「傢俬」；而且現在大家都趕時間，根本沒有時間舞弄。

獅頭一向都是自己糊的，蔡石糊的獅頭也會賣到外地。他回憶說，十幾年前一顆獅頭才賣四千元；而三、四年前，當他們的獅陣代表臺中市去鳳山參加臺灣省國術表演時，獅頭還被邱坤良教授稱讚；後來獅子連獅綵、獅身布整套賣給邱教授一萬六千元，再加上車馬費送到臺北四千元，蔡石還從自己家裡帶土去那邊，教他們製造土模，講習兩個鐘頭。

同義堂所學的腳馬是四平、三角、丁字馬。至於拳套則包括

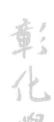

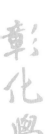

鶴拳、太祖拳、虎拳、龍行拳等。一般出陣時，則打四門而已。

訪問時，有位叫游介源的先生，今年五十八歲，是「天鎮師」當年的徒弟。他回憶說，當年一館差不多二、三十人或三、四十人，成員有小孩子、國校畢業在工作的，也有高中生，練習地點是在土地公廟前面，一個晚上練習二、三個小時，點「電火土」照明，在蔡家才有拜香爐、祖師，紅紙上寫華光仙師，在其它地方則只有拜香爐而已。所學過的「傢私」有鎚、叉、籐牌、大刀、鉤鎌、銚仔（與鉤鎌勾勢相反的兵器）、銌仔、木耙、鐵耙；蔡石比較喜歡用耙，因為拚陣時最適合，既可擋又可打，兼可用釘去剪敵人的兵器。

練獅陣只是康樂活動，不是專門的職業或表演；主要功能是為地方迎神「鬧熱」用的、鍛練身體、聯絡感情。他們現在較常來往的，有田尾海豐崙的楊金謙、浮圳的張其北、竹仔腳的邱森財等人，可以互調人手。專屬本庄公有的獅陣已經解散十年了，以前出陣純義務，通常是庄中有「好事」時，出來幫忙、圖個好采頭。像現在出陣的話，就要 天的工錢，行情差不多是一人一千二百元左右。

在永靖掛同義堂的招牌者，較大眾化，例如永北同義堂，據該堂堂主陳武雄說，因為在永東、永西都有同義堂，所以他到永北設館，但沒有成氣候。

他們同義堂的拳是較硬的拳法，打拳用硬力，要較出力，對女子而言，學起來較困難，故沒聽過有女子來學拳。不過，蔡石有兩個姪女曾在臺中練過，只知道打的是鶴拳，卻不是勤習堂的。同義堂的拳不分長短肢。

—— 1991年11月26日訪問蔡石先生（55歲，師父）、游介源先生（58歲，成員），周益民採訪記錄。

湳港西和樂軒（北管）

　　湳港西和樂軒在日治時期（約六十多年前），由北曾村「阿鋤」和「阿明」設館，「阿鋤」因為和湳港西庄人有親戚關係，所以才來教曲藝。當時只有六個人學，現在僅存受訪者蒲鑄鎗仍健在，蒲氏現年七十七歲，十多歲時跟「阿鋤」學通鼓。戰後初期，曲館就解散了。

　　「阿鋤」初來湳港西教時，僅要他們買二手的「傢俬」，後來學成出陣收的酬金，才用來買新的「傢俬」。以前「阿鋤」是在一棟由「菸間」改裝的房子練習，沒安爐，也沒拜祖師。最初的六個人沒人學會頭手鼓和吹，所以「鬧熱」都要調人手。因為人手不夠，很少出陣。若是出陣，都和「阿鋤」教的溪畔曲館搭配。以前陳厝厝「迎媽祖」，曾拜託去「鬥鬧熱」，庄內過年時，也曾去「歁春」祈求平安，因庄內土地公廟自以前就請外面的陣頭，或是請戲班演戲；庄內「媽祖會」也有「鬧熱」，但沒出陣，只有供人祭拜而已。

　　本庄在日治時期，只有一座土地公廟，現在還有一座「公廟」碧天宮，奉祀玄天上帝。原來的「傢俬」還留下一些，放在蒲姓人氏奉祀的太子廟內。

　　蒲姓人氏來臺時，最初落籍清水，後來一部分搬來湳港西，清水分得媽祖，湳港西分到太子爺。清水媽祖廟（壽天宮）到北港「刈香」，路過湳港西，庄內的人就會招待他們吃點心，每一戶約三至十桌。湳港西姓蒲的約四十戶，若外移者全回來，有七十五戶左右，每年三月，全臺灣的蒲氏宗親都會到湳港西「拜公媽」，這是因為湳港西較寬闊、較舒適的緣故。

—— 1991年1月23日訪問蒲鑄鎗先生（77歲，成員），陳錦豐

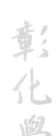

採訪記錄。

湳港正樂軒（北管）

本庄庄廟主祀媽祖，是彰化南瑤宮「老四媽」的「分靈」。本庄老一輩最早是在距今八十年前學曲，當初的「先生」是永靖人張文田，學的人有詹昌（會弦、吹、唱曲）、詹柚（老生）等。詹柚享年七十歲，若健在，約一百十五歲。詹柚不識字，弦、譜都是硬學的（他要從頭默誦，才認得出來）。詹昌若健在，則爲一百一十歲，不但擅長弦、吹，唱曲的聲音更好，有「先生」資格，永靖街上傳說，湳港有一「做佃秀才」，可能就是指他。

曲館設在庄廟的隔壁，而「先生禮」和「傢俬」都是由庄廟「公金」出資。張文田只來此地教了一館，大部分傳的是銅器而已，曲較少。他住在永靖街仔，每晚騎「鐵馬」來本庄教。至於詹昌兄弟爲何那麼厲害，就不得而知了。以前出陣，若是廟裡的事都算義務，同庄的「好事」也有出去；但他們並沒有「上棚做」。私人性質的排場，則收取酬金，並歸各人所有。目前曲館的大鑼、鼓架、「傢俬」，都還放在廟裡的倉庫。

曲館在日治時期的明治、大正年間（1895～1925）成立，後來詹柚、詹昌在詹厝教曲館，因爲是同一庄的人，下一輩人要學都不用出錢，有江睦宜、詹得清、詹得金、「阿卿」（唱小旦，也會鼓，聲很好，曾在鹿港受好評）、江直南和詹獻道（仍健在，職業是「做功德壇」、「齋公」，若想更清楚曲館事務，可向其詢問）等人；這一輩的人學得還算成功，以前有一次到鹿港「刈香」，還跟人對曲、「拚館」，結果這邊的觀眾較多，占了優勢。

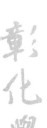

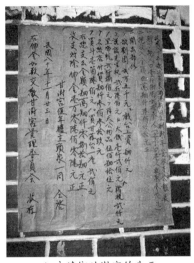

▲ 永靖鄉甘澍宮的告示
（林美容提供）。

　　另外，有人補充說，詹昌有次到霧峰排場，剛開始，人
家看他頭上纏著頭巾，十足鄉巴佬的樣子，看不起他，等到一
對曲，才知道他是「老先覺」，奉上一大堆菸、酒來奉承。另
外，他隨枋橋頭天門宮媽祖去「刈香」，所到之處皆很轟動。
本庄的曲館最興盛時，曾達五十人，其中以「水煙伯仔」歕吹
最好，但後來都找不到人手，只能隨便找幾個湊數。

──1992年1月29日訪問詹賜卿先生（村廟甘澍宮廟祝）及村
　　眾數人，周益民採訪記錄。

湳港同義堂（獅陣）

　　湳港的武館大約比曲館還晚十多年成立，最早的師傅是
「黃仔順」，他四處「走江湖」傳武，曾到過永靖的陳厝厝設

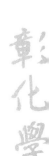

館。而「黃仔送」（應是外地人，入贅湳港，與江得照的妹妹結婚，若健在，大約一百零三、四歲）就是在那邊和「順師」學的，「送師」論輩分應該和陳厝厝的楊坤火同輩，是「順師」的「頭叫師仔」。

　　「送師」一共在湳港教了十幾年拳術，這是正式拜師的，沒有收「先生禮」。館主是詹金美，之後則爲詹玉桂（創辦泰山企業）；在眾多弟子中，以「送師」的次子黃玉佩學得最好，算是「頭叫師仔」，常在練拳時當助教。武館最興盛時，有一度到臺中，出了五十人；平常也有幾十人在練。以前常到外地出陣，像「神明生」、「刈香」的場面，人數足夠時，在永靖街仔，能從街頭一直表演到街尾，兩人一組輪流交換對手，做兵器的操練、對打。他們還曾代表到彰化八卦山比賽，受訪者詹煌也參加了這次比賽。

　　每逢新館開館時，弟子們會送禮金給師父以示敬意。村內學武術的人，大約可分三個時期：上五義、中五義、下五義。剛開始是因爲練拳頭的人，意氣相投，武藝又學得不錯，所以就結拜成兄弟，村人也沿襲其稱呼而各有身分，「上五義」時期有「黑仔財」、詹得居、詹得順（今年八十歲）、詹得圳、「阿水」、余監等人；「中五義」有「樹枝」、「金水」、「木川」、余圈等人；「下五義」則有「大條洪仔」、「阿毛」、「阿南」等人。

　　「送師」有傳「打傷藥仔」，「送師」雖然不識字，但是到藥房可以叫出各色藥材來配藥，並依時辰的不同用藥引。也有銅人簿傳下來，被「猴子」、「阿坐」、「田哥」拿走，說要開設藥房，後又傳到「阿輝」、「阿仁」手中，最後不曉得流落何方。

　　拳套有四門、五行、踏連、龍行等，同義堂和別館不同的

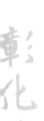

地方，即其「徛腳馬」，就要站一館的時間；打拳時，身體並無起伏，而是四平或三角一聲令下就打到完，屬長肢的硬拳，不像勤習堂的軟拳；本庄同義堂也有練鶴拳和二哥拳。

「送師」擅長雙刀和按時辰點穴，但是其「四行氣路」（又稱四季氣路，指人在一年四季裡，血路氣行路徑方向皆有差異，此即四季中行氣圖說之意）卻沒有傳下來。

── 1992年1月29日訪問詹煌先生（村民），周益民採訪記錄。

五汋頭正成軒（北管）

本庄參加彰化南瑤宮的「聖四媽會」和「老四媽會」，原本各占約百分之三十八的人口，現各有五百至一千人左右的信徒量。本庄屬「聖四媽會」的「五汋頭角」及「老四媽會」的「陳厝厝角」。

五汋頭的正成軒大約在一九四五至四六年就有了。一九四九年，庄廟五福宮落成時，還有出來排場。一九五一年，本庄的曲館還曾去參加員林的「軒園咬」，那時還可以「上棚做」，「先生」是鹿港來的「佬先」，練習場所則在朱錦家斜對面的雜貨店前面，那時還有曲館專用的房子。

當時的成員朱錦飾演旦角，現年八十七歲，是本庄所有子弟中，唯一還健在的，但已罹患老人痴呆症，不能接受採訪。其他成員包括阮金水（老旦）、「手探仔」（丑角）、張尚吉（旦角）、張福與陳慶生（老生）等人。樂器方面，「阿佬伯」之子、張福、劉玉鏡會拉弦，劉玉鏡、朱錦會吹笛，其他樂器也會演奏，陳西庚是揚琴高手，另外還有朱忠和陳慶善等人。

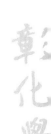

據村長余瓊實說，以前庄人較少，鄉下人情味濃厚，練習曲館可以聯繫情感。據他的記憶，庄內的陣頭並沒有參與「逡庄」，只是「神明生」在庄廟前排場而已；以前是二月十六日的「百姓公生」和三月初三的玄天上帝聖誕出來「鬧熱」，現在則改為十一月十六日，「鬧熱」的陣頭都請東天宮的北管陣或是員林公園旁邊的雷震天鑼鼓陣較多，據說雷震天的興起，是因為有公園裡的老人班做基礎，能支援出陣的人比較多。

現任村長余瓊實把傳統的「會份」改成整個五汴村的人都有份，即祭祀經費都由所有村民負擔，而不區分是「聖四媽會」或「老四媽會」成員。他解釋說，如此是為了避免讓「神明會」解散。去年「老四媽會」值角，由陳厝厝的浮圳村輪值爐主，其它各村的小「角頭」都要捐兩萬元支援浮圳，撐起面子請外地角頭（如臺中、豐原等地）吃飯，這筆錢當然由全村村民共同分攤。

本庄在過年、喜事、入厝時，並沒有請曲館表演的習慣，只有喪事會用。以前有所謂「孝子會」的組織，和曲館有連帶關係，成員比曲館成員多，而曲館子弟又大多為「孝子會」的成員；其性質和現在民間的「互助會」類似，任一會員家裡有喪事時，當會員的都要去幫忙，每一個加入的人只可被幫忙一回喪事；若成員過世不能克盡義務，則交由後代幫他償還服務。據余村長說，以前瑚璉村的組織分工更是精密，負責扛棺材、挖墓穴、搭布棚、披麻戴孝、伴隨送葬等，各鄰分工是輪流性質，誰也不會占便宜，而喪事也都有足夠的人手幫忙，不會造成過多花費和家庭的負擔。

── 1992年6月9日訪老人會的村眾及余瓊實先生（56歲，村長），周益民採訪記錄。

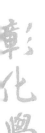

崙仔同義堂（獅陣）

　　崙仔和崙仔尾不同，一是現在的崙仔村，一是現在的崙美村，兩地相距甚遠。據說崙仔曾有同義堂，但當地人只隱約知道本地曾有一位拳師叫「松師」（享年七十九歲，若健在，已一百零九歲），外號「青番松」，曾到外面教拳。後來，在竹仔腳證實「松師」曾到該處教武，但早已去世，其子劉獻倫，經營鐵工廠，不曾習武。幸好有一位不具名的村幹事，帶著採訪者前往詹任從家中，方能得知本館資料。

　　詹任從、詹謝多金的師父是詹五湖，又叫「湖師」，和「松師」是同門師兄弟。不過，據兩位詹先生說，「湖師」才是「火師」（即陳厝厝的楊坤火）的「頭叫師仔」，因為「火師」長年在外教拳術，連「火師」長子楊六經的拳術，亦是「湖師」代「火師」傳授的。「湖師」不但教楊六經拳術、糾正姿勢，還和楊六經以師兄弟相稱。本地「鬧熱」時，楊六經的兄弟也都會來。據說，「松師」曾自述二十歲開始練拳，三十幾歲即開館授徒，也到外面去教別人，他所教過的地方有大溝尾、賴厝、九截、埤腳、永靖等地。

　　本庄的武館設在「湖師」的祖居，平時並沒有拜祖師，只有出陣時才會拜鑼、鼓，並插香在鼓亭、鼓架，「傢俬」上面則要綁紅布，若沒有繫紅布而跟人家相遇，一定會打架。那時本庄學的人有二十多位，「傢俬」是隨各人所學而自行打造，獅頭則是「湖師」糊的，一個獅頭就要花好幾個月製作，但完成後，「湖師」到哪裡去教，就遺留在當地武館或徒弟家中，像社頭鄉新厝村的「阿叢」、「水瓠」家裡皆有留存。另外，像鐵叉、單槍、關刀，則流落到枋橋頭等地。「湖師」平時教學嚴格，不管是「傢俬」、腳步，都一絲不苟地要求確實做到。另外，本地不曾

有曲館，但「湖師」會鼓、弦仔，亦擅長琵琶，以前傍晚會在廳前拉弦和唱曲，並不曉得是在哪裡學曲。

本庄出陣不收禮，若有酬金，則交給師父分配。所學拳套有鶴拳、洪拳，屬硬拳，剛出手時很柔，看似不用力，但拳打到時卻剛強有勁；腳馬踩的是四平馬，講究平穩踏實。猴拳是軟拳，是「開嘴獅」用的；鶴拳則是「合口獅」用的。本地的獅陣在「土地公生」、「謝平安」、「刈香」（松柏坑、彰化南瑤宮、笨港等地）時出陣。迎神和過年時，也有「迓庄」。另外，像入厝、喜事出獅陣，則是為了助威。

曾有人見詹任從的雙刀舞得好，叫他去教，但「湖師」並不同意。詹謝多金的外號「基財」，是原為中國籍的新住民，被本庄人招贅，是「湖師」最疼愛的小徒弟，在「湖師」晚年，常隨著四處出陣或授徒，故知其瑣事。

── 1991年11月27日訪問詹任從先生（成員）、詹謝多金先生（成員），周益民採訪記錄。

陳厝厝同義堂（獅陣）

同義堂的創始人羅乾章，在清領晚期時，是十八兄弟組成的「飛虎班」成員之一。羅氏於日治時期從中國來臺。初到之時，四處「走江湖」賣藥（即「王祿仔」），他擅長雙刀，使少林羅漢拳，至二水街時，那時在二水授徒的是「媳婦仔師」，羅乾章看其教拳三天後，冒稱其師門與之較技，將他打敗，遂在二水授徒。

現今彰化地區的同義堂，大多是由受訪者楊六龍的父親「火師」（楊坤火）及兄長楊六經所傳。楊坤火七歲即在員林

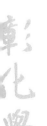

跟著長輩習猴拳及草藥，紮下武術根柢。年紀稍長後，有一次「黃仔順」（即民間有名的「賣鹽順仔」）途經本地，指導楊坤火二個月後，發覺已沒有什麼可教，二人遂同奔「黃仔順」的師父羅乾章處習武。據說，有一次同義堂的弟子被臺南「剃頭和尚」所欺，「黃仔順」和楊坤火一道南下，才把場面討了回來。

同義堂在戰後極為興盛，一時之間，曾多達四十幾館，楊六龍在十六歲時，即自行負責一館。而楊坤火在日治時期，曾因不服政府的管束而被拘留十九天，並作詩「落泊羈留十九天，心安神靜膽不寒」坦述心志。

楊坤火育有六子，包括六經、六仁、六藝、六龍等，六兄弟皆有學拳腳、草藥，現在各地同義堂規模大致相仿，都是楊坤火及楊六經父子二人所傳的徒弟。其祖師為華光先師，又名五顯大帝，並沒有雕刻金身，只用紅紙黑字書寫神號。要出陣時，會燒香祭拜，還要祭拜當地的土地公，以示對在地神明的尊敬。楊六龍家的廳堂，原設置香爐和神位，但久未出陣，現已不再設置。

現代所傳的子弟們，稍有成就的人，都各自忙著自己的事業，其餘不是庸碌，就是心性不好，所以武術漸趨衰微。以前光練紮馬就需三年，到楊坤火時，只要求四個月，現在年輕人已吃不了這種苦。若馬步不好，拳術即花俏不穩，即所謂的「藝拳」，不符合「死手活馬」的原則。

楊六龍認為金獅本為玉皇上帝的駕前護衛，是玉帝最心愛的寵物。但因私下凡間，為禍生靈，天庭諸神束手無策，據說玉皇要派孫悟空下凡降伏，孫悟空卻怕金獅的三昧真火；後由華光先師派出平時豢養此獅的紫微星，化身為「獅和尚」，用蒲扇把火搧熄，再引回天庭。正當玉帝猶豫，不知如何處置

時，天上聖母奏明人間妖魔盛行，請用八卦封住金獅頭頂的王字，再把牠謫降人間，讓牠驅邪降魔，以補前愆。

楊六龍認為，若要出陣，就要陣容整齊、「傢俬」全出，如此花費必多。所以，陳厝厝的同義堂若接受出陣，得先看交情，通常會另外介紹武館承接。若是他本人出陣，且需過夜的話，開價曾高達十萬元。其他地方（如溪畔）場面較小，一陣才六千元而已。若去幫竹仔腳湊人手，才四萬元。一般的話，一人一大約一千元，過夜則由一千五百元至二千元不等。

目前同義堂系統較有連絡者，有五福游玉但、湳墘「阿報仔」、浮圳張其北（「阿標」）、竹仔腳邱森財、永靖後街仔蔡石等人，皆為「火師」和楊六經所傳的門徒。

—— 1991年1月22日訪問楊六龍先生（師傅），周益民採訪記錄。

浮圳新樂軒（北管）

受訪者莊富的父親莊甲、叔父莊坤有學曲藝，莊甲會唱曲，也會弦、揚琴和琵琶等樂器，莊坤則擅長拉弦。莊甲召募人手，並請永靖的林港來教，在莊家舊宅學曲；「傢俬」則是看個人想學什麼樂器，就去買什麼。莊富本人則在十多歲時開始學，學兩館之後，因學得不錯，在十八、九歲時，曾到草屯「木杞仔」的亂彈班子去學，事實上，「先生」林港也會演亂彈戲，「腳步」踏得漂亮。當時約一九四○年代，兩年後，回到本地時，新樂軒已經「散館」。

當初，一起學的人有十幾名，莊富學的是總綱，無論曲牌、念曲，他都在行，可稱全才。但「先生」並沒有教「腳

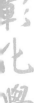

步」、上棚演戲。莊富在本地學的是基礎功夫，主要是在外地，再向人家慢慢學起來的。他還會亂彈、九甲、歌仔戲、布袋戲等，目前的職業則為「齋公」。他並非拜師學習，而是在後場看多了、聽多了，也就會了；人家看他做得有板有眼，經常會來找他。

林港住在永靖街仔，每天晚上騎腳踏車來教；「先生禮」由大家平均分攤，詳細數目並不清楚。也常由成員輪流買東西，來曲館煮點心給「先生」吃，大多煮麵，「先生」喜歡喝米酒，也需準備。偶而，弟子們也有陪「先生」一起吃，通常是一天學完後，大家吃個點心，就各自回家休息。

在曲館處，早晚要祭拜祖師西秦王爺的香爐與神像。練習的時間約在晚上七、八點開始，夏天因白晝較長，練習到十一、二點，冬天則在十點多結束，當時照明是點「水油」（「番仔油」）。「港先」曾和臺中某園「拚館」，那時常常「拚館」，有時可以長達一個月。「港先」有時也會來本地調人手，但因他們功夫學得不夠，大多只是去看熱鬧、充場面而已。另外，出陣的場合包括庄頭迎神、入厝、迎娶等。北管出陣純為義務性，以前他們出陣，大家都不拿錢，學北管也沒有要賺錢的心態。現在本地除莊富之外，沒有人會曲藝，更不用說出陣了。

本庄村廟乾巽宮，主祀天上聖母，是以前從中國迎請過來的，每年三月二十三日，要到王功福海宮「刈香」，當天，文、武陣皆要出陣，但今年到中國「刈香」時，文、武陣並未隨行。本庄屬彰化「老四媽會」，去年才在廟前進行「過爐」，廟祝還特地請臺視「天天開心」節目的藝人來演出，引起轟動。在採訪時，乾巽宮正在舉行三天祈安法會，一些有「交陪」的廟宇，都會派誦經團來慶賀，他們不但來誦經、供

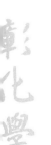

果，還會捐獻一、二千元的香油錢，贊助的順序公開在黑板上。現在本村的文、武陣要出陣時，若是調外庄人手，係由村廟付錢，若由本地子弟組成，則純屬義務。

莊富也擅長誦經團的後場，他認為師父教的是基礎，自己要持續精進、深造。莊富說，在佛教的誦經團中，經典是相同的，因四處流傳而造成科儀字同韻不同，如同用華語、客語、臺語念經一樣。今日的佛教誦經團大致分兩大派，即龍華派（在家佛教）與沙門（「潮州」調），至於道教也另有傳承。

—— 1991年11月26日訪問莊富先生（61歲，成員），周益民採
　　訪記錄。

浮圳同義堂（獅陣）

採訪者在十一月二十六日晚間，遇到浮圳村長游慶堂，現在的獅陣即由他主持，但因法會忙著出陣剛回來，只能匆匆問幾個問題，知道本地的同義堂在游慶堂的祖父生前即存在，應有上百年歷史。其祖父張田會拳術，並不清楚師承。游慶堂的父親是游錦，姓游是入贅的緣故，他也學拳術，是向「火師」（楊坤火）學的。游慶堂本人在十幾歲學拳，剛開始和本地人張其北學，但游氏自認大部分技藝是楊六經（即「火師」長子）傳授的。

次日，採訪者在乾巽宮前找到張其北。張氏說，本庄同義堂遠在日治時期就有了，也就是在張其北的祖父張田時，即已創立。在張田的堂兄弟張炭、張養、張三平時，便設立同義堂的名號，約有上百年歷史。其中，以張炭拳術練得最好，最擅長的「傢俬」是鉤鐮。張田與其子游錦（游慶堂之父。因被

招贅，故姓游）皆學過拳術。張炭拜「火師」為師，在本庄設立兩館，一度曾有三陣獅陣，那時一館差不多有二、三十人在學，學成的差不多有十餘人。本庄兩館，一館設在張炭家隔壁，一館是在顧厝。另外，張炭還到外地去教，像社頭張厝村、丙爐庄、田中的外三塊厝、內灣、普興村等地都教過。

張其北是在戰後（時年十九歲）時學武，學了五、六年左右。他特別強調，迄今浮圳同義堂仍是由其掌理（採訪者案：廟祝和村長游慶堂則說張氏已退休，現由村長負責事務。十一月二十六日，村中獅陣出陣到員林，是由村長拿獅頭，並未看到張其北）。不過，據張氏說，他們到今天還剩下十餘人，成員差不多是四、五十歲的人。張氏又說，在三年多前，他又教了一批十多歲的年輕人，總共約有十二人，其中有六、七人可出陣，但要在例假日才可以湊齊人數。據說，等村廟改建落成後，村中計畫再培養一些新人。

張氏回憶，他剛開始拜師練拳，都有拜香爐，紅紙黑字寫的祖師是五顯大帝，等到張氏任教時，就沒拜了，因為大家都嫌麻煩。「館金」是由每個人分攤，一個月交二十元，可算是「公金」，電錢、茶錢、炭錢等支出，都由此因應。師父的用藥大部分是青草，有時也搭配一些藥粉。「傢俬」則是公費打造的，現在已分散到成員家裡，獅頭則是張炭糊的。本庄「鬧熱」是正月十五日，獅陣會出去「遶庄」，其他出陣的場合，像是入厝、「刈香」等，一律不收費用。

拳路的順序名稱為鶴拳、四門、五行、龍行、踏連、連環走馬、龍虎會、五鶴，再來才拿獅頭；本地一面練拳、一面練「傢俬」，像「對仔」十幾天即可學成。腳馬有三角、四平、隨肩、低四馬。張其北較擅長的「傢俬」有四角齊眉、銚仔、丈二、雙刀、雙鐧等。張氏說，獅頭和拳頭是「同腳馬」，但

另外又多了七星步和八卦步，一般出陣時，在三拜禮之後，再踏四門、咬鬃、踏七星、踏八卦。張其北回憶其師張炭練拳術，練到除大姆指外，其餘四指等長，除了本身的才能之外，還要苦練才行。

獅陣入厝是要讓地氣旺，再來才是制煞的功用。入厝時，隨請主的意願，踏七星步或八卦步（兩者擇一），有時也踏四門。在一般二層樓房，是上層踏八卦，下層踏四門；但也有上層踏四門，下層踏八卦；若三層樓時，在一樓踏八卦、二樓踏七星、三樓踏四門；一般而言，是在神明廳的那一層樓踏八卦，而一樓則踩七星步。入厝時，要先看方位、拜門神，進門時要用「白虎腳」，即先舉左腳佯作前踏而突然收回，以右腳跨入，此動作據說是要讓「歹物仔」（不祥之物）跑出來。到屋裡拜神後，再四處舞動，將潛藏鬼物趕走，然後再到神明前方踏八卦。出門時，則要在門口「咬青」（把紅包用榕樹葉綁著，事後榕樹葉要插在家裡的香爐，直到枯萎為止，一般約要十二天）。

現在本庄入厝請獅陣的風俗仍很頻繁，一年平均獅陣要入厝十二次，出門時仍要「咬青」，但事後只收紅包袋，退回酬金。入厝時，沒有調不到人手的麻煩，因為入厝的日期和時辰，是請示神明的「乩駕」或由擇日師決定，一般都在半夜子時或清晨的卯時。張氏說，入厝沒有人在下午或傍晚舉行。入厝的人家宴客時，獅陣的成員可以去赴宴，不必付禮金。

一般來請獅陣的，大多相識，或是自己的親戚，只有少數非熟人，才會收取酬金。現在出陣沒有限定人數，不用去別庄找人湊數，用本庄人手就夠了，一般只要十人即可出陣。外庄有時也會來調人，本地有三、五位老人可去幫忙，本地的行情一天一千元，也有看交情互相幫忙而不收錢。調人手一般都是

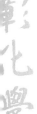

同義堂調同義堂的人，但也有因出陣時認識的別館成員。像同安、竹仔腳、枋橋頭、社頭、朝興、埔心、湳墘，及南投的胡清輝，都曾來調人手。

另外，張其北提及，去年在永靖往社頭的橋頭車禍現場，因為事端多，所以到西螺找法師來處理，一般由法師決定要不要找獅陣，結果法師來找張其北拿獅頭出陣。法師作法「押煞」，再由獅陣踏八卦，能夠掃除穢氣。

—— 1991年11月26日訪問游慶堂先生（村長，負責人）、27日訪問張其北先生（64歲，師傅），周益民採訪記錄。

新庄仔同義堂、順武堂（獅陣）

〈訪問林新竹先生部分〉

新庄仔同義堂是本鄉陳厝厝的人去教的，過去曾有一位人稱「送師」的師傅，但後來武館就解散了。

〈訪問楊復先生部分〉

新庄仔原有同義堂武館，但後來解散，約一九八一年，再由田尾鄉饒平厝順武堂楊復去教年輕一輩的，其中「頭叫師仔」姓劉，人稱「鐵牛」，現搬到永靖街仔開設「順武堂國術館」，新庄仔武館也已解散了。

—— 1995年1月27日訪問林新竹先生（74歲），2月14日訪問楊復先生（72歲，饒平厝順武堂師傅），羅世明採訪記錄。

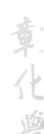

　　本鄉在彰化縣東南部，其東部為八卦台地南段西側斜面，西部為彰化隆起海岸平原，境內台地約占四分之一，平原約占四分之三。北臨員林鎮，南接田中鎮，東鄰南投縣，西接永靖鄉、田尾鄉。「社頭」之名係因往昔移民在大武郡社之上頭處建庄因得稱。本鄉舊為巴布薩平埔族大武郡社。

　　清領康熙年間，大墾首施世榜率眾佃拓墾於此，至雍正、乾隆年間，漳州府南靖蕭姓移民舉族入墾，次第墾成建庄。

　　全境約有三十六平方公里，農作物包括水稻、水果。工業方面則有食品、紡織、染整、針織、成衣、塑膠等。

　　社頭與員林、田中、二水等鄉鎮一樣，居民以漳州人居多。此地居民以七十二庄的組織，共同祭祀枋橋頭天門宮的媽祖，不屬於南瑤宮及芬園寶藏寺的祭祀圈。目前這七十二庄的組織稍有改變，因舊社獨立出來，另成一領導中心，並有少數村庄改至舊社天門宮活動。

　　就目前已知，社頭鄉的曲館共有十二個，包括六個北管館閣、一個南管、一個大鼓陣、一個歌仔戲子弟班，此外，還有一個老人會的國樂團及清水國小近幾年成立的北管才藝國樂團。

　　在六個北管館閣中，以舊社和樂軒、石頭公同樂軒及崙仔雅樂軒最為重要，分別成立於清領及日治時期，並成為本鄉及

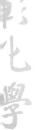

他鄉其他館閣的師承來源之一。舊社、石頭公與田中帝爺廟的曲館算是一脈相承，因為舊社一位「貓仔鬚」在清領時期前往石頭公同樂軒教館，石頭公的「洪尢先」又去田中帝爺廟合和軒教館，而帝爺廟合和軒的陳金龍，其師兄弟又廣教田中、溪洲各館，影響深遠。

此外，舊社及石頭公與本鄉他館的關係也非常密切，許厝寮清樂軒最早的「先生」便是舊社和樂軒的「注先」，湳仔某軒則是請舊社和樂軒的謝姓師傅（人稱「乞食」）去教，而崎仔腳（協和村）日樂軒則是請石頭公同樂軒的「洪尢先」和其高徒蕭振梧去教館。

至於崙仔雅樂軒，其師承曾是鹿港的黃世清。據說雅樂軒成員蕭根曾教過本鄉張厝庄、枋橋頭、新厝仔、芊寮仔以及員林、田中的曲館。

以上所述的幾個北管館閣曾經風光一時，如舊社和樂軒在終戰前曾演過好幾年戲，石頭公同樂軒曾至多處「拚館」，而崙仔雅樂軒在戰後也曾上棚演戲，當時極為轟動，多次被請至外地演出。

本鄉唯一的南管館閣是張厝庄的錦明珠。不過以他們上棚演戲這點推測，較可能是九甲仔子弟班，且現在已改成北管班。

此外，本鄉尚有一歌仔戲子弟班和一大鼓陣，前者位於舊社及新厝仔，後者位於芊寮仔（廣興村）。歌仔子弟班資料不甚詳，只知曾上棚演戲，但很快就解散了。後者則是一九八○年代才成立，屬私人性質，不算真正的曲館。

本鄉目前所知的武館有二十二館，全是獅陣，其中包含十館同義堂、五館振興社、三館振興館、二館勤習堂，另有武耀館及無館號的武館各一館。可見同義堂占了很大的優勢，其次

就是振興社的武館。

同義堂源於中國武師羅乾章，之後分別在大村、埔心、永靖、南投等地傳布開來。因地緣相近，社頭鄉的同義堂皆承自永靖。永靖陳厝厝的「阿火師」（楊坤火）直接受教於羅乾章，其子楊六經隨後也跟著傳館。社頭的十館同義堂常互相合作，其中因天門宮媽祖領導地位的轉移，分別以枋橋頭及舊社為兩大陣營。新厝仔、湳底與枋橋頭因彼此相鄰，甚至還以「枋橋頭大字」合作出陣。而以舊社為首的幾個村庄，如丙爐庄、朝興較常往來。除了本鄉外，他們也和永靖、溪湖等地的同義堂來往。

至於振興社系統，原本振興社與振興館同出一源，後分別傳館。根據舊社振興社的資料，臺灣振興社源於中國武師蔡秋風，他在舊社首創振興社，至今兩百年左右。他與西螺「阿善師」關係密切，一說他們是師兄弟（舊社振興社說法），另一說他是「阿善師」的弟子（湳仔振興社說法），還有一說他是「阿善師」的師父（彰化振興館說法）。本鄉的三館振興館，皆承自田尾小紅毛社的陳松，他與本鄉協和村振興館的劉火木都是西螺「龜師」的徒弟。

由於同義堂與振興社是本鄉兩大武館系統，以前彼此常「拚館」，這種現象現在已逐漸消失。同館號之間的武館，也因彼此相互支援而較能存續至今，同義堂現存六館就是一例。反之，與外庄甚少交流的武館，大多面臨人手不足而告解散的命運。

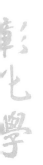

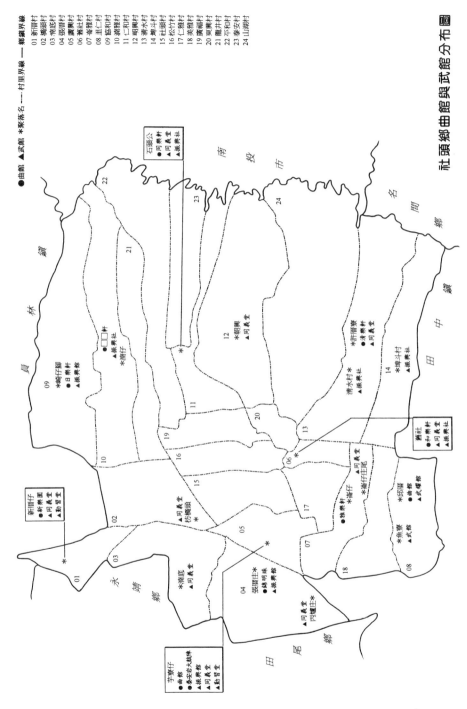

社頭鄉曲館與武館分布圖

新厝仔新樂園（北管）

新厝仔新樂園由劉深山負責，其後代子孫都未學，目前也無人知道其詳細情況。

—— 1994年12月14日訪問村民，羅慧茹採訪記錄。

新厝仔同義堂（獅陣）

新厝仔同義堂成立於日治時期，是請永靖陳厝厝的「阿火師」（楊坤火）來教，然後再由庄裡的「詹湖師」繼續教，現在則由詹湖的「頭叫師仔」劉懱負責。新厝仔同義堂最盛時，人數約有五十人，現在約有十幾人，有「獅鬼仔」，他們有時也和枋橋頭、湳底同義堂共同組陣，聲勢浩大。新厝仔同義堂多半是義務替庄裡的廟會、入厝等事出陣。

—— 1994年12月14日訪問劉文順（62歲，湳底同義堂師傅），
　　羅慧茹採訪記錄。

新厝仔勤習堂（獅陣）

新厝仔即新厝村，有十五鄰，六百多戶，二千五百多人，主要姓氏為劉姓，祖厝在社頭鄉石頭公，祖籍福建漳州府彭城縣。村廟文聖宮，主祀太上老君，在二十多年前移至現址供奉，並於一九六○至七○年間建廟，每月的三、六、九為「乩日」。

新厝仔勤習堂成立於日治時期，當時是由西螺七崁的四位

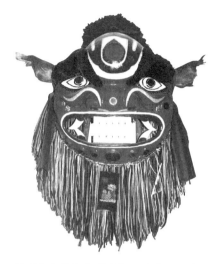

▲ 社頭鄉新厝仔勤習堂獅頭（羅世明攝）。

武師來教，有「深優師」、「十一指師」等，他們都是拜中國師傅為師。

　　「深優師」從小就跟在中國武師身旁學習拳和藥，他精通醫理、藥理、命理，沒娶妻。他當師傅時，已是老年人了，出門都用傘提著皮箱，裡面裝著藥和藥簿。有一次，他在山裡遇到土匪搶劫，他們以為箱子裡面裝的是錢，沒想到「深優師」用傘就把對方五、六個土匪打得落荒而逃，正好山裡有兩位兄弟偷偷在後面觀看，深深折服，想拜他為師。

　　「深優師」已去世，如果還健在，也有一百多歲了。他到新厝仔傳給劉萬聲，也就是受訪者劉源謙的父親，劉萬聲已去世，如果還健在，也有七、八十歲了。劉氏只傳庄人，從未到外庄去教，但是，劉源謙及其兄長劉源利（現年五十多歲），曾到員林慈妙宮和華成市場教武，傳徒相當多，有時也會回到庄裡來教，或帶庄裡的人出陣。

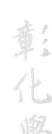

　　新厝仔勤習堂教拳和獅套，要教上一年半才能出陣，他們學的是太祖拳、鶴拳等拳。「深優師」本身會一千多套的拳，劉萬聲那時也有二百多套，出陣都有三十多人，劉源謙本人還會六十多套，出陣也有十六人左右。新厝仔勤習堂出陣次數很多，受訪者自己就曾經帶過二百多人，也到過全臺各地，是個非常厲害的陣頭。

　　新厝仔勤習堂的獅頭是從中國帶來的「青頭獅」，是最凶猛的獅頭，但現在為求美觀，加以修飾，已不全是青色了。劉源謙說，他看了很多勤習堂獅陣所拿的獅頭，都和他們的不一樣，唯獨南投縣梅山勤習堂獅陣的獅頭完全一樣，一問之下，才知道同是「深優師」所教的，可以算是師兄弟。新厝仔勤習堂的「獅鬼仔」是老者的模樣，和一般的不同。他們也有銅人簿、藥簿和拳譜。

　　新厝仔勤習堂所拜的祖師是達摩祖師、宋太祖、織府姑娘、華佗上師，每次開館和排場時，全部成員都要祭拜。

　　新厝仔勤習堂的花費不多，目前藥都由劉源謙提供，出陣收到的酬金，大多由參與者平分，剩下的才作為購買「傢俬」的錢，沒有設置「公金」，並以劉源謙家前的庭院作為練習場所。出陣若有人請就去，並以交情決定是否議價。在廟會排場時，其他陣頭沒人敢和他們比，因為他們的拳套中間都沒有休息，十分精彩。

　　新厝仔勤習堂在鹿港、彰化及其他大廟，都曾和同義堂、振興館「拚館」。他們和員林方面的勤習堂經常有來往，也會互調人手。

—— 1994年12月14日訪問劉源謙（42歲，現任館主、師傅），
　　羅慧茹採訪記錄。

枋橋頭同義堂（獅陣）

枋橋頭現爲橋頭村，有十四鄰，五百多戶，三千多人，主要姓氏爲劉姓，祖籍廣東省潮州府饒平縣。村廟爲天門宮，主祀媽祖，重建於一九五九年，祭祀日爲三月二十三日，與湳底、新厝仔同爲「枋橋頭大字」，往來密切。

枋橋頭同義堂成立於一九六○至七○年，由湳底劉文順的師兄弟劉朝組陣，至今還會出陣。

劉朝本人已搬到永靖定居，但是枋橋頭同義堂的組織仍然繼續維持，現在成員有十幾人，比較屬職業性，年紀約四、五十歲左右，必須先議價才願意出陣。

枋橋頭同義堂和湳底同義堂爲同一師承，是由永靖陳厝厝的楊六經所授。以前枋橋頭要習武的人，都是到湳底學習，劉朝就是在湳底和劉文順一起學武的，之後才到枋橋頭另組武館。

—— 1994年12月13日訪問劉文順（湳底同義堂師傅），羅慧茹採訪記錄。

湳底同義堂（獅陣）

湳底同義堂成立於日治時期，其傳承可追溯至清領時期，是一位中國武師（人稱「老乾師」）爲了報仇，到少林寺學武功，打死仇人後，才逃到臺灣來，然後在臺灣傳授武藝，傳給永靖陳厝厝的黃順。黃順到湳底教武，湳底同義堂才正式成立。庄裡的謝興學成，再傳給受訪者劉文順的父親劉大听，終戰後，劉大听的同門師兄弟還曾到外庄教武。等到劉大听去世

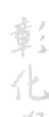

後，湳底同義堂就解散了。

劉文順當年沒有直接傳承父親的武館，武館的傳統認為，父親最好要直接教自己的兒子武功，因此一九五一年左右，劉文順才請永靖鄉陳厝厝的師傅楊六經來庄裡教，而他那時才正式拜師習武。不過，在此之前，他還是曾私下向父親學武。楊六經只教一館四個月之後，就沒有正式過來傳授，但和湳底同義堂一直保持極為友好的關係。之後，就由劉文順繼續教武，但後來因為習武的人忙於經商、工作，湳底同義堂就解散了。

永靖陳厝厝的師傅楊六經和他的父親楊坤火，是十分有名的師傅，兩人所教過的徒弟眾多，遍布很廣，楊六經本人就曾經到過員林、彰化海口、田中等地教過。

湳底同義堂在劉文順當館主時，曾於一九六五年參加全省比賽，得到亞軍，他們出陣時都以「枋橋頭大字」的名義出陣，枋橋頭大字包括的地方有枋橋頭、湳底及新厝仔三庄，這三個地方的同義堂師承同一源頭，彼此都是師兄弟。

湳底同義堂出陣，約六十人左右，他們都隨著那些信徒到枋橋頭天門宮集合，與要去鹿港「刈香」的隊伍一起出陣，每年約有三、四萬人，七十二個庄的人來參加，劉文順曾經帶領獅陣去「刈香」，一共去了三年。他說，當他們排場時，同館號的獅陣都會聚在一起，有幾百人之多，場面極為盛大。

湳底同義堂的獅陣本來有「獅鬼仔」，但從楊六經教之後，就不再教「獅鬼仔」。他們拜的是達摩祖師，開館時，學員都必須先拜祖師。無論入厝、「刈香」，只要有人請就會出陣，曾遠至高雄、鳳山，由請主隨意給酬金，有時也會參加喪事，但都是師傅級的人物，才受得起這樣的禮遇。

當初湳底同義堂要學武的人，每人必須支付三百斤米給師傅當作「館禮」，「傢俬」是由庄人出錢購買，比賽的獎金及

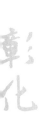

出陣時所收的酬金，部分作為「公金」。他們練習的場所是在劉文順家的大埕。

湳底同義堂與永靖陳厝厝及鄰庄的新厝仔、枋橋頭較有往來。湳底同義堂以前曾和新厝仔的勤習堂「拚館」，在劉大听的時期，則都與舊社振興社「拚館」，場面激烈，直到劉文順時期，因與舊社「楚仔吉」的孫子是同窗，交情不錯，雙方就不再「拚館」。

—— 1994年12月13日訪問劉文順（62歲，館主、師傅），羅慧茹採訪記錄。

張厝庄錦明珠（南管→北管）

錦明珠原是南管樂團，在受訪者張清秀七、八歲時就有了，剛成立時，他就開始學，十歲便上臺演戲，最初是請和美水尾仔「糊土仔」（洪姓）來教，教了二年，當時學會演戲者有二十幾人，曾去南投、集集隘寮等地演戲，本庄則在冬尾時演戲十幾日，一天換一齣。每次都請坪頭的「順興」來排戲，他是「作戲底」，扮演老旦，已經過世，有一孫名「阿月」，現住陽明山後港仔（士林區後港里）。

錦明珠現屬北管，館址設在館主家，學的人皆姓張，有空時，會天天到館主家來學，沒空時就較少練習，大部分是本庄人學，但外庄也有人來學。現在若有人來邀請，就會出陣，出陣的皆是本庄人，目前的人數可出一陣，要是人數不足就不出陣，但不算職業性質，舉凡「神明生」、「刈香」等「好歹事」都有出陣。

電話訪問時，張氏提及邱坤良教授及其學生戴小姐已訪問

過並錄影，便不好意思再度訪問。

—— 1990年4月3日訪問張清秀先生（53歲，成員），陳錦豐採
　訪記錄；1991年3月10日電話訪問張清秀先生，林美容採
　訪記錄。

張厝庄振興館（獅陣）

〈訪問巫春來先生部分〉

　　日治時期，本庄的人去小紅毛社（田尾鄉福田村）向陳松
（已逝世，人稱「阿松師」）學武術。終戰後，才由陳松來張
厝庄立館授徒。當初立館是因農業社會，想讓大家藉學武而團
結起來，庄頭要「鬧熱」也方便，而且練武對健康有幫助，所
以聘請「松師」來傳館。陳松以前在彰化港尾及大村美港、水
碓教過。此外，陳松之徒黃慣（已逝世）教過埔里一帶，後來
也到張厝庄振興館來教過。

　　本庄「鬧熱」主要是在二月，張厝庄和廣興村合祀泰安岩
的「觀音媽」，二月十八日或十九日會去參加「鬧熱」；至於
媽祖則是社頭鄉舊社的，本庄沒有媽祖廟。「彰化媽」到北港
「刈香」途中，以前都會進入張厝庄參拜，張厝庄也出半數的
錢，已持續十多年，雖然道路不寬，但神轎仍會進來張厝庄。

　　張厝庄振興館「刈香」出陣曾至鹿港、北港、高雄，十月
十八日還要到三重代天府，是應委員、爐主要求而去，因本庄
甥輩到臺北發展，所以板橋金門街的惠天宮「鬧熱」時，每年
都會邀請張厝庄振興館出陣，這僅需十至二十個人便可，不用
正式排場。若有需要時，本館也會和外庄同系統的武館合作，
如一九九○年去中正紀念館表演，是和社頭鄉舊社振興館合

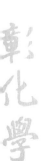

作，約有九十至一百人出陣。舊社振興館同樣在日治時期就有學武，直到終戰，才重新復館傳授，人數多而且人手較齊。

受訪者巫春來，昭和二年（1928）生，約十餘歲開始練武，當時剛戰後不久，學一陣子後，張厝庄的振興館也就停止活動了，直一九六〇至七〇年代，經濟好轉，「刈香」風氣盛行，武館才又繼續活動，但因年輕人要讀書、工作，無法全心投入，所以武館的發展仍然有限。

〈訪問張江漢先生部分〉

社頭鄉張厝社區的振興館是小紅毛社陳松所傳，嚴格說來，張厝庄內有兩館振興館，一是受訪者張江漢所立之館，從未出陣，張江漢認為自己練武就好，不願出陣；一是陳松來本庄立館，後來有出陣的振興館。

張江漢，大正五年（1916）生，約二十多歲開始習武，當時和幾個村人一同到小紅毛社（田尾鄉福田村）向陳松拜師學藝，共隨陳松習武十七年之久，三十多歲才回張厝庄立館授徒，十多年前，改在張厝一巷十號授徒，他有正式技術員的執照，教過十多個徒弟練拳，有的來自田中，有的來自員林，只要徒弟有空來，他就教，但不用「傢俬」，是以練空拳為主。三子張勝未也有學武，讀軍校畢業，已任少校，並學跆拳道。

振興館拜達摩祖師，本庄「鬧熱」時「拜天公」，在「公地」酬神、演平安戲。張氏說，張厝庄以前沒「迎媽祖」，幾年前才加入「彰化媽」。

—— 1991年10月16日訪問巫春來先生（64歲，成員），1991年10月16日訪問張江漢先生（76歲，拳頭師傅），李秀娥採訪記錄。

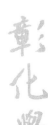

芋寮仔曲館（北管）

芋寮仔北管陣在日治時期就解散了，當時學過的人都已去世，如果他們還健在，也有八、九十歲以上了，因此，詳細的情形已無從查考。

—— 1994年12月7日訪問村民，羅慧茹採訪記錄。

芋寮仔泰安岩大鼓陣

泰安岩大鼓陣成立於一九八○年代，是為了廟會「鬧熱」及庄裡「好歹事」而組成，屬於私人組織，由學習的人出錢，雖然出陣時冠以庄廟的名字，但廟裡並不過問大鼓陣的事，也沒有資助。本陣常和獅陣一起出陣。

—— 1994年12月7日訪問廟祝，羅慧茹採訪記錄。

芋寮仔振興館（獅陣）

芋寮仔振興館成立於日治時期，到一九五一年左右才解散。芋寮仔振興館是請田尾鄉小紅毛社的陳松來教，傳授時間長達七、八年。陳松曾去過西螺和田尾，向很多師傅學過，他本身具備醫理、藥理和命理的知識，在社頭鄉張厝庄、湳仔等地教過。其子孫現今在社頭鄉芋寮仔開設接骨所。

芋寮仔振興館最盛時，每次出陣都有三、四十人，也有「獅鬼仔」。經費都由館主負擔，學的人免費，但需付「先生禮」，也沒有「公金」的制度。

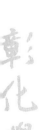

　　受訪者張定棟，現爲廣興村十二鄰鄰長，在他任振興館館主時，武館練習的地方就在他家旁的空地上。本館都是義務出陣，有時隨媽祖到彰化、鹿港等地「刈香」，或芋寮仔庄裡觀音菩薩「迄庄」時，本館都會出陣。

　　芋寮仔振興館常和鄰庄張厝庄來往，兩庄活動時，都會互派陣頭，但人手並不互摻，各組一陣。

── 1994年12月7日訪問張定棟（64歲，曾任館主），羅慧茹採訪記錄。

芋寮仔同義堂（獅陣）

　　芋寮仔現爲廣興村，有十三鄰，一千戶左右，六千多人，主要姓氏爲張姓，祖籍廣東潮州府饒平縣。村廟爲泰安岩，主祀觀音菩薩，一八二七年從中國請來供奉，廟宇爲竹造建築，到明治四十一年（1908）才重修，以磚、木、泥土來建造，目前依然保持原貌。祭祀日爲二月十九日、六月十九日及九月十九日。

　　芋寮仔同義堂成立於日治時期，庄中原有兩處分別學習同義堂而形成兩館獅陣的情形，因有意願學習者減少，而長者日漸凋零，逐將兩陣合爲一館。

　　當初，芋寮仔同義堂請來的師傅是永靖浮圳人，叫「魚仔」，另一館在日治時期是請社頭鄉新厝仔的「湖師」，他們也到陳厝厝，直接向「火師」、「六經師」學武，這幾位師傅現在都已經去世，如果還健在，也有一百多歲了，終戰之後，還請過橋頭的劉樹意及臺中縣烏日的江竹青來教，後者比較早去世，如果還健在，也有七、八十歲了。

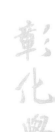

芋寮仔同義堂極盛時，出陣人數曾達五、六十人之多，包括小孩和女性，現在只有十一、二人而已。獅陣有「獅鬼仔」，和舊社同樣都是同義堂，拳式相似，但獅套及鼓介就不一樣，同館號但無法互摻人手。

受訪者張清炎曾任館主，終戰後，曾經在張厝庄、朝興等地教過，一館都有三、四十人。芋寮仔同義堂的經費是由庄人集資，免費學習，有「公金」作為館裡的開銷，無論隨媽祖「刈香」、觀音菩薩「遶庄」、入厝，都會出陣，以前的價錢是一人五百元左右，目前大約是一人一千元。芋寮仔同義堂練習的地方換過三處，都是在庄人家中。

芋寮仔同義堂經常和枋橋頭、永靖鄉、溪湖鎮及田尾鄉海豐崙的同義堂來往，因為他們是由相同的師傅所教，都是師兄弟，往來極為密切。芋寮仔同義堂在終戰後，一度曾與振興館在鹿港和其他的廟前「拚館」。

據張清炎說，臺灣武館的組成，最早是一位中國武師到臺灣來教武，由他傳下來的羅乾章等十八位徒弟再分成各館，有同義堂、振興館、勤習堂等，然後各館分別到四處教武，而形成武術分歧的現象。

—— 1994年12月7日訪問張清炎（57歲，曾任館主），羅慧茹採訪記錄。

芋寮仔勤習堂（獅陣）

芋寮仔勤習堂在日治時期就存在，是由一位從中國來的師傅到庄裡居住後組成，終戰後不久就解散了。

據幾位村民的說法，有的說芋寮仔勤習堂學的是太祖拳，

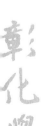

出過獅陣，有的則表示，他們學的是太極拳，沒練過獅陣。至於眞實的情況如何，因爲當初學的人很少，且多半已過世了，他們的子孫有的也遷至庄外，而無從查起。

—— 1994年12月7日訪問村民，羅慧茹採訪記錄。

丙爐庄同義堂（獅陣）

丙爐庄是枋橋頭七十二庄之一，祭祀上則跟舊社天門宮配合，沒有自己的庄廟，舊社天門宮的媽祖是「二媽」，據說因爲枋橋頭天門宮的媽祖非常靈驗，舊社的人硬是強捧了其中的「二媽」回來供奉，結果現在舊社的天門宮反倒最靈驗。丙爐庄在行政組織上屬張厝村，只有二鄰，約四、五十戶，二百餘人，主要姓氏爲蕭姓，來自福建泉州府。蕭姓在社頭鄉有兩個祖厝，分別爲書山和斗山，丙爐庄屬於斗山，所以受訪者蕭深淵的家中仍掛有斗山堂的匾額。

丙爐庄同義堂是在日治時期，由永靖鄉陳厝厝「阿火師」傳來，「阿火師」的師傅是南投名間鄉松柏坑的「阿乾師」。「阿火師」教的那些徒弟都已去世，若健在的話，現皆約八十、九十歲以上。日治後期，因太平洋戰爭爆發，武館被禁而解散。一九四五年終戰後，丙爐庄又立刻組織武館，請陳厝厝「阿火師」的兒子「六經師」及「阿火師」的徒弟「阿炭」（姓張）來教，二二八事件那陣子，武館又被禁，直到國術會成立後，武館才又恢復。

丙爐庄同義堂的堂主是蕭深淵的父親蕭三彬，及蕭樹林的父親蕭石柱，蕭三彬及蕭石柱去世之後，就由蕭深淵及蕭樹林接任。蕭深淵及蕭樹林在十餘歲時開始學武，當時庄裡十分

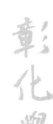

窮，規定一戶要出二人參加武館，每人一館繳二十元，作為給師傅的「館禮」，有人出不起，而且沒錢做「傢俬」，有時兩戶將自家的鐵器合起來鑄成一口兵器，所以他們武館的「傢俬」並不齊全。「六經師」較少來教，主要教師是「阿炭師」，在非農忙季節時，幾乎每晚都來，教了約一年半的時間，收割、播種等時節，武館的活動就會停止。

丙爐庄獅陣以前約有二、三十人學武，現在去世大半，只剩九個成員，出陣時就和永靖鄉浮圳、陳厝厝等同義堂一同出去，互調人手支援，大多是「刈香」或「迎媽祖」的時候出陣，庄裡出陣完全是義務性的，別庄的則看對方酬勞多寡，有時候只有一條菸，蕭樹林表示，並不是為了賺錢，而且酬金都充做獅陣的「公金」，並不分給成員。

同義堂從陳厝厝分出來，分布很廣，田尾睦宜村和義堂原來也是同義堂的系統，後來才改館號，同是師兄弟。田尾鄉很有名的陳松，本身是振興社的，卻也曾向「阿乾師」學過武藝。蕭深淵表示，同義堂的獅陣若到松柏坑「刈香」，都會去參拜「阿乾師」。

—— 1995年1月10日訪問蕭樹林先生（68歲，堂主之一）、蕭深淵先生（65歲，堂主之一），羅世明採訪記錄。

舊社和樂軒（北管）

〈訪問謝乃宗先生部分〉

舊社和樂軒在日治時期已經成立，據受訪者謝乃宗記憶所及，最早的「教曲先生」是「注先」（若健在，現已百餘歲，不清楚其師承），再由「王仔祥」接任，兩人都是庄內的前

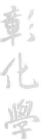

輩。

　　盧金長是第三任的「先生」，他是謝乃宗同母異父的兄長，曾先跟隨「王仔祥」學打通鼓。在十幾歲時，受到由鹽水港前來庄內表演的亂彈戲班吸引，加入戲班學戲，盧金長非常聰明，這段期間，他向花壇白沙坑的黃鳥以學曲，由於學習的速度很快，「鳥以先」將吹譜、曲譜拿出來，讓盧金長自行抄錄，以便盡快學習。他在劇團中，由打通鼓、打鑼鈔升任班鼓手（頭手鼓，必須熟知全劇各角色的唱、念、作、表），爾後又學會吹及弦仔，這些經歷使盧金長擁有「教曲先生」的功力。

　　和樂軒在盧金長教曲時，約有四十至六十位成員，在當時，軒內文、武場的實力已相當堅強，外地北管劇團到庄裡演出都會敬畏，因為和樂軒能夠接掌整個後場的演出，當時光是嗩吶手至少就有五人。已解散約二十年的和樂軒，現今只剩三支吹，全團約僅存十人左右。

　　全盛時期的和樂軒，在終戰之前曾演過好幾年戲，演過《斬華雲》、《破五關》、《臨潼關》（以上為大齣夜戲）及《斬瓜》等戲碼，要學會《臨潼關》一戲的唱、作，約需一個多月時間。謝乃宗雖長於後場，也學過《斬華雲》中「大花」陳友諒一角。由於「注先」、「王仔祥」不會「腳步」，所以是由盧金長指導動作。上台所用的戲服、道具，則是向鹿港「番仔田」（人名，新美園演員林阿春的公公）的戲班購得的。

　　每逢天門宮媽祖出巡、「刈香」及「逡庄」，或庄裡媽祖到鹿港「刈香」，以及軒內成員家中迎娶，和樂軒都會出陣「鬧熱」；至於外庄邀請出陣則要收費。有一次媽祖出巡，在員林火燒庄過夜，晚間排場的鑼鼓聲，甚至傳回到庄中。員

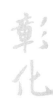

林、田中崁頂等地也曾來邀請出陣，更有一次，前往永靖替富人「鬧熱」時，和田中新庄的曲館「拚館」，讓對方相當膽怯，不敢出來排場。原先曲館規定不能為喪事出陣，但後來迫於經濟所需，部分和樂軒成員開始為喪事出陣。

日治時期，因為農村娛樂較少，且長輩認為學曲的子弟不會沾染惡習，所以相當鼓勵，當時是由村內召集十位有錢人擔任堂主，負責分攤「先生禮」等經費支出，參加的成員也要每人繳交一、二元的學費給「先生」，稱為「磧爐」、「吃茶禮」。當時，一館的「先生禮」約為十二至十四石的穀子。雖然並未規定女性不能參加，但是本館並沒有女性敢加入。

和樂軒曲館設在天門宮內，晚間成員聚集在此學曲、對曲，戲籠也放置在廟內，可惜因久未動用，衣物等皆遭老鼠毀壞。軒內奉祀西秦王爺為祖師，謝乃宗認為西秦王爺即是唐太宗李世民，他生性聰穎，開創北管作為娛樂。

以往每逢八月十五、媽祖誕辰要演戲時，庄裡都請北管戲班來演出，現在由於主事的爐主都是青年人，寧可花四萬元請一棚布袋戲，也不想請新美園來演一天北管戲，讓庄中的老人家重溫舊夢。

謝乃宗現為臺中新美園的班鼓手，在表兄「阿水」介紹下，加入草屯李木杞的亂彈班樂天社，在戲班解散後，才轉到新美園，從打鑼鈔漸升到頭手鼓。現在一般演戲，從早上八點開始，先演一齣戲到十點，休息到下午二點，開始扮仙到三點多，接著演日戲到五點休息。

子弟出身的謝乃宗並未嚐過學戲的艱辛，但他曾聽林阿春提及童年學戲的經驗，當時貧窮人家的子女無法上學，就送孩子去學戲，四、五年的契約才換得四百元，稱為「綁囝仔」，學了四個月之後，這些小演員就開始邊演戲賺錢、邊學新戲的

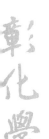

生活，如果在學習上稍有疏失，便會遭到責打。

〈訪問柳六斷先生部分〉

舊社以蕭姓最多，現仍占舊社一半以上的人口，其次爲柳、劉、謝三姓，受訪者柳六斷的祖籍爲福建漳州府詔安縣第五都探石下尾鄉，現仍有「公廳」設在舊社。

舊社原屬「枋橋頭媽」七十二庄的祭祀圈，後因清明時請神爭執（以前在清明節祭祀媽祖），所以七十二庄的組織逐漸鬆散。七十二庄原是在公權力不彰的環境下，民間藉著信仰自行組織的武力自衛團體。

庄廟天門宮現在只於「媽祖生」及「謝平安」（十一月）時演戲，以往舉凡媽祖、土地公、玄天上帝等「神明生」時，都會演戲。

現年七十八歲的柳六斷自二、三十歲時開始學曲，就他所知，和樂軒的「先生」最早是「注先」，其次是「王仔祥」，皆爲舊社人，而他跟繼任的庄人盧金長學的最久。其後，崙仔的蕭梧桐也曾在此教過，他僅幫大家複習而已，不過，「梧桐先」是一位很飽學的「先生」，若唱錯一句，他馬上知道，「梧桐先」教過沙鹿街仔、彰化、臺中以及田中新庄仔（新樂軒）、崁頂（集興軒）等地，聽說也教過社頭的曲館。

在終戰後，約受訪者三、四十歲時，和樂軒曾持續演了四、五年的戲，演出的戲目有《五台會》、《磨斧》、《天水關》、《蘇武牧羊》、《斬華雲》、《玉麒麟》、《臨潼關》等大戲；以前人多，扮仙也用《長春》、《卸甲》等「大仙」。因爲演戲的需要，所以請員林黃厝庄的「博盛」、「闊嘴英」夫婦來教唱腔和「腳步」，「闊嘴英」是相當有名的小旦，她身段動作教得很好，是「梧桐先」所不及的，而且她會

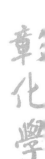

化妝工作，加上戲籠是和樂軒所有，因此，這些年來，曾經到溪湖、大村、田中及員林的王爺宮、土地公廟等處上棚演戲。

當時，和樂軒選出庄裡的富人擔任堂主，受訪者記得柳本為最早的堂主，蕭喜（曾任保正）、蕭耀宗、蕭萬建（日治時期為老師）、蕭根（曾任村長）等人，都曾任堂主，到了「博盛」來教的時候，有意願當堂主的人已經不多。

和樂軒的成員現有蕭松興（小旦，五十幾歲，現已中風）、謝乃宗（「聰仔」，七十九歲，鼓）、蕭清風（「老先」，七十六歲，銅器）、蕭文三（六十多歲，鑼鈔）以及崙仔的簡結（鑼鈔）等人。此外，還曾調過清水岩許厝寮清水村的蕭木生、蕭榜，兩人皆是弦吹手。

學「大花」、老生的柳六斷說，以前館員學習時，都只針對單一角色抄譜、學唱，無法念總綱，此次採集所得的曲簿《取五關》（「大花」）、《烏鴉探妹》（「小花」）也是此類型，柳氏留存的曲簿約三、四本，為盧金長、「博盛」所抄。十幾年前，許常惠教授曾帶領學生造訪和樂軒，當時曾由蕭根拉弦伴奏，柳六斷唱一段《五台會》的西皮供其採錄。

柳六斷曾招募清水國小的學生學習北管，並請江金樹教了一年，已能演奏，但可惜升上國中後，就中斷了。為此，後來倡議再學北管時，柳氏已意興闌珊。

柳六斷說，社頭以前有曲館，約與和樂軒同期，亦是「軒」，但不知其名，以前「迎媽祖」時，該館也曾到舊社一較高下，但已荒廢很久，在終戰後，曲館就消失了。廣興村張厝庄的「久庄」也有曲館，是蕭根去指導的，該館原來學南管，後來才改為北管。另外，蕭根也在觀音媽廟教芋寮仔的曲館。

舊社除了北管外，還曾有一團歌仔戲子弟班，蕭旺發曾參

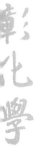

加過，該團曾上台演過戲，但很快就解散了。曲館練習時，蕭旺發常來參加，拉下手弦。

本庄在日治時期（1927～1929）曾連續三年有大型的庄民活動，第一年從稻子尚未收割的農曆十月底開始，持續一、二十天在晚上舉行迎藝閣的活動，起因是北勢主持「大鼓鬧」的陳清通和南勢作「齋公」的「朝慶」，因口角相爭，進而以互迎「鬧熱」示威。柳氏記得，請一閣藝閣要花四十元，都是能彈能唱的美麗表演者，當時盛況空前，據說有人還專程從臺北來觀賞。

第二年是連演數個月的歌仔戲，由一劇團免費演出。第三年是舉庄熱中於「觀乩」，這股熱潮也曾持續數月之久，在庄裡的「公地」上，每天都有人去「扶四輦」、「觀乩」，當時十來歲的柳六斷，每天傍晚就要去幫忙抬飯、打鑼等，因為整個村莊的人都投入這項活動，甚至還因此妨礙收成。

—— 1994年12月2日訪問謝乃宗先生（80歲、成員）、柳六斷先生（78歲，成員），林美容、羅世明、方美玲採訪，方美玲整理記錄。

舊社同義堂（獅陣）

舊社總共有兩館武館，都是私設，但若庄裡公事出陣，都可以使用。一館是振興社，一館是同義堂，目前都還存在。舊社同義堂是由本庄南勢人蕭子明開始教的，蕭子明若健在，現約百餘歲，他少年時期是流氓，三十歲以後才改過向善並結婚，蕭子明是拜「阿乾師」（羅乾章）學武的，「阿乾師」在清領時期跟著「吳大人」來臺灣，「吳大人」返回中國時，

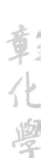

「阿乾師」沒有跟回去，在南投松柏坑設立同義堂，是同義堂的源頭。日治時期，蕭子明回到舊社教武。受訪者石賢維十四歲時開始學武藝，當時蕭子明已經教了好幾代的徒弟，蕭子明還曾到本鄉石頭公、清水岩、田中鎮崁頂教過，那些地方的徒弟至少在七十歲以上，石頭公的同義堂甚至已經找不到人了。

舊社同義堂的堂主歷經多人，都是石賢維的師叔，其中較重要的有劉英國等人，皆已去世，石賢維是在師叔輩都已去世或八、九十歲時接館主，大概在終戰初年那段時間。石賢維在二十八歲開始教武，由於蕭子明教武沒有收「館禮」，所以石賢維也不收「館禮」。那時，武館人數很多，視場面決定調多少人，沒有人數不足的顧慮。一般重要的慶典約四十餘人；較不重要的出陣，二、三十人就已足夠，目前武館成員剩約二、三十人，有些外出的，若打電話通知，還會回來出陣。另外，

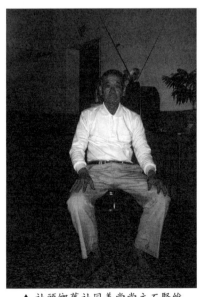

▲ 社頭鄉舊社同義堂堂主石賢維
（林美容提供）。

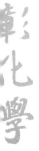

去年石賢維在社頭國中教了一年級的學生，由農會提供經費，他教了兩館，只教鑼鼓和獅套，這些人加起來，大概有四、五十人。庄裡出陣完全是義務性的，庄外則隨便對方意願支付酬金，而且，酬勞收入也納入「公金」，並不分給成員。每年農曆二、三月份，平均會有一個月的時間都在外面，因為媽祖、玄天上帝的聖誕都在這段時間，出陣較頻繁。

舊社兩館武館以前「拚館」的情況十分激烈，石賢維接館主之後，就不再有「拚館」的風氣。石賢維表示，到了他這一輩，社會較開放，人的想法也比較開明，兩館遇到廟會表演，只要喊一聲休息，就互相配合、一起休息。而且不同館號的成員彼此互交朋友，平常在一起吃飯、喝酒，一「拚館」就互不相讓，也說不過去，所以早期的對立風氣也就終結了。

蕭子明也教些接骨、藥理的處方，傷科、骨科、小兒科的類別都有，但並未傳下銅人簿，而是每教一帖，他們便抄一張。石賢維曾申請過國術會的執照，但因規費太貴，也不是以此賺錢，且自己免費教人，所以又把牌照註銷。

同義堂奉祀九天玄女及五顯大帝兩位，未拜達摩祖師，這是因為達摩是印度人，而上述兩位則不是。五顯大帝原稱華光大帝，後來才改稱五顯大帝。

舊社同義堂在石賢維之後，可望傳承下去，他有位徒弟蕭國武，現年五十三歲，十八歲時，跟著石賢維學武直到當兵，約學了三年，石賢維將所有功夫都傳給他。蕭國武現居板橋，每年都會回來探望石賢維，他在板橋開設接骨所，並在當地的國中教舞獅。

—— 1995年6月11日訪問石賢維先生（63歲，堂主），羅世明採訪記錄。

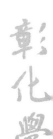

舊社振興社（獅陣）

〈訪問蕭旺發先生部分〉

　　舊社的範圍很廣，包含舊社、廣福、松竹、東興四村，主要姓氏為蕭姓，庄廟天門宮，主祀媽祖，以前要去鹿港「刈香」，但自從從中國迎回「湄州二媽」（粉面）之後，就改赴湄州「刈香」而不到鹿港。庄廟每年「冬尾戲」時，都有盛大祭祀活動，獅陣在那時候也會出陣。

　　舊社振興社是由一位中國武師傳來的，再傳至舊社人「楚仔傑」（姓蕭），稱為「傑師」，「傑師」的武藝只傳蕭旺發一人，當時「傑師」五十餘歲，蕭旺發只有十三、四歲，只要「傑師」將要點說破，他就學得起來，於是「傑師」帶他到社頭鄉各地教武，由蕭旺發教，「傑師」在旁指點，但「館禮」都交給「傑師」，「傑師」享年七十餘歲，蕭旺發則繼續教到七十多歲，湳仔、埤斗、芊寮都是他教的。蕭旺發自己從未收費，以前收錢都交給師傅，師傅去世後，學費則分給「師仔」，自己只收取香菸而已。蕭旺發教三角馬的太祖拳，他的三個兒子都有學武，長子蕭協春目前擔任西醫，次子蕭仁鶴在桃園賣土虱，三子蕭龍惠站的馬步較好，目前經營印染工廠，到印尼設廠。庄裡的蕭臭扶是蕭旺發的「頭叫師仔」，目前也有七十幾歲了。

　　過去蕭旺發教武的時候，舊社振興社有四、五十人，拳路和「傢俬」的套頭都有，「獅鬼仔」也有，但現在有時會找不到人手。「傢俬」和獅頭都放在蕭臭扶家中，振興社用「青頭獅」，蕭旺發自己會糊獅頭，曾經造模做獅頭。蕭旺發表示，同義堂的獅是「虎獅」，比較不好看，舞獅要有「野」的感覺，「虎獅」比較表現不出這種神情。獅陣出陣並沒有特別的

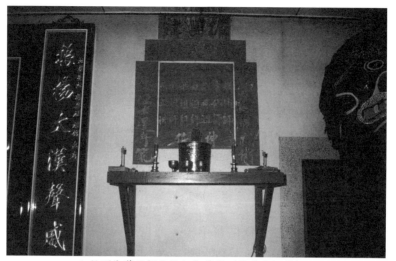

▲ 社頭鄉舊社振興社祖師神位（林美容提供）。

限制，像入厝或廟裡需要，皆會出陣，但獅陣的經費和廟方無關，都是用出陣賺的錢維持開銷。舊社振興社以前都和庄裡的同義堂及附近的勤習堂「拚館」，但彼此不會有心結。

　　蕭旺發目前在家中開設春安國術館，對於草藥的藥理無師自通，十多歲時就上山（苦苓坑）採藥，自己研究，就連去年車禍導致背部骨頭受傷，也是自己包紮用藥，現在身體還是十分健康。

—— 1994年12月2日訪問蕭旺發先生（85歲，師傅），林美容、方美玲、羅世明採訪，羅世明整理記錄。

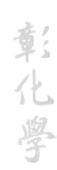

附：蕭協春撰〈舊社振興社之簡介源流〉

　　舊社振興社武館，創建至今已逾二百年，其源流來自九蓮山少林寺，清乾隆三十二年（1767）八月間，清廷採高壓統治，以漢制漢，重金收買武林中人聯合官兵，破滅福建少林所在九蓮山、火燒少林寺，少林寺掌門人法空禪師及達摩院首座至善禪師，迫於時勢，下令各院弟子逃命，以期日後反清復明。時有少林俗家弟子蔡秋風，從中國渡海來臺，亡命至舊社續傳武藝。

　　蔡秋風係少林末代俗家弟子，方世玉、洪熙官為其師叔伯，與西螺「阿善師」是同門師兄弟。「秋風師」創館於舊社，立名為振興，是盼日後能重振國威，驅除清廷。日後繼有彰化、田中、花壇、鹿港等地皆來舊社學藝，回鄉立館。

　　舊社人蕭傑（俗名「楚仔傑」），性好武學，曾拜蔡秋風為師，精通武藝，鑽研醫道。既成，乃廣收徒弟，其中較有成就者，當數蕭旺發、蕭獻、蕭清東、蕭臭扶、蕭海國、蕭坤造等。

　　蕭傑享年七十餘歲，此後便由蕭旺發、蕭坤造繼任館主，接掌館務，留有少林十八銅人簿手抄本一冊，時有湳雅「鄭仔柱」、埤頭蕭金鷹至舊社學藝，後再回村開設振興社武館。蕭旺發育有三子，皆習武術，長子蕭協春承襲家業，開創春安接骨所，後因蕭旺發年歲漸高，館務續由蕭協春、蕭榮育、蕭臭扶（現任館主）、柳水哲、曾成郎等人接手管理，次子蕭仁鶴目前在桃園賣土虱湯，么子蕭能惠現開設宏國印刷工廠。

　　舊社振興社武館遇有地方迎神廟會，皆出陣舞獅。一九九〇年二月十日更應鹿港天后宮邀請，響應第一屆臺北燈會嘉年華，至臺北中正紀念堂表演瑞獅呈祥，並由交通部長張建邦鼎

力配合，圓滿結束。

鼎盛時期，曾有和美蘇金龍、清水陳火獅至舊社祖館學藝，回鄉立館。最近二、三年，因其武館青年相繼服役，武館業務趨於中平。

本館武藝皆源少林，奉祀祖師六位，計有觀音佛祖、達摩祖師、猴拳創始人白猴祖師、大鷹爪拳之創始人金鷹祖師、傳成祖師及太祖拳之創始人鍊城祖師。講究四兩撥千金，借力使力，以守爲攻。

—— 1995年2月蕭協春先生（春安接骨所技術員）撰稿，編者潤飾修改。

崙仔雅樂軒（北管）

崙仔庄包含仁雅村、崙雅村、美雅村及里仁村，整個村庄的活動以崙雅村爲中心。崙雅村有十鄰，二百五十多戶，一千多人，主要姓氏爲蕭姓，祖籍福建省漳州府南靖縣，家廟是社頭鄉坿斗村的斗山祠，與社頭鄉里仁村、田中崁頂的書山祠，是從位於茄苳樹公右邊的蕭氏家祠芳遠堂分出。村廟天門宮，主祀媽祖，祭祀日爲三月二十三日，這尊媽祖是從社頭鄉枋橋頭「分靈」而來，不過，目前被供奉在枋橋頭的媽祖，原本是崙仔人在清領時期由中國請來的，因爲那時崙仔庄沒有「公廟」，無法供奉這麼大尊的媽祖，大尊的媽祖像並不是一般木刻的神像，祂的手腳都能夠柔軟地擺動（即「軟身媽祖」）。

崙仔雅樂軒已有八十年以上的歷史，四十多年前，他們從北管排場改成上棚演出子弟戲，二十多年前，又由子弟變成老人會國樂團，直到五、六年前，成員僅剩一、二位，無法成陣

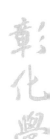

　　六十年前，雅樂軒從鹿港請黃世清來教北管，終戰前，他在雅樂軒教北管，教了三年多，終戰後又教了四年，這時才教子弟戲上棚演出，當時極爲轟動，曾到過田中鎮乾德宮、彰化南瑤宮及鹿港天后宮「上棚」，大半是在「媽祖生」的廟會表演。黃世清已去世，若健在，約有一百多歲。他的兒子黃種煦（現居鹿港，人稱「阿富」）現在鹿港老人會，好像也曾做過「曲館先生」。

　　鹿港以前是臺灣到中國往來的重要三大港口之一，發展最活躍、人才輩出，也有中國籍的「先生」來鹿港傳授北管，黃世清就是在那樣的環境下學習北管，他曾到中國學過北管。黃世清的北管教得很好，很出名，像田中鎮新庄仔「謝阿囡」和田中街仔的「友諒仔」都知道他，不過，田中新庄仔並非黃世清本人親自任教，而是由「先生」的大弟子去教，他則到田中街仔教平劇，「友諒仔」當時演《孔明借東風》這齣戲，扮演孔明，非常成功。

　　雅樂軒的北管部分是請黃世清來教，而「腳步」則請豐原的「先生」來教，後者只教四個月，時間不長，但「先生」的名字已記不得了。

　　四十多年前，雅樂軒子弟戲在彰化縣享有盛名，這些演出者目前都已是七、八十歲的人，當時只有二、三十歲，尤其經常上演的《黃鶴樓》，其中的角色，像周瑜、趙子龍等英雄人物俊俏挺拔的模樣，真讓人如癡如醉，甚至有位男扮女裝的旦角，因爲扮相過於美麗，令許多追求者慕名而來，後來才發覺原來是男性扮演。

　　那些扮演周瑜、趙子龍的演員都還健在，只是歲月不饒人，轉眼間已是七、八十歲的人了。還有一位叫蕭根的成員，

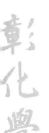

現年八十一歲，健康狀況相當差，他在雅樂軒學北管後，也曾到外庄教學，像社頭鄉張厝庄、枋橋頭、新厝仔、員林鎮及田中鎮等地，其中以張厝庄最成功，直到現在，張厝庄依然有北管出陣表演。

雅樂軒所需的經費都是向庄人募來的，在終戰前後，是募米作為「先生禮」。蕭再安說，那時他才二十幾歲，就跟著「先生」拿擔子在庄裡挨家挨戶請庄人捐米，想學習的人就不必為學費煩惱。他們每逢年節，都會送禮給「先生」，彼此的關係維持得很好。

子弟戲上棚演出要穿著戲服，每件戲服都是用手工做的，租一團的戲服要三、四百元，他們都以募款來支付。他們上棚演出有時只有三、五元的酬金，但以當時的價值來看，算是很值錢了。

日治時期，雅樂軒練習的場所在「集會所」，也就是目前天門宮的所在地，終戰後，也在同一地點練習。目前崙仔天門宮正在重建，日治時期，當地原本是「集會所」，到一九五○年代才拆掉，留下一片空地，足以建廟。

雅樂軒在四十多年前盛極一時，成員多達五、六十人，當中有十二、三人能歕吹，都很厲害，鑼鼓也有幾十人，但他們都已去世。以往雅樂軒出陣都是義務性質，包括喜事、廟會「鬧熱」或到鹿港「刈香」等。

雅樂軒除了庄裡的活動外，也曾到社頭鄉舊社、枋橋頭、張厝庄幫忙，同樣地，這些村庄的北管也會過來「鬥腳手」。

四十年前左右，「拚館」的風氣極盛，都是「軒園咬」的情形，以沙鹿、彰化、員林等地最多，雅樂軒會去參加。在員林公園「拚館」時，員林地區家家戶戶都會準備豐盛的食物，供應給所支持的「軒」派或「園」派曲館，壁壘分明，競爭十

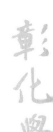

分激烈。

—— 1994年11月24日訪問蕭再安先生（75歲，曾任館主），羅
慧茹採訪記錄。

崙仔庄尾同義堂（獅陣）

崙仔庄尾屬里仁村，有六鄰，七十多戶，五百多人，與里
仁村的邱厝、魚寮，被員集路隔開，居民主要姓氏為蕭姓，祖
籍福建省漳州府南靖縣，與崁頂蕭姓同宗，祖廟同為書山祠。
村廟為崙仔天門宮，主祀媽祖，祭祀日為三月二十三日。

崙仔庄尾同義堂成立於日治時期，約在明治年間（1895～
1911），由劉萬壽開館，傳給蕭松，終戰後才解散。劉萬壽已
去世，若健在，約有一百二十多歲，而蕭松也有一百多歲。

最早請來的師傅是社頭鄉湳底的謝興，亦已去世，若
健在，約有一百四十多歲。其後，都由謝興的徒弟，即本庄
的蕭喚、胡條、蕭泉負責教武，蕭喚年紀最長，若健在，有
一百一十多歲，另外兩位也有一百歲上下。

崙仔庄尾同義堂是由永靖陳厝厝這一支傳來，與社頭鄉湳
底師出同門，社頭鄉的同義堂來源較單純，都是由永靖陳厝厝
循線傳來，不摻雜其他地方的同義堂。

師傅蕭喚曾到崁頂去教，館主蕭松擅長舞獅頭和打獅鼓，
同義堂一陣約二十多人，有「獅鬼仔」，出學員出錢，但沒有
「公金」。本庄「刈香」時，完全義務出陣，其他的活動則不
參加，他們在廟前或庄人家裡練習，也曾和舊社振興社「拚
館」。

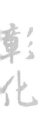

—— 1994年12月16日訪問魏登甲先生（78歲，成員），羅慧茹採訪記錄。

魚寮武館

魚寮屬里仁村，有二鄰，五十戶，七百多人，主要姓氏為賴姓，祖籍福建省漳州府平和縣。村廟進興宮，與邱厝共祀，主祀周府王爺，一九九一年重建，祭祀日為三月三日、十月二十日。

魚寮武館在清領時代就有，代代相傳習武，沒立館名，拳式是太祖拳，在受訪者賴松標父親那一輩，功夫都不錯。不過，到了賴松標這一輩，功夫就差多了，現在已經不再傳承。

賴松標說，他的祖先賴富二十多歲未學武之前，力氣就很大，有一天，看到有人從山上擔下建屋的柴枝，賴富故意用力捏一捏，然後向對方說，這些建材太差了，怎麼可以蓋房子。結果，對方用腳踩碎那些柴枝。賴富一看，馬上明白自己遇到高手，遂拜對方為師，學會之後，再到中國學武。賴富還曾經把手掌按在桌上，五指痕跡深陷桌面。賴松標說，小時候親眼看過那張桌子，但那張桌子曾經浸過水，現在已經腐朽了。有一回，一名中國武師來試功夫，指名找賴富，當時他正在放牛，就用兩手把一棵龍眼樹的樹皮抓下，用手烘乾，拿來燒開水煮茶，招待那位武師，中國武師見狀，清楚賴富功力之深，甘拜下風，避免一場爭鬥。賴富曾數次被要求試功夫，最後那次他才輕碰對方，就把對方弄傷了，不久，對方因此死了。所以，他從此不再收徒，也不願再接受試功夫，以免再傷害別人。

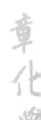

—— 1994年11月24日訪問賴松標先生（60歲，村廟進興宮管理
委員會主任委員），羅慧茹採訪記錄。

邱厝北管

邱厝在日治時期就有北管，當時學過的人早就去世，如果
他們還健在，都有一百多歲。因此，詳細的情形無法查考。不
過，據田中鎮平和里所採訪的資料，可知陳金龍曾至邱厝教北
管。

—— 1994年11月24日訪問邱厝村民，羅慧茹採訪記錄。

邱厝武耀館（獅陣）

邱厝屬里仁村，有五鄰，一百五十戶，三百人，主要姓氏
為賴姓，但邱姓最早定居在此，村民祖籍福建漳州府平和縣。
村廟進興宮，主祀周府王爺，是三國時的周倉，在三百五十年
前，從中國「分靈」而來，原來是間竹造的小廟，名為萬和
宮，一九四八年改為磚造，一九六五年後，再從南投松柏坑
「分靈」玄天上帝，依舊以周府王爺為主神，到一九九一年重
建，改名進興宮，以三月三日玄天上帝聖誕及十月二十日周王
爺聖誕為祭祀日。

據進興宮的碑誌記載，周王爺很靈驗，經常幫助村民打擊
犯罪，曾把一些私吞廟裡財物的人捉出來，在村民面前俯首認
罪，也曾在里仁村魚寮顯靈，嚇退土匪。有一回，廟裡用三千
斤木炭燒成赤紅炭火，舖在地上，讓村民赤腳「過火」，無人
灼傷，褲子也沒有燒焦，有照片為證，村民都感到周王爺的神

力不可思議。

邱厝武耀館在日治時期還沒組織起來，只有想學的人聚在一起練，直到終戰後，約一九四八至四九年左右，才組織武館。

武耀館所習的是白鶴拳和太祖拳的混合拳。終戰後，他們從雲林縣斗六古坑請「胡師」來教，當時「胡師」已經七、八十歲，一館教四個月，一共教了三年，之後，再由他的弟子本庄人賴淵源、「邱仔謙」兩位師傅繼續傳武，現在賴淵源還到外地（如田尾新厝庄）等處教武。

武耀館最盛時，人數曾達到五、六十人，一次出陣也有五、六十人，後來學的人較少，也有一、二十人，目前「傢俬」都還放在賴淵源家中。武耀館也有「獅鬼仔」。

武耀館的經費都是私人出資，沒有「公金」，練習的場所在廟前，他們都義務出陣，到南投松柏坑「刈香」，也會到北斗、溪州石塔仔等奉祀周王爺的廟「會香」，受訪者賴松標說，從中國來的三尊周王爺，分別在這三處。

武耀館和田尾鄉新厝庄武館在廟會時，會互調人手，武耀館與臺北廖伍常的武館是同拳種的，獅頭是嘴會開合的那種。

—— 1994年11月24日訪問賴松標先生（60歲，進興宮管理委員會主任委員），羅慧茹採訪記錄。

崎仔腳日樂軒（北管）

協和村包括協和社區與崎腳社區，舊名崎仔腳。協和村的曲館日樂軒成立於日治時期，約昭和五年至六年（1930～1931），最初是由龍井村的「洪尤先」來本庄教，終戰後，其

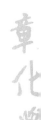

徒蕭振梧（社頭仁和村人，已逝）來本庄教了好幾館，蕭振梧也教過員林萬年、社頭仁和村石頭公一帶。

日樂軒開館時，約有二十多人，劉後進、劉庚申、劉潭、劉鐵棰等，皆為蕭振梧的徒弟。其中，劉庚申學得最好，但已逝世；劉後進（肖馬）擅弦、吹，也已去世十幾年，若健在，則有八十六歲。本館原本有留存曲簿和弦樂器，可惜在八七水災時，房子倒塌，曲簿、樂器皆毀壞。田腳的劉潭曾熱心提供練習聚會場所，但終戰後只維持五、六年便解散了，館地也被劉家收回並賣給永通。受訪者劉鐵棰現年八十一歲（1911年生），約十七歲開始學曲，日治晚期，劉鐵棰被徵召加入海軍陸戰隊，當時日樂軒的朋友還為他演奏送行。退伍後，因要維持家計，就沒繼續參加。

日樂軒以前奉祀西秦王爺（又稱「麻面爺」）為祖師，傳說祭拜祖師之後，唱曲就不會害羞了。

本庄「迎鬧熱」是在三月二十三日前後「迎媽祖」，協和村以前屬武東堡的範圍，武東堡「老二媽」寄祀在社頭鄉枋橋頭的天門宮，所以本庄每年三月二十三日之前幾日或當日，會參加天門宮到鹿港天后宮的「刈香」，下午出發到鹿港「刈香」，隔天再返回本庄並「逡庄」。鹿港天后宮有最古老的媽祖，身高不到一尺四吋，是由中國迎來的古神像，鹿港以前是帆船港，所以媽祖宮香火鼎盛，北港的媽祖宮以前還得到鹿港天后宮「刈香」，是後來才改掉的。

── 1991年10月16日訪問劉鐵棰先生（81歲，成員），李秀娥採訪記錄。

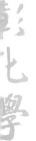

崎仔腳振興館（獅陣）

受訪者劉鈕燈之父劉水木（偏名「劉松」），與田尾鄉福田村陳松是結拜兄弟，二人在日治時期相約到西螺向澎湖人「龜師」學武，因而與「阿善師」成為師兄弟。終戰後，劉松擔任社頭鄉協和村的自治會長，頗孚人望，他號召村人組織文、武館，文館即是曲館日樂軒，武館則是振興館，當時村人約有一百多人參加武館，並由陳松和劉松兩位師兄弟一起教，皆被稱為「阿松師」。

劉松約五十多歲去世，若健在，已九十一歲。劉松去世後，協和村振興館仍由陳松繼續教，劉鈕燈的功夫主要是陳松教的，陳松享壽九十歲，若健在，則有一百零三歲。「陳松師」在小紅毛社傳振興館，屬田尾鄉福田村，現由次子陳紹輝負責。陳松長子陳紹坤原在社頭鄉張厝庄開設接骨院，後來遷居埔里，改由陳松之孫陳炳欽接掌接骨院，至於三子陳紹卿，則在臺北開設中醫院。

劉鈕燈現年六十四歲，約十多歲開始練武，除師承小紅毛社陳松外，亦曾拜入南投集英館的「海鰲師」及「定石師」（屬南投同義堂）門下，另向溪湖人黃禮（「禮師」，沒傳館號）學武。劉鈕燈認為時代改變，因怕年輕人血氣方剛，容易招惹麻煩，只願孩子認真讀書求上進就好。

振興館傳統奉祀五祖，即達摩祖師（創太祖拳、硬拳）、白鶴仙師（創軟拳）、觀音佛祖（創硬拳）、九天玄女（創姑娘拳）與齊天大聖（創猴拳）。

協和村的振興館從未被外庄邀請出陣，以前主要是本庄「刈香」才會出陣，而本庄「迎媽祖」是在三月二十三日左右，社頭鄉枋橋頭天門宮「老二媽」會到鹿港天后宮「刈

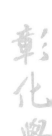

香」，隔天返回「逡庄」。近幾年，武館活動較少，若有需要出陣，目前仍有二十至三十人可調動。

劉鈕燈除了習武外，也隨陳松學接骨術，他本著善心免費為人接骨，四十年如一日，在一九八九年被臺灣省國術會選為好人好事代表。此外，他會寫書法，曾至日本參賽，獲得許多獎狀與金牌。平常也剪紙、養蘭花與盆栽，可謂文武全才。

── 1991年10月16日訪問劉鈕燈先生（64歲，成員），李秀娥採訪記錄。

湳仔□□軒（北管）

湳仔的北管最早在日治時期即已存在，後來才從舊社請謝姓師傅（人稱「乞食」）來教，目前曲館已解散了。

── 1995年1月21日訪問蕭火串先生（年齡不詳，成員），羅世明採訪記錄。

湳仔振興社（獅陣）

湳仔之名，是因為這一帶的田地會湧出泉水，土地浮在水上，牛一踩下，會陷入土中，爬不起來之故。因此，本地犁田都用人工，不能以牛耕種，後來附近建造排水設施之後，這種現象才消失。湳仔現在包含湳雅村、龍井村以及平和村，共五鄰，主要姓氏為蕭姓和劉姓，廟會活動「媽祖生」時，庄裡獅陣都會跟著出陣。

湳仔為枋橋頭七十二庄之一，並屬於其中的武東堡，和

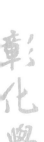

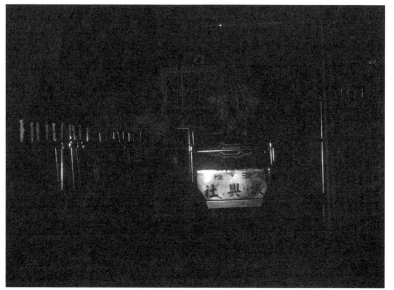

▲ 社頭鄉湳仔振興社（林美容提供）。

永靖的武西堡有別。早年農村貧窮，庄中沒有錢建廟，於是由枋橋頭七十二庄合資，在社頭鄉枋橋頭蓋了天門宮媽祖廟，武東堡在廟裡有一尊屬於自己的「二媽」，平時供奉在天門宮，每年三月「媽祖生」，會擇期請回武東堡「遶庄」。武東堡的範圍極廣，包括現在南投赤水十二戶、員林埔心半村（後被排除在外）、林厝里半村、社頭鄉協和、湳雅、龍井、平和、泰安、仁和等村，武東堡在日治時期維持每三十年到鹿港「刈香」一次的慣例，有許多人抱怨一生「刈香」碰不到三次，間隔太久，遂改制為從此次「刈香」到下次「刈香」結束，共十二年時間。上回去「刈香」時，第一年約五萬人去，第二年七萬多人，第三年人數更多，每年都在歲末的十二月二十九日出發，大年初一回來。

　　不過，目前七十二庄的情況已經改變，舊社較富裕，就

將他們的媽祖請回，並從枋橋頭天門宮獨立，設廟爭取領導地位，還曾發生彰化媽祖從北港回彰化途中，經過社頭，舊社搶先去接頭香的事件，彰化媽祖廟以不符倫理爲由，堅持必須由枋橋頭來接而拒絕，因而發生爭執。但是，目前社頭鄉朝興、清水、丙爐庄，都已改爲跟隨舊社天門宮活動。

　　起初，西螺蔡秋風及廖儻到舊社教「楚仔傑」（蕭傑），「楚仔傑」再到湳仔教武，「楚仔傑」的「頭叫師仔」爲蕭獻，蕭獻再傳鄭成杜、謝萬松等人。振興社的歷史約有八十年，目前尚有一本蕭城魁在昭和二年（1927）抄的銅人簿。湳仔振興社最早的館主是過溝仔的蕭義謙，若健在，約百餘歲。日治後期，武館被禁，館裡的「傢俬」都被收走，但蕭義謙是地方有力人士，日治時期擔任保正，故在終戰後，又將「傢俬」拿回來。蕭義謙之後，館主換成鄭景盛擔任（若健在，近

▼ 社頭鄉湳仔振興社雙鐧（林美容提供）。

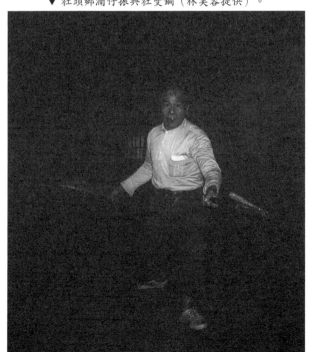

百歲），之後再換鄭成松（若健在，現年八十歲），現在是其子鄭傳永擔任館主。

　　湳仔振興社請「楚仔傑」來教時，備有「館禮」，參加的人一個月得交二斗米，日治中期，最好的米一斗要四元八角，當時的工錢三天三元，師傅教完後，村人代代相傳，就不必再收「館禮」。終戰初期，有百餘人以上參加，後來有人放棄，而逐漸衰微，但目前仍有許多人，若要出三十餘人的陣頭，庄裡自行調度人手，就可出陣。一九九〇年觀光節慶祝活動，新聞局委託鹿港天后宮辦理民俗表演活動，天后宮從平時來「刈香」的團體選出本館，他們和舊社振興社合起來，總共一百人，在臺北中正紀念堂廣場演出，去年臺北縣土城設市改制慶祝活動，也出了六十人。目前湳仔獅陣是看時間長短、路程遠近，以及有無排場，決定出陣的費用高低，至於庄內，則隨對

▼ 社頭鄉湳仔振興社合照（半數成員）（林美容提供）。

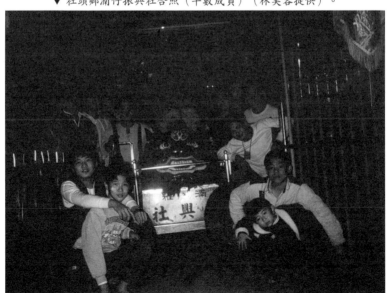

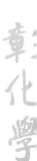

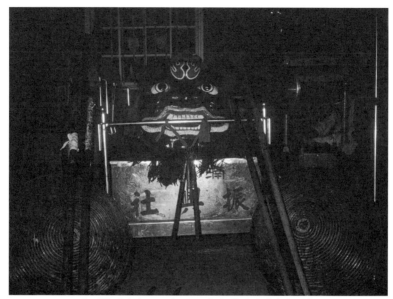

▲ 社頭鄉湳仔振興社鑼鼓及老成員（林美容提供）。

方支付酬金。

　　湳仔武館仍有多本銅人簿留存，庄裡也流傳早期少林寺武師為了逃難，有的改名換姓、有的到戲班、有的教拳頭，一些逃來臺灣的，才以教拳頭為生。據此傳說，振興社的源頭是福建九蓮山少林寺，因受迫害，弟子逃亡各地。鄭傳永表示，其父鄭成柱曾到過西螺，當地人說蔡秋風是「阿善師」的第五代徒弟。振興社祭拜的祖師有白猴仙師、金鷹仙師、達摩祖師、觀音佛祖、煉城祖師、傳城祖師。另外，銅人簿上的藥方，都是師傅寫給他們的，但鄭傳永表示，師傅教藥理未必會全部都教，一帖藥十味只寫八味，藏了二味最重要的藥引，師傅常會將藥引放在偏方，若沒有點破，就無法連貫，即使有銅人簿，也不見得看得懂。

　　湳仔振興社獅陣對於武館傳統的規定仍十分堅持，一般只

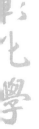

為入厝和「刈香」出陣，喪事則只有武館師傅才會送殯，而且只送到山下，獅陣為喪事出陣時，獅頭要蒙上白布，送殯回來之後，獅頭要收起來一年，才可使用。而且本館「踏八卦」和一般武館不同，踏的同時，要寫「天王太極」四字，別館通常只寫「太極」二字。

本館成員劉允中現年六十四歲，很會糊獅頭，先以土模塑形，再用七層紙糊，並加上一層紗。外庄也有人向他購買，一顆價值六千元。鄭傳永表示，振興社的獅頭有個火焰標誌，那是因為過去都出「青面獅」，沒有「見紅」（流血）不能回來，前輩為了避免殺戮太重，才以火焰代替「見紅」的血跡。武館內尚存許多舊「傢俬」，有山豬皮製的藤牌、牌帶、叉、鉤鐮、鐵耙等兵器。

—— 1995年1月13日訪問鄭傳永先生（39歲，館主）、劉允中先生（64歲，成員），羅世明採訪記錄。

石頭公同樂軒（北管）

石頭公因泰安宮奉祀的石頭公而得名，共二十五鄰，包含仁和村十鄰、泰安村十鄰、平和村五鄰（另五鄰屬湳仔）。泰安宮現存的香爐刻有同治十二年（1873）的字樣，是目前泰安宮最早的文物，每年十一月二十四日演「平安戲」時，庄裡都會宴客，各陣頭出陣、演戲，十分熱鬧。

石頭公在清領時期就已有曲館存在，最早是從本鄉舊社請來的「貓仔鬚」（若健在，約有一百六、七十歲），接下來是舊社的「注先」，再來就是本庄的「洪尤」（若健在，約一百一、二十歲），「洪尤」再傳蕭振梧（若健在，約九十五

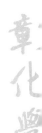

歲），蕭振梧就是受訪者呂木柱的師傅。這裡北管的源頭和舊社、田中崁頂、帝爺廟曲館都是同一師傅教的，而且社頭村為中心，以東稱為「武東」，盛行北管，以西稱「武西」（枋橋頭、張厝一帶），盛行南管，所以整個社頭鄉曲風相當盛。

石頭公同樂軒在日治時期曾上棚演戲，「腳步」是另請戲班的人來教，北管子弟戲的「腳步」動作一板一眼，有時候，戲班的人也不見得相當清楚，但扮仙的「腳步」則為各地通用。日治時期，本館已備妥戲服，在呂木柱年輕時，曾隨著神明出巡，前往永靖溪畔、溪州下壩、田中帝爺廟等地「拚館」，戰後，曲館的戲服已賣掉，不再上棚演出。

曲館的館主並不固定，大多是由庄裡負責公事的一些人擔任，「先生」沒有收「館禮」，茶水、點心也是由大家出資，所以庄裡的出陣都是義務性質。同樂軒新路、舊路的曲兼學，但「外江」沒有學，因為「外江」的曲無法摻在一起學，口白也不同。庄裡原來還保存著開館時奉祀的西秦王爺，奉祀在泰安宮，但去年被偷走，又雕了一尊新的神像。

呂木柱從二十歲開始學北管，主要擔任吹手，鼓也會，弦樂器則較不熟練，也能唱各種角色的曲。他自己抄的曲簿有六、七本，而且保存完整，呂氏表示自己學北管的時間很長，主因是以前他家不大，日治到戰後這段時期，沒蓋浴室，廚房除了做飯菜外，是屬於女性的地方，女性都在深夜借廚房洗澡，所以他晚上在家裡也沒地方可待，每天農作回家，就跟「先生」蕭振梧到處跑，「先生」教北管，自己也跟著學，就這樣跟了幾十年，北管才能學得這麼深。員林一帶的同行，若提及「阿柴」，絕大部分的人都認識，他也曾和員林「雷震天」合作出陣，但該館幾乎也已經沒有成員。

這幾年呂氏身體欠安，年紀也大了，兒子、媳婦的經濟狀

況許可，並擔心他騎摩托車不安全，出陣回來都是三更半夜，所以他就不再出陣了。四、五年前，農會補助請他教北管，附近好幾庄來參加的共十多人，但沒有教太長的時間，且來學的人也沒有學得很好。呂木柱表示，老一輩的成員逐漸凋零，像本鄉的崙仔，有一位原來擔任他們庄裡北管頭手鼓，又會唱曲的蕭根，現年八十五歲了，所學的都無法再記憶。年輕一輩不肯學也學不來，即使曲譜傳下去，看著譜恐怕也無法瞭解如何演奏，而且曲路不同，要變化演奏，否則演奏起來，也顯不出該曲原有的味道。

呂木柱學北管時，「先生」並未收「館禮」，所以他教人也不收「館禮」。他表示，教曲的「先生」中，經常容易酗酒、嫖妓，和他同時學曲的成員，竟然有人在二十多歲就酒精中毒，讓人十分感慨。

石頭公曲館目前還有一些成員，所以一直都能在庄廟重要慶典時出陣，並未完全解散。

—— 1995年1月11日訪問呂木柱先生（74歲，先生），羅世明採訪記錄。聞呂木柱先生已於1995年12月過世，謹致哀悼。

石頭公同義堂（獅陣）

石頭公原先的武館是同義堂，是由舊社同義堂的師傅蕭子明教的，但大約在一九四九年時，又請舊社振興社「楚仔傑」（蕭傑）來教，同義堂就解散了。

—— 1995年1月11日訪問石賢維先生（63歲，舊社同義堂堂

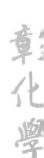

石頭公振興社（獅陣）

石頭公振興社是由本鄉舊社蕭獻來教的，蕭獻是舊社「楚
仔傑」（蕭傑）的徒弟，以殺豬為業，有一天到石頭公，看到
同義堂在練武，蕭獻很不屑地批評像「胡蠅舞屎箆」，同義堂
的弟子很不服氣，向他討教功夫，蕭獻打贏他們之後，庄裡就
改請蕭獻來教了兩年。當時的館主是蕭振龜，受訪者蕭振南則
在十四歲開始學武。在蕭獻之後，沒有再請師傅，蕭振南自己
又到舊社去學，但本庄的武館成員逐漸流失，大約二十多年
前，武館就解散了。目前，蕭振南和極少部分的成員加入鄰庄
湳仔的振興社，一同練習、出陣。

—— 1995年1月15日訪問蕭振南先生（60歲，成員），羅世明
採訪記錄。

朝興同義堂（獅陣）

朝興即朝興村，有十鄰，約三百多戶，一千五百餘人，主
要姓氏為蕭姓，祖籍福建省南靖縣。庄裡未建廟，只在平地上
搭建簡單的棚架，奉祀玄天上帝，稱作龍大宮，每年三月初三
玄天上帝聖誕，都有祭祀活動。

朝興以前沒有武館，八年前，才從本鄉枋橋頭圳尾請來武
師孟朝，一年多前，因為沒有年輕人要學，遂告解散。

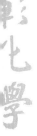

—— 1995年1月21日電話訪問蕭振成先生（77歲，村長），羅世明採訪記錄。

許厝寮清樂軒（北管）

許厝寮清樂軒是由舊社的「注先」來教的，大約是在日治時期，再由庄裡「注先」教的徒弟「目得仔」傳授。但曲館早已解散，成員亦已去世，或遷居各地。

—— 1995年1月12日訪問陳義鎊先生（78歲，村民），羅世明採訪記錄。

許厝寮太祖同義堂（獅陣）

許厝寮包含山湖、清水、埤斗三村，日治時期分別稱為許厝寮的一保、二保、三保，整個許厝寮大約上千戶人口，主要姓氏為陳姓，來自福建省漳浦錦湖。庄裡廟宇眾多，最負盛名的是清水岩寺，其他還有主祀介之推的武郡宮，主祀池府王爺的龍泉宮，歷史都很悠久，這幾年還有主祀玄天上帝的清聖宮正在興建，這些都屬於村庄公有的廟宇。

許厝寮同義堂屬於私設性質，是為了清聖宮玄天上帝「鬧熱」用的，清聖宮的玄天上帝原來奉祀在受訪者陳義鎊家，清領時期的香火就很盛，但日治時期不允許「乩駕」存在，所以在老「乩駕」去世之後，就沒有設置「乩駕」。八七水災時，許家的三尊神像被水流走，只有玄天上帝被撿回來，重新「安金」奉祀，這幾年，玄天上帝透過「乩駕」表示要建廟，因建廟經費無力負擔，陳義鎊就將玄天上帝捐為公有，由村人集資

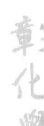

建廟，每年三月三日玄天上帝聖誕，或是出去「刈香」時，同義堂才會出陣，本庄不是到南投松柏坑「刈香」，而是前往中國的武當山。

許厝寮還有一館振興社，是屬於公有的，有領鄉公所的補助，所以庄裡公有的廟宇慶典需要出陣，都由振興社負責，清聖宮以前「鬧熱」時，振興社也有出陣，但現在就沒有了。

在日治晚期，庄裡一位名叫莊大目（若健在，約一百一、二十歲）的人，在庄裡教太祖拳，沒有正式立館號，也沒教獅套。莊大目原是流氓，曾打死人而逃亡，向一位中國武師「蘇仔桶」學武。莊大目回到庄裡教太祖拳時，已經有戶籍了，但武術還是偷教的，當時若同一武館的師兄弟有人被欺負，同門馬上會聯合去找對方算帳，日本政府因而禁止設館，以防結黨滋事，有些武館的堂主和師傅，還曾被日本人抓走拷打。莊大目教了幾年，武館就因政府查禁而解散。戰後，庄裡立刻又請本鄉舊社的「子明師」來教獅套、拳術約二年。莊大目教拳的時候，堂主是陳聽，到「子明師」時，則是陳接來和陳登文，他們兩人之後，才是受訪者陳義鏘，陳義鏘接手時，已沒有再請「先生」，所以不能稱堂主，而是負責人。

許厝寮同義堂目前已將近解散，主因是人手不足、成員年老且相繼過世，只能和舊社及芋寮仔同館號之間互調人手出陣。早期出陣時，社頭街上商家爭相放鞭炮，若有商家鳴炮，即表示有酬金要獅頭去咬，全部出陣的酬金拿回來之後，要放在盤子上端進房間，全部交給師傅；香菸也是一樣，師傅拿夠之後，才將剩下的菸退回，由大家平分。以前大家待師父非常客氣，即使要請吃點心，還要捧給師父。但現在已不相同，出陣的酬金較少，除由成員均分之外，部分會留做「公金」，師父的地位也一落千丈，要請來學的人吃點心，又要央求人家

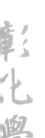

學。陳義鎊曾教過一些小學生，為每人準備一包泡麵，後來經費不足，停止供應，竟有人表示若沒泡麵就不學。另外，目前一般獅陣出陣，舞獅和馬步大部分都失去應有的架式，而他們老一輩的人，現在年紀太大，舞一會就會喘，年輕的成員大多在工作，於是獅陣的成員就逐漸流失了。

另外，現在許多獅陣及一些陣頭，已經不清楚規矩，像獅頭只能為師傅送殯。送殯回來要立刻「下馬」，並把獅頭上纏的白布撕掉，換上紅布「過火」，由於獅是玉皇大帝的座騎，以獅送殯，一般人承擔不起，也不合規矩。所以，獅陣若經過「百姓公廟」，並不進廟參神，因為「百姓公」是「陰神」，比獅子還小。其他，如「踩八卦」有分大、小八卦，拜廟踩大

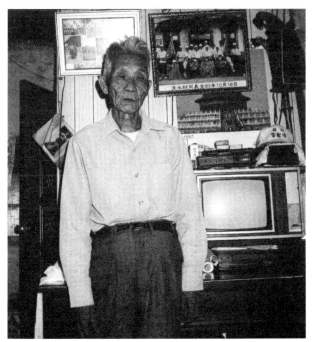

▲ 社頭鄉許厝寮太祖同義堂師傅陳義鎊（羅世明攝）。

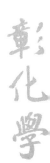

八卦，一般入厝等場合則踩小八卦，必須分清楚。

許厝寮清聖宮的玄天上帝去年到中國武當山「刈香」，只有太祖同義堂一起出去，他們有到中國福建的漳州、泉州，但都沒有看到任何陣頭，只有鑼鼓迎接，而且商業氣息很重。

—— 1995年1月12日訪問陳義鐈先生（78歲，師傅），羅世明採訪記錄。

清水村振興社（獅陣）

許厝寮包括埤斗、清水、山湖三村，清水村共十鄰，二百多戶，一千人左右，主要姓氏為陳姓及康姓。村裡的「公廟」是清水岩，主祀觀音。

清水振興社在一九六一年左右，即黃石城縣長任內，因為推行社區文化，遂組織武館，由舊社蕭獻來教了一、二年，當時都在受訪者陳金獅家中練習，但沒幾年就解散，並沒有組織得很成功。

—— 1995年1月21日訪問陳金獅先生（70歲，堂主），羅世明採訪記錄。

埤斗村振興社（獅陣）

埤斗村振興社約在一九六一年以前成立，負責人是蕭明毅，但沒維持多久，就解散了。

—— 1995年1月21日訪問陳金獅先生（70歲，鄰村堂主），羅

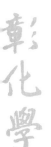

世明採訪記錄。

＊崙仔老人會國樂團

崙仔老人會國樂團成立於二十多年前，主要是爲老人慶生娛樂而組織，國樂團沒請「先生」來教，只由學過的人相互指導，當時雅樂軒的子弟也加入國樂團。

—— 1994年11月24日訪問蕭再安先生（75歲，前任社頭鄉老人會會長，現任彰化縣老人會理事），羅慧茹採訪記錄。

＊清水國小北管才藝國樂團

清水國小位於清水村清水岩山腳下，一九八八至八九年，農會有補助款支持成立北管團體，透過當時的埤斗村村長紀勝英介紹，紀勝英在每週六用車載清水國小學生到舊社福竹社區活動中心練習，自由參加的學生約十餘人，當時的清水國小校長陳榮欽還常去舊社探望。和他們一起練習的，還有一些社區老人，但不久之後，小學生就變成主力。一九九〇年十二月廿二日，紀勝英將原先農會請的「先生」江金樹（豐原人，今年薪傳獎得獎者）請到學校任教，並由他自己擔任團長，一九九一年一月五日正式開班，成立清水國小北管才藝國樂團，在舊社學習的學生也全部移回校內，此時校長已由吳鄉泉接任。

北管團初期經費源自農會，所以現有的班鼓、大小鈔、大小鑼、鼓等，都是利用農會補助款購買，後來農會補助中斷，現在轉爲每年度向教育部申請，勉強可支付聘請老師的車馬

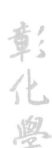

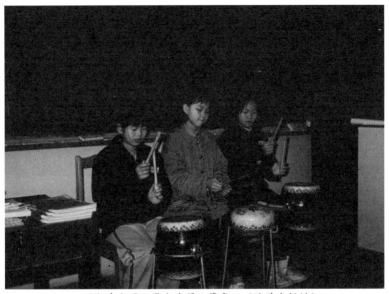

▲ 社頭鄉清水國小學生練習北管實況（林美容提供）。

費，若要再買樂器，就有困難了。校內北管團成立之後，一直
都由受訪者蕭碧鳳老師負責。蕭氏表示，當年要成立時，首先
遇到家長的阻力，家長希望子弟成績好即可，不必學北管，結
果只好以自己帶的三年級作為班底，每週三放學之後，全班集
體學北管，以半強迫式的方式開始，並不斷地和家長溝通，才
漸漸一屆屆地帶出來。有一次，其中一位家長甚至表示自己瞧
不起學北管的，她就將家長請到三、四年級，看那些學北管的
學生氣質如何，家長才同意。令人欣慰的是，這些小孩子都表
現出強烈的興趣，漸漸地，其他班級的學生也有學習的意願，
目前以五年級的學生最多，以前在舊社練習的那一屆現已國
三，而她剛開始帶的那班也已國一，團員一度在百人左右，現
在共有七十七人。

　　學生在小學階段的音感最佳，學習力也極強，蕭氏從一、

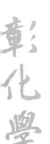

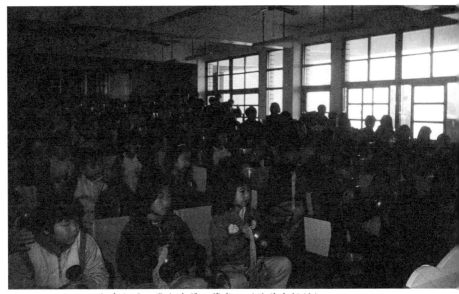

▲ 社頭鄉清水國小學生練習北管實況（林美容提供）。

二年級就開始以唱遊、詩歌吟唱引導小學生對音樂的興趣，然後才學北管，上一屆的學姊還會帶領學弟、妹，像現在五年級的幾個鼓手，都是以前的鼓手私下教出來的。本團也曾參加一些表演活動，例如在一九九二年端午節，參加鹿港民俗表演及遊行；一九九三年四月八日，參加社頭鄉農會農村文化系列活動；一九九三年五月廿六日，參加傳統藝術發表會，至田尾國中演奏；一九九四年一月十六日，參加社頭鄉圖書館啓用典禮，演出〈小放牛〉、〈補碇〉等曲。不過，因為北管團成立的主因，並不是爲了表演，所以表演活動不多。

　　目前，清水國小北管團遭遇到主要的問題，還是經費不足，今年度因公文延誤，導致教學中斷，且校舍空間有限，北管鑼、鼓聲響極大，容易影響其他班級上課，目前是以車輛內胎包裹鼓面，減少聲響加以克服。蕭碧鳳老師爲了北管團，放

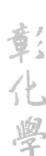

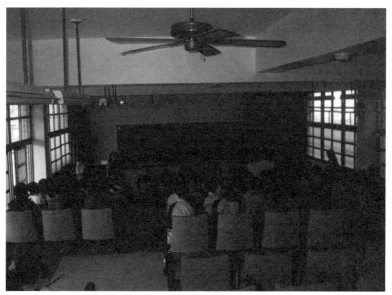

▲ 社頭鄉清水國小學生練習北管實況（林美容提供）。

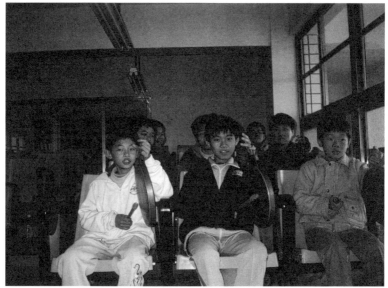

▲ 社頭鄉清水國小學生練習北管實況（林美容提供）。

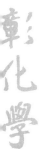

棄自己參與多年的彰化縣教師合唱團，以便配合學生每週三下午的練習，全心放在學生身上，和學生、家長建立十分良好的關係。蕭氏感慨地說，自己若不堅持做下去，這團北管大概也難繼續維持了。

—— 1995年1月13日訪問蕭碧鳳老師（46歲，團長），羅世明採訪記錄。

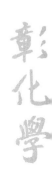

第七章　二水鄉的曲館與武館

　　本鄉位於在彰化縣最南端，地當濁水溪沖積扇扇頂，其北為八卦台地南端，濁水溪至此流入平原地域。西北臨田中鎮，西接溪州鄉，東北接南投縣名間鄉，東南及南邊以濁水溪與南投縣、雲林縣相望。鄉名昔作「二八水」，係在「二水分圳」與「八堡圳」二圳道間創建之聚落，各取一字，故名。又云「八堡圳」與「十五莊圳」同從濁水溪引水，成「八」形，故稱「二八水」。

　　清領康熙末年（1722），泉籍大墾首施世榜築八堡圳，客籍大墾首黃世卿築「十五莊圳」，皆引濁水溪之水於此，為其圳源地帶。二水鄉全境約有二十九平方公里，農作物包括水稻、食用甘蔗、香蕉。

　　目前所知，二水鄉曾有七個北管曲館，其中四個是傳統館閣，另外三個則是近幾年由前四館成員重組而成的新興曲館。四個傳統館閣分別是茄苳坑（坑內）振樂軒、番仔寮進樂軒、柳民坑順樂軒及頂店仔新樂軒。由於進樂軒、順樂軒及新樂軒都是由振樂軒學成的謝榮裕執教，而其餘三個新興曲館又是由這四館重組而成，因此，振樂軒為二水所有曲館的源頭，而振樂軒本身是請田中沙崙派的「先生」來教的，所以，整個二水的曲館皆師承田中沙崙派北管，而田中的陳金龍在謝榮裕之後，也曾到振樂軒教過曲。陳氏及其師兄弟在各地教過的曲

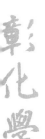

館，都出了不少布袋戲後場的人才，振樂軒也不例外，其中，董仁朝在二水的明世界布袋戲團於一九五五年成立時，便在該團擔任後場，已達四十年。

除了與田中沙崙關係密切外，二水鄉的曲館與南投縣草屯鎮的曲館也有師承關係，謝榮裕曾請草屯的張連來接替自己在順樂軒的教職，而新樂軒也在謝榮裕之後，請草屯的林澄秋來教曲。此外，茆明福的布袋戲班後場也有多位草屯人士，可見地緣關係的重要。不過，二水與社頭雖非鄰近鄉鎮，新樂軒上棚演戲時，卻曾請社頭的「目仔桐」（疑為崙仔的蕭梧桐）來教「腳步」。

三個新近成立的曲館，除了一個是老人會的北管團，屬非正式的曲館外，其餘二館都極具特色：二水街的震樂軒成立於一九八四年，一九八九年解散。雖僅六年時間，但由於偶然的機緣，得到許常惠教授的賞識，六年之間，曾在全國各地文藝季等國內、國際表演活動中演出；二水街的明樂軒，則是一年多前才組成，以明世界布袋戲團團主家為練習場所，每晚練習，成員除了明世界團主夫婦及其他團員外，還包括順樂軒、震樂軒的成員，也包括來自員林、田中、社頭、南投的新成員，是個活動力旺盛的新興曲館。

在受訪的十七個武館中，十五庄武德春是唯一的龍陣，其餘十六個皆為獅陣。武德春龍陣成立於日治時期，尚有成員三十多人，目前仍能維持在晚上不定時的練習。此龍陣傳自臺中「二哥」武德春系統，第一位來教武的，是臺中人賴樂中。

二水鄉的獅陣主要為同義堂和振興館二大系統，十六個獅陣中，九館屬同義堂系統，六館屬振興館系統，另有一館則為獨立於二大系統之外的清水仔勤習堂，師父是來自南投包尾的江鶴月（「江仔豬」）。勤習堂人少，但曾和其他二系人馬

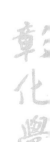

「拚館」，後來又與振興館同盟。

同義堂武術傳自中國武師羅乾章，其弟子黃順，是永靖陳厝厝同義堂的第一代武師。黃順徒弟「阿火」（楊坤火）、「阿田」來到二水海豐寮傳武。「阿田」教出「阿福」（蔡水福）、蔡萬枝、陳坤山等武師，使海豐寮成為二水鄉內同義堂的發源地，而「阿福」又是二水鄉各同義堂的開創人。海豐寮同義堂武師張其永師承蔡萬枝，又延請「阿火」來教武。「阿田」的徒弟們把同義堂的武藝傳到其他村庄，同義堂遂在二水鄉蔚為一大派系，共傳九館。

二水鄉的振興館系統，以五伯村振興館為主。第一位來二水傳授的振興館師傅是「行信師」，他師承西螺的「肉圓成」，武藝很好，在五伯村振興館所教的徒弟也各有專長，並分至各庄設館。其傳授情形如下：大丘園振興館為陳新喜所傳，苦苓腳振興館為陳丁贊所教，水尾振興社及過圳振興館的師傅為蕭呈。二水村振興館的師傅也來自五伯村。振興館因此發展成另一股勢力，與同義堂派系成為競爭對手，自日治後期以迄戰後之初，發生不少次的「拚館」。

提及「拚館」，多位受訪者表示，當年的情況的確激烈，二大派系的武館在出陣時，經常發生「拚館」，尤其是二水安德宮媽祖「逡庄」時。有時拚過頭，還須出動警察驅散。近來工商發達，武館逐漸式微，各武館之間的關係較為友好，若陣頭相遇時，頂多各自表演一段而已。

在二水鄉的十七個武館中，最早成立者可溯及清領時期，即海豐寮同義堂。成立於日治時期者，有十一館；戰後設館者四、不詳者一。由於時代變遷，武館成員日漸減少。十七館中已有三館正式解散（文化村同義堂，二水村振興館，清水仔勤習堂），其他各館也都盛況不再了。

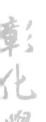

二水鄉曲館與武館分布圖

●曲館 ▲武館 *聚落名 ----村里界線 ── 鄉鎮界線

01 十五村
02 復興村
03 過圳村
04 合和村
05 五伯村
06 上豐村
07 二水村
08 文化村
09 惠民村
10 裕民村
11 修仁村
12 大園村
13 合興村
14 倡和村
15 光化村
16 聖化村
17 源泉村

十五庄武德春（龍陣）

〈訪問張銀賢先生部分〉

十五庄的名稱源自當時四周都是田野，只有十五間房子聚集在此，別人經過都稱「十五間厝」，遂演變爲十五庄。十五庄共有十一鄰，居民近三百多戶，一千多人，主要姓氏有張、謝、陳三姓，張姓來自漳州。庄內奉祀玄天上帝，以前都供奉在爐主家中，目前正在興建廟宇，取名奉天宮，預定明年（1995）落成。據說本廟雖較名間鄉松柏坑受天宮晚蓋，但受天宮的玄天上帝神像還是由本庄去「開光點眼」的。每年八月十六日至二十五日之間，會選定一天吉日，舉辦平安戲的祭祀活動。

十五庄武德春是龍陣，受訪者張銀賢是現任村長張銀坤的弟弟，因參與龍陣稍晚，所以早期的歷史較不清楚，只知道傳下來的二位老師傅中，一位是陳辛戌，功夫最好；另一位是謝敦仁，現已七十多歲，爲人熱心，武藝也不錯，於是被推爲館主，現在「傢俬」也都放在謝氏家中。龍陣現在的成員約三十多人，基本出陣人數不僅較獅陣多，且有翻滾、轉頭等動作，極需團隊合作，所以現在還維持晚上不定時練習。

武德春龍陣所習的是白鶴拳，也有學「傢俬」，目前還會帶「傢俬」出陣。舞龍前雖未拜祖師，但都要「燒金」請龍神，俗稱「起馬」，結束時也要「燒金」，稱作「落馬」。出陣爲義務性質，多爲朋友請託，很少收酬金，而是收取香菸居多，出陣舞龍完全是庄內的成員自費，頂多分得幾包菸。「傢俬」若有損壞，則靠村長的辦公費及少數酬金收入維修。

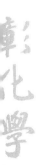

〈訪問張銀坤先生部分〉

　　十五庄的龍陣是在受訪者張銀坤師祖那一輩的時候（日治時期），由臺中「二哥」武德春武館傳來的，拳路為白鶴拳，屬「軟拳」，近太極拳。當時臺中人賴樂中常到十五庄來買「甲篦」（形如龜甲的竹葉），必須暫住在十五庄，看到庄人被別庄欺負，於是開始教庄人武藝，後來又讓武藝高強的兒子賴建山（若健在，約九十多歲）來十五庄傳授，賴建山的「頭叫師仔」就是陳辛戌，陳辛戌則教了受訪者張銀坤。張氏今年九月九日還在《中國時報》上看到賴建山的師兄弟張伊蝶的報導，目前在美國傳授武藝，雖然頭髮花白，但身體仍十分硬朗。

　　武德春現有一尾龍，龍身分九節，舞起來需十一人，而龍頭每二、三分鐘需換人，共有五、六人替換，否則十分費力，以前都由年輕人舞龍頭，現在則變成四、五十歲的壯年人在舞，年輕人極少。本庄龍頭已有二十多年歷史，修補多次，是用竹片支撐內部，外纏布片，再上彩繪製成的。龍睛是燈泡製成的，可在夜間發光。因現在一隻龍頭，大概得花五十萬元才買得起，故未再買新龍頭。張氏打算等奉天宮落成後，宮前寬闊的庭院正好可用來練習舞龍，召集一些國中生晚上來練，一方面可充實龍陣，一方面也讓年輕人有活動空間，不易學壞，一舉兩得。

—— 1994年9月12日訪問張銀賢先生（41歲，成員）、張銀坤先生（48歲，武師），羅世明採訪記錄。

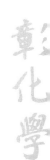

水尾振興社（館）（獅陣）

　　水尾屬於復興村，有八鄰，居民百餘戶，六百多人，主要姓氏為謝、董二姓，謝姓祖籍福建泉州，堂號寶樹堂。庄內原來沒有建廟，都是配合二水安德宮祭祀，近二年才新蓋一間豐盛宮，主祀玄天上帝。

　　本館請田中新庄仔的師傅來教武（新庄仔是振興館而非振興社，受訪者可能記錯），日治時期即已成立，是由受訪者謝隆昌的祖父謝爐及陳仁盛共同發起，他們若健在，年紀約一百二、三十歲，當時為了設館，還特別蓋了房子。謝爐曾至五伯埔教過武藝，他和陳仁盛將武藝傳給謝長、謝清風、謝七及謝次郎，謝七和謝次郎先後擔任館主，其中，謝次郎得到謝爐全部武藝的傳承，還曾到南投縣草屯教過，謝隆昌及其弟謝茂河的武藝，也是由謝次郎傳授，但後來謝次郎因車禍去世。現在獅陣已改由鄉民代表謝阿連聯繫出陣事宜。謝阿連的獅陣曾另請五伯村的師傅（應是五伯村現任館主陳桂梧）來教過，重新復館，和原先獅陣已有些不同，但還是同庄的獅陣，出陣時，謝隆昌就配合幫忙。

　　本館出陣現約有二十多人，「傢俬」已散佚，對藥理、醫理也沒有深究，但仍具備不少調養身體的知識，像謝隆昌的祖父謝爐大熱天滿頭大汗返家喝茶時，一定以洗淨的粗糠放在水中，粗糠浮在水上，得吹開粗糠，才能喝到水，這樣就不會猛灌，才不會有損健康。

—— 1994年9月12日訪問謝隆昌先生（55歲，成員），羅世明採訪記錄。

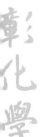

過圳振興館（獅陣）

　　過圳屬過圳村，共有十一鄰，居民二百多戶，約千餘人，然近來人口一直不斷外移。主要的姓氏為董、蔡、羅三姓，羅姓來自福建省平和縣東旗嶺。庄廟三玄宮，已興建八年，主祀玄天上帝，是從南投名間鄉松柏坑受天宮「分靈」的，已有五、六十年歷史，未建廟前，都奉祀在爐主家中，每年三月三日玄天上帝聖誕時，都請戲團演戲酬神，但沒有大型慶典。事實上，過圳原來主祀的是王爺，只是同時奉祀了三尊玄天上帝及二尊太子元帥，十多年前，有信徒要請示身體健康狀況，同時請了王爺與別地的玄天上帝，結果請神時，王爺的神力被玄天上帝「破掉」，那位信徒本來要另雕一尊王爺歸還，但庄人認為既然王爺的法力已被玄天上帝「破掉」，那就改祀玄天上帝，才轉為今日主祀玄天上帝的情況。

　　過圳振興館是在戰後成立的，距今有四十多年，師傅是來自五伯村的蕭呈，蕭氏來過圳教武藝，是因朋友之誼，不但沒有收費，且有空就會來指導，只要有出陣的場合，都會來參加，一直到八、九年前，蕭呈去世（享壽八十餘歲），三十多年之間，一直如此，早就變成庄裡的一位老朋友。這些武師眼光很銳利，對於想要習武的人，根性善惡看得很清楚，心眼壞、想習武逞勇的人，師傅根本不教。上一輩「拚館」十分激烈，到了受訪者羅銅這一輩，「拚館」風氣漸漸消失，大家反而變成同行朋友，甚至不同館號間，也有不錯的交情。

　　過圳獅陣只有因應庄內廟宇「刈香」才出陣，沒有到庄外幫忙「鬥鬧熱」，出陣的花費皆由廟方支付，所以也未收取酬金，現在出陣還能號召到二十多人，但都是老手，沒有再訓練新人，而且只出獅頭，沒有「傢俬」。獅陣成員祭拜一位女性

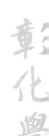

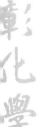

的神祇，但二、三十年前「謝爐」後，即未再祭拜，羅氏一時無法想起神祇名字，但確定並非五伯埔振興館陳珪梧所說的達摩祖師。

羅氏表示，獅陣的二根獅旗一旦升上，就是要「拚館」的意思，一發生情況，誰也不服輸，獅旗要降下來也難。有一次，同義堂的人來說情，希望能夠停止「拚館」，本館原來不同意，但羅氏認為對方既然已放下身段，也就不必要再僵持下去，於是由他勸說雙方，才停止了那場「拚館」。此外，合興村清水仔的獅陣系統和二水其他地方都不同，既非同義堂也不是振興館，而是打太祖拳的勤習堂，因為人單勢孤，夾在二大館之中，「拚館」時遭到同義堂方面的人輕視，後來遂轉向和振興館同盟，對抗同義堂。

至於振興社和振興館的關係如何，羅氏也不清楚，只知道振興社是站「大馬（步）」，振興館是站「小馬（步）」。羅氏表示，這種武術傳承歧異的問題很普遍，而且也不易釐清，像二水鄉振興館和「西螺七崁」的武術同源，但「西螺七崁」手勢和馬步的動作，又和二水鄉振興館稍有不同。

—— 1994年9月27日訪問羅銅先生（70歲，武師），羅世明採訪記錄。

桃仔宅同義堂（獅陣）

桃仔宅屬合和村，有四鄰，居民五、六十戶，約二百多人，主要姓氏為祖籍漳浦的陳姓。桃山廟是本地最重要的廟宇，主祀太子元帥，日治時期即已建廟，後來改建成水泥磚造形式，已有十多年歷史。建廟之前，太子元帥奉祀在庄內民

家。該廟的太子元帥三兄弟聖誕，分別是八月十六日、四月九日及九月九日，廟裡以大太子元帥聖誕八月十六日作為代表，庄裡會舉行盛大慶典。

桃仔宅同義堂成立於日治時期，當時是「暗館」，後來因為政府禁止，維持不易，遂一度中斷，戰後才再復館。桃仔宅同義堂的武師來自鄰庄海豐寮同義堂的系統，先是蔡水福來教，後來派其弟子蕭六來教，因為庄頭近，蔡水福也會不時前來桃仔宅指導。

住在桃仔宅下方番仔田的董秋結（現年約六十多歲），原來都在桃仔宅練習獅陣，後來嫌晚上都要走一段路來桃仔宅，路程不方便，於是另在番仔田自組武館，但還是和桃仔宅一起出陣，而且雙方武師相同，有時桃仔宅的成員會到番仔田學武，番仔田的成員也會到桃仔宅練習，形式上雖分二館，事實上同是合和村的同一館，互相往來頻繁。

以前桃仔宅的館主是陳德盛（已逝），後由董秋結負責。事實上，近來武館皆無法獨自出陣，而是外庄先連絡，再由村長通知董氏等人召集人手，配合出陣。桃仔宅和番仔寮合起來還能出陣的約十多人，但因為工作忙，很少能完全調齊。目前獅頭放在董氏家中，「傢俬」則散置成員家中，有的成員並沒有自己的兵器。本館過去還曾用過庄人張坤茂及「頂店仔」楊朝京做的獅頭。

本館在日治時期為「暗館」，大家利用晚上練習，點幾盞「臭油」製成的油燈，放在廣場邊照明，一些練兵器的，則選在燈火較亮的地方練習，或者先靠著燈火旁以慢動作練，練熟後再套招，否則相當危險，因為兵器都磨得十分鋒利，一不小心就會傷人。受訪者陳清池曾在「刈香」出陣時，親眼看見獅陣兵器套招，不小心將木頭削斷，足見武者的勁道和兵器的鋒

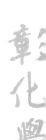

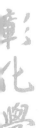

利。

陳氏會打獅鼓，也會敲鑼。一般會鑼鼓的人不一定能擊獅鼓，因爲獅陣的鼓樂，要隨時跟著獅陣變化，不曾學過的人敲起鼓來，會跟不上獅陣的速度。

以前有慶祝活動時，不同堂號的武館互擺陣勢表演，爲了「拚面子」，前面在套招的人還沒表演完，後面要接替的人，早已準備好接手了。這種「拚館」耗時費力，有時必須調動幾百人輪流演出。陳氏他們就曾請員林及南投的同義堂人手來支援，南投「拚館」時，也曾請本館去支援。

—— 1994年9月15日訪問陳清池先生（70歲，成員），羅世明採訪記錄。

番仔田同義堂（獅陣）

番仔田共有六鄰，屬合和村，居民約八、九十戶，三百多人，大多爲董姓，庄廟則是桃山廟。

番仔田同義堂是從桃仔宅同義堂分出的，現任館主董秋結（約六十多歲）原先在桃仔宅練武，但因獅陣都在晚上練習，董氏家住桃仔宅下方的番仔田，走上山來也有一段路，不甚方便，而董氏家境不錯，遂在自宅組織獅陣，使番仔田的成員可就近練習。但因武師相同，彼此成員也互相往來習藝，出陣時合爲一陣，所以形式上分二館，實質上則是同館。

桃仔宅的武館成員在館主陳德盛去世後，改由董氏聯絡出陣，故董氏也是桃仔宅的現任館主，但因爲現在獅陣成員少，二地合起來才十多人，彼此之間更沒有什麼分別了。

—— 1994年9月15日訪問陳清池先生（70歲，成員），羅世明採訪記錄。

茄苳坑（坑內）振樂軒（北管）

茄苳坑現屬合和村，戰後茄苳坑原屬坑內村，後因戶口數不足，又與番仔田、桃仔宅合併爲合和村。茄苳坑有四鄰，四十多戶，約一百多人。庄內大姓爲祖籍福建詔安的張姓。庄廟德受宮，主祀玄天上帝，於戰後建廟。

茄苳坑振樂軒是二水鄉所有曲館的源頭，境內的曲館都可以上溯到本館的謝榮裕。一九四七年，茄苳坑庄人延請田中沙崙派「先生」來庄內教北管。茄苳坑鄰近山區，經濟狀況不佳，因謝氏家中只能供其兄謝蒲庭一人學北管，於是謝氏只好用旁聽的方式學習，「先生」看謝榮裕頗有天分，遂免費教他曲藝，「先生」所教的學生中，只有謝氏全才，而別人卻僅能精通某項，像謝蒲庭就專長唱曲，無法成爲「曲館先生」。謝氏學成後，人稱「裕先」，在二水安德宮新樂軒、番仔寮進樂軒、大丘園順樂軒授課，甚至曾到雲林縣林內鄉頂庄教課。但「裕先」晚年膝蓋腫痛、行動不便，遂停止教學，幾年後就去世了，享壽七十多歲。

後來，又請田中沙崙派陳金龍來教過約半年（據另一成員董仁朝表示，「金龍先」是因爲有學生與他爭吵，覺得不受尊重而離去）。董仁朝、張添丁、「水池」這些人憑著樂器的專才，遂長期外出擔任布袋戲後場伴奏，其中，董氏十九歲即外出伴奏，迄今六十九歲，仍繼續擔任同一工作。至於未外出工作的年輕人，也因爲經濟狀況吃緊，當時沒有機械，擔石頭、修水利、種田都要自己來，無心再學習樂器，振樂軒成員遂逐

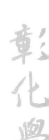

漸散失，再加上「裕先」的徒弟中，沒有全才的本事，缺乏「頭叫師仔」傳承，曲館成員散失得更快，終至解散。

　　二水其他各館的情況也類似，「裕先」因腿疾行動不便，未再外出教學後，進樂軒也逐漸解散；新樂軒因有安德宮財力支援，遂又請了草屯人「秋先」（林澄秋）來教，延續了一陣子，但最後還是解散；順樂軒在「裕先」之後，也另找了一位草屯的張連來，延續了一陣子，最終還是面臨「散館」的命運。於是，二水鄉北管從此中斷三十年，現在精通樂器、唱曲的，都是六、七十歲以上的老人，直到近幾年，才開始又由這些老人組合起來，彼此切磋，並帶著一些五、六十歲的老人練習樂器。

　　過去曲館的教學非常嚴格，但正因為極嚴格的教法，才能確保音樂的品質。真正的「先生」教唱曲，必須唱到口氣完全符合，才會讓學生再練下一段，音樂底子不好的人就常會走調。「裕先」有一次教《破五關》的一段唱詞「奉令破五關，威名四海揚」十字，沒有一館的人學得會，大家只好一再苦練這十字的唱法。若少了這段揣摩的苦練，唱曲就不能入「行口」，調子也不能拿捏精準。但現在已沒有年輕人肯接受一段曲子練上三天三夜了。

　　受訪者蕭柄根表示，學北管一定要有「先生」教，才可能學成，若沒有「先生」教方法，自己學了半天還是不會。有一個人學了近一年，仍無法掌握同時右手敲鑼三下、左手敲鈔五下，經過蕭氏指點，鑼雖只敲三下，但可視敲下去為鈔第一下，拿起來要再敲下去那點，為鈔第二下的時間，如此類推，則鑼敲三下的時間內，鈔平均地敲了五下，這樣一來，那位學鑼鈔者才突然醒悟自己練了近一年遇到的障礙，竟然可以如此輕易化解，由此可見有實力「先生」的重要性。有實力的「先

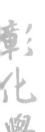

生」會觀人，再依各人才性，認定適合學習什麼樂器，若各個角色都能安排妥當，有適切人選，那麼這曲館就會出名。反過來，有些曲館財力充足，「先生」飽學，來的都是紳士型的人，一被「先生」嚴格要求就受不了，不肯學，這館就無法有所成就。

蕭氏是「裕先」的徒弟，但他認為，就唱曲而言，「秋先」那邊的曲譜比較優異，文筆極美，擅用比喻等文學技巧，錯字少，是經過飽學「先生」潤飾修正過，「秋先」是在彰化市的「軒」學的，屬彰化派，而「裕先」的師父則來自田中鎮沙崙里，屬沙崙派，「裕先」的師父失明，傳曲時，弟子有些字聽不懂，而「先生」又看不見，無法校正，於是傳抄了不少訛字，「裕先」是藉學曲才識字的，所以曲譜中有很多白字，也是很自然的。以前曲譜是用簡體字記錄，後來，蕭氏在念曲時，發現許多不成文句的段落，連結不出意義，才發現曲譜有白字的現象，因而曾幫「裕先」改正不少。雖然「秋先」這派比較飽學，且所屬的新樂軒有安德宮充裕的財力支持，但「秋先」的運氣就沒有「裕先」好，學習的人條件差，只有一位「楝仔」，因為照料「秋先」的生活起居，常可就近受教，「秋先」的資料都念給「楝仔」抄，但「楝仔」還是無法達到做為一位「先生」所需獨當一面的本事，新樂軒也就沒有什麼發展。「裕先」這邊的沙崙派就不同，先傳了一個全才的「裕先」，在二水四處教學，又傳了許多弟子，雖然「裕先」未有全才型的徒弟，但也傳了不少像董仁朝這種傑出的專才，和「秋先」比起來，算是成就大多了。

蕭氏的專長在弦樂器，但對唱曲及曲譜亦有深入研究。因為蕭氏的條件差，雙手敲鑼鼓的協調性不好，左手一直趕不上右手，因此只練弦樂。後來「裕先」因腿疾臥病在家，不再

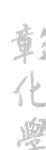

教學，庄內的曲館成員也外出謀生，蕭氏在當時做些小生意，中午生意忙完，就回到庄裡，於是，就和簡牛（後搬至斗六居住，改名簡文賢）一起去找「裕先」。「裕先」當時腿部腫痛，無法行走，但拿起嗩吶來，還是吹得中氣十足。在「裕先」去世前幾年，蕭氏和簡牛常到「裕先」家走動，請老師抽菸，「裕先」於是盡授看家本領及祕訣。有時下午「裕先」才教唱曲，蕭氏晚上就和簡牛一起對曲練習，所以蕭氏才能對曲藝的原理有較深入的瞭解。

「裕先」有一整個藤籃的曲譜，後來因為經濟狀況不佳，都拿到下壩送人了。蕭氏原來也有很多曲譜，但沒有再學北管後，外出到萬大林區做木材工作，居住的房子是用竹子搭的，他將曲簿用竹籃吊在屋樑上，結果颱風來時，屋頂被掀掉，連帶竹籃也跟著飛走，曲簿就這樣完全亡佚了。

「裕先」教過蕭氏《三仙會》、《出五關》、《哪吒下山》、《伍子胥過昭關》、《放關》、《彩樓配》、《三擊掌》等。《三仙會》是「園」、「軒」北管必須先教的曲目，因為《三仙會》是扮仙的必備曲，而《出五關》及《哪吒下山》則是較短的曲目，適合初學。戰後那段時間，很流行請北管坐場唱曲，除了神誕慶典外，入厝、結婚「拜天公」時，也都會請北管演出，他們在不同場合，也各有不同曲目配合。

振樂軒的館主叫作「堂君」，必須是庄內經濟狀況較佳的人，因此由庄裡保正張維慶擔任。學員每月將束脩交給「堂君」，但「堂君」得負責曲館的一切開銷，包括「先生禮」、「傢俬」的購置等，犧牲很大。

蕭氏認為彰化縣的「軒」、「園」沒有分西皮或福路。蕭氏表示，「新路」、「舊路」是羅東分出來的，「軒」、「園」中，兼有西皮和福路，但福興鄉、秀水鄉那邊，有些

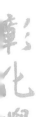

不太一樣的北管形式，福興那邊有「先生」將唱曲方式改為「南唱北打」，即在演唱南管時，伴奏樂器中加入北管的鼓、鑼，叫做「四平」，而且拜田都元帥，和正統北管的「軒」、「園」奉祀西秦王爺不同。

　　蕭氏是振樂軒年紀最小的成員，對於舊時學音樂的態度和原則，仍十分堅持，他認為要極認真才能學得真髓，而且學得十二分，只能教八分。不過，蕭氏也承認，拿昔日的教法來教現代人，幾乎不可能再被接受了。

── 1994年9月10日訪問蕭炳根先生（66歲，成員），羅世明採訪記錄。

伍佰步（五伯埔）振興館（獅陣）

　　五伯埔最早的名稱是「伍佰步」，意思是由二水街市走到這裡要五百步，戰後，可能是戶政單位筆誤，遂改為五伯埔。現在五伯埔有十鄰，居民二百戶左右，約九百人，大姓為祖籍福建漳浦的陳姓。庄廟武天宮，奉祀玄天上帝，是二水鄉第三古老的寺廟，第一、二則分別為二水安德宮、桃仔宅桃山廟。

　　二水鄉的武館系統有二，一是同義堂系統，裕民、上豐、源泉、倡和等村屬之；另一是振興館系統，由五伯分至大園、復興、合興、過圳幾個村。振興館第一位來二水的師傅是「行信師」，曾向西螺「肉圓成」學武，和「西螺七崁」、小茄苳、大茄苳的武館有關。「行信師」的武藝很好，會縮骨功，整個人可以縮進一個木桶中，「行信師」教的徒弟，各依所好，各有專長，有的長於獅頭、有的長於「傢俬」、有的長於拳法，拳法以陳鎮松、陳丁贊較出色。這一輩的人學成後，再

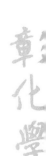

一起共同傳授下一輩，所以五伯村振興館在「行信師」後，沒有主要的武師，也沒有設館主，受訪者陳珪梧就屬於第三代的武師，曾由師傅帶著他到別村傳授武藝，陳氏的主要專長是舞獅頭。

五伯振興館在日治時期即已成立，當時爲「暗館」，只敢利用晚上練習，連鼓都不敢敲，成立的目的是爲了村庄自衛，後來戰後各庄紛紛成立獅陣，「行信師」的徒弟分別到附近各庄設館，例如大園爲陳新喜，合興爲陳丁贊，復興、過圳爲蕭呈，復興、大園後來失傳，曾再延請陳珪梧復館。

本庄振興館和其他鄉鎮的振興社同源，振興社是在「行信師」那一輩時，其師兄弟從振興館分支的，這種分館的情形，主要是因爲武師在習藝心得上，有了不同的見解，但又不敢「背祖」，遂在原有館名中加以更改，但也造成後來武館林立、名稱分歧。另外，也有武館完全改變名稱的，例如春盛堂即是從同義堂分出去的，要分館的首要條件，是分館的武師武藝一定要強過本館，這樣才能服人。

振興館的拳種爲半軟硬拳，有別於同義堂的硬拳，軟拳的手法手勢靈活，借對方力道攻擊，採守勢居多，硬拳爲直來直往，孔武有力，擅攻勢，振興館的馬步爲「一撩馬」，側身面向敵人，易於閃躲、變化姿勢，「一撩馬」可以變化成「八字馬」、「丁字馬」、「三角馬」和連續動作的「踏連馬」四種馬步，和同義堂的「四平馬」不同。

二水鄉振興館和同義堂戰後「拚館」十分激烈。一九七〇年安德宮曾連續三年到北港「刈香」，回程時，本館在二水車站就擺開陣式，整條街「拚館」，連中午都不休息，當時陳珪梧擔任村長，上豐村長蔡木田是他的同學，蔡村長沒有學武，不知道獅陣「拚館」的情形，結果村長必須負責食物補給，而

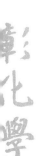

上豐村是山區，經濟狀況較差，獅陣若不停止「拚館」，食物補給有困難，遂前來向陳氏請求停止「拚館」。因五伯村近濁水溪，盛產米糧，較為富裕，食物補給不匱乏，後援有力，獅陣自然振奮有精神。陳氏就跟蔡木田說，既然當初是你說要「拚館」的，那就繼續進行吧！最後還是由分駐所的警察以妨礙交通為由，出面阻止才解散。當時「拚館」是各圍圈圈表演，哪邊圍觀的觀眾多，就算獲勝，但沒有人肯認輸，所以「拚館」都要由警察出面，才可能解散。不過，這一輩「拚館」並不會打架，但上一輩在戰後的「拚館」就曾演變成打架。

振興館的獅頭是「青頭獅」，「青頭獅」有獨一無二的意思，據說真正的「青頭獅」頭上寫個王字，但這會引起別的武館不服，導致常來挑戰的情形，所以大部分「青頭獅」都將頭上的王字改成太極或八卦，這樣既保持「青頭獅」武藝高強的象徵，但又去掉獨一無二的意思。

五伯村內現在較有武學造詣的成員僅剩五人，但獅陣出去，獅頭、獅尾、鼓手、獅旗至少就需二十二人，若再加「傢俬」則要四十至六十人，現在陳氏已經很少出陣，也很少傳授了，主要因為出陣需借調各村人手，非常不便，最近一次出陣，是前任村長陳進松出殯時。陳珪梧有心將獅陣傳承下去，曾在二水國中訓練出一批國中生，但是畢業後，這批人全部散失，令陳氏十分難過，就沒有繼續再教了。陳氏覺得，時代改變了，現代人不常在家中，獅陣的傳承很難維持。

此外，五伯村振興館在一九五六年至五九年間某次節慶，曾代表彰化縣參加中部七縣市舞獅比賽，獲得金獅獎，當時有七十多隊參加。陳氏的徒弟董明行是復興村人，到中壢工作，曾在中壢大崙國小教書，也指導國小學生學獅陣，四、五年前

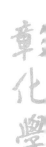

獲得全縣（桃園縣）冠軍，參加全省比賽之前，曾延請陳珪梧再指導，又獲得全省冠軍。

—— 1994年9月4日訪問陳珪梧先生（59歲，武師），羅世明採訪記錄。

海豐寮同義堂（獅陣）

海豐寮屬上豐村，有十四鄰，居民三百多戶，約一千五百多人，主要姓氏爲陳、蔡二姓。庄內原本沒有庄廟，屬於二水安德宮的祭祀圈。今年九月二十八日福德祠「入火」之後，已可算是本庄的庄廟。

海豐寮是二水鄉同義堂的發源地，同義堂的武藝傳自中國的武師羅乾章，羅氏先在南投名間鄉松柏坑設館，並到竹山鎮、南投市及永靖陳厝厝教武，羅氏武藝源自少林寺，敲鼓、醫藥方面也很有研究，據說因羅氏武藝非常好，在各地教的拳術都不同。陳厝厝的黃順是同義堂的第一代，當初延請羅氏傳授時，賣了許多地，耗費極鉅，不過也換得羅氏傳授其拳術、醫理的精髓，後來黃氏也傳授了許多徒弟。當時羅氏會試煉弟子的心性，黃順曾在過年時，送禮到羅家，羅氏收下禮物，但並未招待黃氏吃晚飯，反趕他回家。受訪者張其永沒這樣做過，反倒連教庄內子弟武藝，都沒有收費。黃順的弟子「阿火」（楊坤火）、「阿田」都在上豐教過，「阿田」教過「阿福」（蔡水福）、蔡萬枝、陳坤山三位上豐人，蔡萬枝在庄裡教了約三年，張氏對其武藝還不能滿足，遂又延請「阿火」來教約二年，「阿火」每週來教一次，一館需花六十元，在日治時期來說，已是極昂貴的花費了。

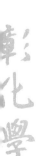

　　海豐寮同義堂在日治時代雖然是「暗館」，但因爲張氏擔任壯丁團副團長，日本人當時只跟保正和壯丁團的臺灣人來往，張氏和警察有交情，遂得以公開請師傅傳授武藝。張氏從日治以來擔任的職務很多，除了是同義堂武師及壯丁團副團長之外，在美軍對二水空襲期間（戰爭時期，美軍共空襲二水五次），還擔任救護班長及消防隊副分隊長，戰後被選爲義警分隊長，當時南投、彰化的日本人都集中在二水，等待遣返，即是由張氏這些義警負責日本人的安全。另外，張氏還是基督教長老會的長老，擔任了三十多年才退休。

　　海豐寮獅陣在張氏上一輩時即已存在，大概在清領時期就已開始，「阿田」傳來同義堂武藝之後，這些徒弟又再傳到二水其他村庄，最早是蔡水福及蔡萬枝在日治時期到烏水坑去教，柳仔坑人學了之後，回到庄內亦設一館；戰後，張氏也曾到番仔寮、鼻仔頭、頂店仔教過；張氏已過世的師弟蕭六，也曾到桃仔宅及番仔田教過。張氏沒有「頭叫師仔」，因爲一旦有了「頭叫師仔」，容易引起徒弟間的忿恨嫉妒，故一直沒有選出「頭叫師仔」。前一陣子張氏八十歲壽誕時，弟子們未事先通知，就共同約好前來爲張氏暖壽，雖未全部到齊，但也有十幾、二十人，還合影作紀念。

　　海豐寮獅陣現在成員僅約十多人，出陣時若召集鄰近同門的獅陣，大概也不過二、三十人。舞獅的不算，光是鑼鼓手至少就要六人，以前是鼓一人、鑼四人、鈔五人，現在則各一人，另三人是準備替換的。同義堂沒有「獅鬼仔」，而且現在因人手不足，也只有出獅頭，「獅鬼仔」不好練，要會前、後翻身，不僅不易學，而且必須趁年幼筋骨軟才能訓練。本館現在大概只有安德宮每年度媽祖「遶庄」以及農會慶祝紀念日來邀請時，才會出陣。

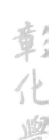

張氏在壯丁團認識了不少五伯村（屬振興館獅陣）人，互有交情，所以未和人「拚館」，到北港「刈香」回來和振興館「拚館」那二次，因他是基督徒，未去「刈香」而沒參加。不過，張氏知道日治時代即有武館會利用天皇生日慶祝時「拚館」，戰後變成在「請神明」時「拚館」，後來又演變成利用慶祝活動「拚館」，從以前非得較量到底，輸人不輸陣的心態，到後來變爲你演一段，再換我演一段的表演性質，「拚館」形式越來越平和，現在則根本沒有人「拚館」了。

—— 1994年9月8日訪問張其永先生（82歲，武師），羅世明採訪記錄。

二水街明樂軒（北管）

坑口屬復興村，有十二鄰，四百四十六戶，約一千五百多人，主要姓氏有謝、董、茆三姓，董姓來自漳州府海澄縣，茆姓來自詔安。庄裡祭祀皆配合二水安德宮。

明樂軒正式成立前，一直都在受訪者茆明福（明世界布袋戲團團主）家中練習，並有部分成員即擔任明世界布袋戲後場。受訪者茆明福於一九五五年成立新世界布袋戲團，一九五八年改名爲明世界布袋戲團，曾於一九七〇年獲得全省殿軍，並多次在彰化縣布袋戲比賽中獲得冠軍，茆氏自編的腳本曾由彰化縣政府予以改編，作爲隔年比賽的公定腳本。茆氏也到過日本、美國公演。

茆氏師承南投縣名間鄉新街村大埔巷新世界布袋戲團的陳俊然，除布袋戲之外，也自學三弦、鑼、鼓等樂器，會唱【緊中慢】、【平板】、【流水】等北管曲及一些南管曲目，其夫

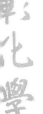

人茆劉敏也是布袋戲班出身，十五歲即跟黃海岱布袋戲的「先生」學唱曲，茆氏夫妻除了在布袋戲上有很深的造詣外，對於音樂的涉獵，也下了一番工夫。因此，茆氏對於布袋戲的後場極為重視，也相當自豪，成員都具有某項樂器專長，現在演出仍維持後場現場伴奏的實力。

戲團成立之初的後場成員，包括吳石順（南投縣集集鎮人，文武場皆能勝任，已過世）、蔡春長（集集鎮田寮里人，鑼，已過世）、茆明金（茆明福的二哥，鼓）、張萬來（吹，已過世）、張添丁（鼓，已過世）、董仁朝（吹，以上皆二水鄉人）、莊松火（南投名間鄉新街人，小吹）、張火蒼（南投草屯鎮人，吹）。這些成員中，張萬來、張添丁、董仁朝都出身於二水鄉茄苳坑內振樂軒，是謝榮裕教導的第一代弟子，茆明金、董仁朝則從布袋戲團成立，即擔任後場迄今，已經合作近四十年了。

明世界的成員相處一向和諧，雖然有些成員還會在其他地方兼職，但退出的原因，總不外乎去世或年老。明世界的演出組合昔日都以鼓手、鑼鈔手、弦樂手、吹手、三弦手五名後場，再加上茆氏夫婦及謝明閣三位布袋戲師傅。現在組成方式不變，成員間有些變化，除了茆氏夫妻、董仁朝、茆明金之外，其餘換成專任後場的員林人羅政憲、賴添松、社頭人徐傳福、田中人許福隆四位，及茆氏之子茆國聰、媳婦陳怡臻、女兒茆惠觀（會唱南管），明世界後場成員多為朋友介紹來的。四十年前，戲金約三百多元，樂師一天薪水約十二、三元，現在則大概要三、四千元。

明世界有三個布袋戲團，現在一團交給茆國聰負責，一團改成康樂隊，另一團維持原狀。以前布袋戲熱門時，一年最高紀錄可出團八百餘次，而且茆氏編故事的功力很好，例如昨

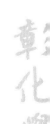

天刊登在報紙上的故事，今天就可在腦海中形成一套完整的劇本，甚至連晚上要公演，下午坐在電影院裡，晚上就可演出下午電影的故事。有一次還在員林連續公演二十天，首場前一天，茆氏還沒決定要演什麼，但卻能利用靈活的想像力組合不同故事，公演期間，場場爆滿。

茆氏表示，過去演戲的「先生」很有地位，屬於社會上層階級，大家都很尊敬，當時做生意的人，為士農工商的最後一位，現在時代不同，商人翻身，布袋戲演員地位則轉為卑下，從稱呼就可以聽出來，以前人家見到茆氏，會喊「作戲先生」來了，現在則變成「作戲仔」來了。茆氏有一次到芬園鄉演戲酬神，中午吃飯時，該村的老村長不知道茆氏是團主，就坐在旁邊，隨口對著門外那些布袋戲班成員喊：「叫『作戲仔』的『団仔』來吃飯！」茆氏聽了很不高興，也稱村長為「本庄的村長仔」，那位村長平時受人尊稱「村長伯」或「村長先生」，一聽十分生氣，竟然不肯將把酬金交給茆氏，而且要茆氏奉上香菸，向村長道歉。茆氏也賭氣，不收戲金，心裡盤算，隔天要到廟前貼紅紙告知村民，村長沒有將大家捐獻的禮金交給戲班，看村長如何解決這個燙手山芋。後來在旁人的勸解下，村長雖無條件地將禮金交給茆氏，但之後該村再也不邀請明世界演出了。

二水原先曾組織震樂軒，該館團長去世後，葉國勝老師又以柳仔坑順樂軒名義，重新集結成員。董仁朝先參加了震樂軒，又跟著加入順樂軒，之後再介紹茆氏夫婦加入該館，葉氏於是在順樂軒與茆氏夫婦相識。大約一年多前，順樂軒館主林春闖因家庭經濟需要，經常上山採茗花，順樂軒時練時輟，幾乎解散。茆氏夫婦雖然較晚加入，卻最認真，於是葉氏便將練習場地改至明世界，現在每晚幾乎都有許多成員到明世界練習

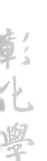

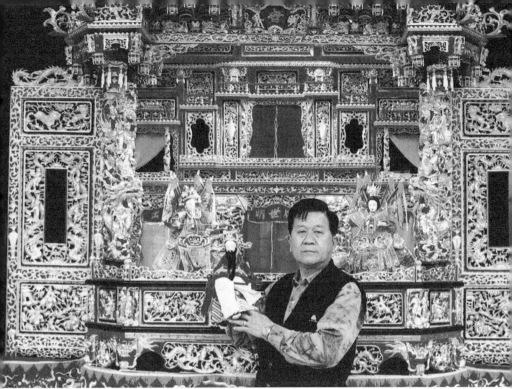

▲ 二水鄉二水街明樂軒館主茆明福與布袋戲台（茆明福提供）。

北管。本館採取互相切磋，順便再教一些比較生疏的成員，葉氏並請年長成員演奏，加以錄音並標注「工尺譜」後，再譯為簡譜，進行教學。現有的成員有李錦順（員林湖水坑眞樂軒出身，會唱「細口」，家中有許多曲譜，具備「先生」本領）、林義龍（田中鎮舊街仔人）、茆明福、茆明金、董仁朝、茆劉敏、葉國勝、葉文欽、鄭儀德、洪孟熾、徐傳福、許炳聰（「阿男」）、許文豪、張朝發、黃金生等人。除了二水本地人之外，許多都來自員林、田中、社頭、南投等地。

茆氏夫婦和葉國勝的隱憂是，明世界收入有限，每天成員來練習的點心、菸酒開銷卻十分可觀，雖想請「先生」長期執教，但車馬費和禮金方面，皆有困難，只能由茆氏夫婦偶爾請「先生」來，並支付「先生禮」。如果不是茆氏夫妻熱心奉

獻，這個曲館大概也很難繼續維持了。

今年（1994）明世界布袋戲團入選文建會八十四年度「戲劇列車」表演團體，至全臺各學校巡迴演出，所用後場即明樂軒成員。另外，明樂軒將於一九九五年四月十七日正式設館，並且在五月七日「彰化縣八十四年度文藝季」中，擔任演出及開鑼。

—— 1994年9月10日訪問茆明福先生（57歲，館主），羅世明採訪記錄。1995年2月22日再度訪問茆明福先生，羅世明採訪記錄。

二水街震樂軒（北管）、震樂天（大鼓陣）

〈訪問董仁朝先生部分〉

二水老人會於一九八一年十二月成立後，即有許多老人積極籌組北管樂團，並勸受訪者董仁朝到老人會教曲，還尊稱董仁朝爲「先仔」，這些人包括簡金來、藍沛林以及老人會總幹事林添財，林氏甚至已和董氏洽談入股之事。孰料，不久之後，就傳出藍氏退出老人會、另組大鼓陣的事。藍氏爲人很熱心，肯出錢出力，老人會成立之初，也幫了不少忙，但是藍氏好強，喜歡帶頭領導，但老人會的組織，卻是由總幹事負責，二人意見不合，藍氏便賭氣退出老人會，找了張文盛、「樹林」、簡金來、「儀仔」共組震樂天大鼓陣，名稱是董氏取的，但董氏並未入股。許常惠教授於一九八五年從事彰化縣南北管音樂調查時，來到二水，被安排到老人會聆聽北管演奏，董氏和負責老人會北管教學的「阿義先」（二水國小退休老師）就召集大家演奏一齣「扮仙」的《三仙會》，許教授聽完

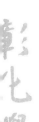

後，表示自己要找的，是比較傳統的北管演奏，顯然老人會的演奏不符需求。後來，許教授在二水街上發現震樂天大鼓陣的招牌，走了進去，問董氏是否可以召集人手演出，聽完之後，極為滿意。此後，震樂天就在許教授的安排下，到全臺各地演出。一九八九年，團主藍沛林病逝，拍賣所有的樂器，震樂軒遂告解散。本館雖僅存在六年，卻表現出極為可觀的成績，藍氏雖不懂樂器，但召集人手組成樂團，也功不可沒。

〈訪問葉國勝先生部分〉

　　受訪者葉國勝為二水國中數學老師，從小參加音樂性社團，累積不少音樂基礎，就讀文化大學時，更到該校音樂系自修鋼琴。正因為對音樂一直抱著極大的興趣，一九八四年八月，藍沛林擴增北管子弟戲，將震樂天大鼓陣改稱為震樂軒，在光化村藍氏家中練習時，葉氏聞聲而至，看到樂團練習的情況，遂引發學習的念頭，並加入震樂軒，更以個人的西樂常識，將演奏的北管曲目錄音、記譜（將「工尺譜」譯成西譜），由於「工尺譜」皆未標明節拍，故由年長的成員們演奏並錄音後，再一小段、一小段加以記錄節拍。

　　一九八五年一月十七日，臺灣師大音樂研究所的許常惠教授來到二水鄉進行調查，原本找不到符合需求的樂團，正準備離開二水時，突然在街上看到震樂天大鼓陣的招牌，就商請該團演奏。完畢後，許教授渾然忘我地鼓掌。於是，震樂軒就在許教授的安排下，在一九八五年十月十六日「臺北市藝術季」開鑼時，以大鼓陣【風入松】首度亮相，後又於十月廿六日在臺北新公園舉辦首演，此後，一直到一九八八年底，該團在全臺各地不斷公演，直到藍氏病逝、樂團拍賣樂器解散為止。解散之後，震樂軒部分成員由葉氏召集，到惠民村柳仔坑順樂軒

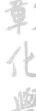
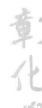

練習，現又轉往明世界布袋戲團練習。

另外，葉氏還提供了一九八五年本館團員的名單，包括藍沛林（團長）、陳乾彰（七十四歲，小鑼）、張文盛（七十一歲，大花）、陳鰍（六十八歲，小鈸）、簡金來（六十二歲，老生）、許鴻如（六十七歲，小鈸）、陳樹木（六十一歲，大鈸）、董仁朝（六十歲，吹）、許慶興（五十八歲，小鐘）、蕭炳根（五十七歲，大鑼、弦）、葉文欽（五十六歲，大鑼）、鄭儀德（五十五歲，小鑼）、林義隆（五十歲，小生）、林舜隆（五十歲，鼓）、葉國勝（四十二歲，笛）、許文豪（四十一歲，鼓）等人。

在北管樂中默默耕耘這麼多年，葉氏最大的感觸，就是北管樂師缺乏中青代，老藝師的生活也未受良好照顧，沒有穩固的經濟支援。葉氏希望政府能發掘、禮遇這些老藝師，延聘到各相關社團教學，並在國中、小，請專人傳授民俗音樂。另外，將舊曲譜有系統加以整理的工作，也刻不容緩，如此，傳統音樂才有前途。

震樂軒演出記錄			
序號	時間	演出事由	演出地點
1	1985年10月16日	臺北藝術季開鑼	臺北國父紀念館
2	1985年10月26日	臺北藝術季「北管之夜」	臺北新公園
3	1986年4月15日	韓國旅美學者朴教授邀請錄音	洪建全文教基金會圖書館
4	1986年4月15日	第二屆民族音樂學會議	臺師大音樂所
5	1986年10月19日	亞洲十四國音樂會議歡迎會	臺北聯勤俱樂部
6	1986年11月2日	民間劇場	臺北青年公園
7	1986年12月11日	中、日、韓黑潮鼓樂演奏會	高雄市中正文化中心
8	1987年2月15日	彰化縣獅子會「假日廣場」	彰化縣文化中心
9	1988年12月5日	民間劇場	大甲鎮瀾宮建醮

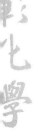

—— 1994年9月19日訪問董仁朝先生（69歲，成員）、葉國勝
　　先生（50歲，成員），羅世明採訪記錄。

文化村同義堂（獅陣）

　　文化村屬於二水街的範圍，有十一鄰，居民二百八十多
戶，約一千多人，大姓爲張、陳二姓。村中沒有庄廟，屬於二
水安德宮的祭祀圈。

　　文化村同義堂在日治時期，即有「暗館」，一九四五年由
陳如月（若健在，現已九十多歲）正式設館，陳氏師承上豐村
海豐寮的「陳九母」，除了武術外，還會中醫及草藥，並將這
些傳給現年六十多歲的兒子陳振松，陳振松並未開館，故文化
村的武館已解散了二十年。文化村同義堂解散後，獅頭、「傢
俬」還存放在陳振松家中，只是不再出陣了。

—— 1994年9月14日訪問不具名人士（約70多歲，陳如月友
　　人），羅世明採訪記錄。

二水村振興館（獅陣）

　　二水屬二水村，有十鄰，居民三百多戶，約一千二百多
人，最大姓爲來自福建漳浦的陳姓。庄廟安德宮，主祀媽祖，
是二水最早的寺廟，也是附近村庄民眾的信仰中心。

　　二水鄉振興館獅陣，戰後由五伯埔的師傅教了二館之後，
即解散失傳。

—— 1994年9月4日訪問陳珪梧先生（59歲，五伯村武師），羅

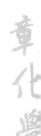

世明採訪記錄。

柳仔坑順樂軒（北管）

柳仔坑屬惠民村，居民約一百多戶，四、五百人，主要姓氏為張姓。庄廟為土地公廟，日治時代即存在，曾重新翻修過，每年八月十二、十三日舉行慶典，現在為配合在外子弟返鄉參加，多移至慶典前的週末，本庄也屬於二水安德宮的祭祀圈。

順樂軒的創始地點並非柳仔坑，而是在大丘園，戰後設館請「裕先」（謝榮裕）來教，後來「裕先」請南投草屯的張連來前來接替，張氏年老之後，再請臺中搬到二水街的「阿毛仔」來教，「阿毛仔」有學過戲，會打鼓。

順樂軒成立後，一度中斷近四十年。三年前，成員之一的許深池提議，重新恢復順樂軒，因為成員原本在震樂軒練習，館主藍沛林逝世後，沒有比較適當的練習地方，所以才會興起復館的念頭。本館成員中，有五人會歎吹，所以若要組成北管團體，條件十分充足，初期遂在惠民活動中心練習。一年多之後，許氏中風，活動中心的管理員又擅自移動樂器，成員怕樂器遺失，就遷到受訪者林春闈（現任館主）家中練習。但因林氏在山上種茖花，若農忙就中斷練習，所以順樂軒維持得並不是很理想。

原有的順樂軒，是由已過世的張連來負責擔任鼓手；許深池兼善弦、鈔、吹，但歎吹不會「吞氣」；許庚會大鑼；張朝發會弦及吹，這些成員現都約六、七十歲。除許庚之外，其他成員在復館後仍繼續參與，還有二位女性成員加入，都約五十來歲。順樂軒的舊鼓還在林氏家中，造型十分別緻，鼓座下還

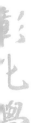

有抽屜，其餘樂器新舊雜陳，新樂器都是復館後，由成員「寄付」購買的。

　　林氏會唱曲、扮仙、曲牌、八音，學過的劇目有《哪吒下山》等，但並未被「裕先」教過，而是師承張連來，但另一成員張朝發則認得「裕先」，並且記得「裕先」很胖，在注射時，曾找不到血管。

　　順樂軒早期出陣，都以參加廟會、「刈香」或迎娶為主，範圍大多在二水鄉內，復館後的順樂軒被延請四處演奏，宜蘭、臺南南鯤鯓都曾去過，今年過年，安德宮媽祖到中國「刈香」，順樂軒也出陣迎接媽祖，並跟著「逡庄」、入廟。

　　本地曲館沒有「拚館」風氣，且本館因成員音樂素養不一，「拚館」需唱別人沒唱過的曲子，要學很多曲，沒有這個實力，所以也不敢「拚館」。復館後的順樂軒，當然更不可能「拚館」，而且「拚館」風氣也早已不復存在。

── 1994年9月8日訪問林春閣先生（68歲，館主），羅世明採
　　訪記錄。

烏水坑同義堂（獅陣）

　　烏水坑和柳仔坑同屬惠民村，烏水坑共有四鄰，居民約八十多戶，四百多人，主要姓氏為祖籍福建漳州府南靖縣的王姓，庄裡沒有庄廟，屬於二水安德宮的祭祀圈。

　　烏水坑同義堂迄今約有七十年的歷史，成立於日治大正年間（1912～1925），最初是請海豐寮的蔡水福來教武，庄裡的「頭叫師仔」為王秋經（若健在，已八十多歲），也是本館的館主。王氏除了在本庄教武之外，也曾到溪州下壩教過。王

氏過世後,烏水坑獅陣未再設館主,目前獅陣召集和連絡的事宜,由受訪者王銘裕負責。

烏水坑獅陣「好歹事」皆不出陣,通常只有「迎媽祖」及私人神壇「刈香」時,才會出陣,過去庄內有三、四十人可出陣,但目前只剩七、八人,所以必須與其他同館號的各村集結,才能湊足人數。不過,烏水坑獅陣的成員大半皆外出謀生,無法返鄉參加。烏水坑同義堂算是村庄公有的,鄰庄柳仔坑也有人來學,出陣時則代表惠民村的名義。

—— 1995年4月19日訪問王銘裕先生(60歲,連絡人),羅世明採訪記錄。

頂店仔新樂軒（北管）

新樂軒日治時代即已成立,請「裕先」(謝榮裕)來傳授北管,後來「裕先」腿部行動不便,無法來教,便延請南投包尾的「秋先」(林澄秋)來教,並將「秋先」的全家接入安德宮居住。受訪者許鴻如師承「秋先」,「秋先」雙眼失明,但仍教得很好,林氏將曲念唱出來,並請徒弟「樑仔」抄,一邊念一邊點曲記錄,「樑仔」寫得很好,並繼「秋先」之後擔任「先生」。許氏曾在十八、九歲時上棚演戲,當時正逢安德宮媽祖出巡,本館演出《棄新野走樊城》,許氏擔任「大花」角色,扮演關公,上棚的「腳步」,則是另外再請社頭的「目仔桐」來教,戲服則是用館內原有的,並未另行購置。

「秋先」住在安德宮時,膳宿皆由安德宮管理委員會負責,許氏的父親許厚皮是委員之一,故新樂軒即由許厚皮負責,許厚皮之前的館主則是林水源。

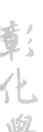

新樂軒成員除許鴻如外，還有一位陳乙郎，現住安德宮附近，為頭手鼓。新樂軒沒有女性成員，許氏表示，「軒」派規定不得收女性。新樂軒現已不存在，部分成員在一九八一年老人會成立之後，轉入老人會漢樂隊，但皆屬休閒性質，和當年新樂軒的形態已截然不同。

—— 1994年9月5日訪問許鴻如先生（75歲，成員），羅世明採訪記錄。

頂店仔同義堂（獅陣）

頂店仔屬裕民村，有十一鄰，居民六百多戶，約二千五百人，主要姓氏為許、楊二姓，楊姓祖籍福建晉江。庄廟南天宮，主祀玄天上帝，這幾年才剛興建，目前還未完全落成。未建廟之前，神像奉祀在受訪者楊朝京的舊宅。每年三月玄天上帝聖誕時，都會盛大慶祝，南天宮旁的受玄宮也奉祀玄天上帝，也會同時慶祝。

楊氏是頂店仔同義堂現任堂主及武師，楊氏的長輩在日治時代，曾延請海豐寮師傅來此傳武，主要是張其永來教了十多年，完全義務指導，而且為人十分和善。當時武師極具威嚴，若馬步站不好，常會被責罰，而且一套拳法，二夜就必須學起來，當時的人個性較直，老師教就拚命學。楊氏為人老實，蔡水福、蔡萬枝、「山本仔」（陳坤山）等七、八位海豐寮的師傅都主動免費傳授，所以楊氏執教時，也從未收費。楊氏教過鼻仔頭現任同義堂館主陳英聰之父（時任館主），另外，也到田中鎮四塊厝教過，但當地武館現已解散了。

日治時期，政府嚴禁練武，警察管得又嚴，成員只好將

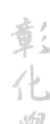

香蕉園中間砍掉一些香蕉樹，騰出空間來，就在裡面練，經常幾個人約好晚上一起去，然後將每人帶來的燈火輪流點完後，才休息返家。當時第一任館主是許龍其（已過世），之後即由楊氏任館主兼武師。楊氏有學些醫理，但不識字，拳術及藥理都靠「死背」學成，楊氏也擁有國術館的執照，但因不識字，不願意開業。楊氏也會糊獅頭，是陳坤山傳授的，而且還能拿來販售。但因為製作獅頭要用布、紙來糊，零散的碎布很多，粘貼耗時費力，至少要九天，若未全神貫注，也要花半個月以上，遂不太以此謀生。

戰後，二水武館「拚館」的情形十分激烈，凡寺廟「刈香」或街頭相遇，就會發生，激烈的甚至發生過互毆受傷的情形，卻只是為了面子問題。雖然有打鬥事件發生，還不致於太過火。楊氏的師傅張其永不喜歡「拚館」，每次一知道徒弟去「拚館」，就會罵人，但若是「拚館」一直僵持在那裡，張氏還是會去調人手幫忙。

頂店仔獅陣的「傢俬」都還存在，只有藤牌因腐爛而不堪使用。獅頭有二顆，鼓車則是楊氏自製，車上的獅頭彩繪也是楊氏所畫。現在出陣都必須和別庄合出才夠人手，每次大約二十多人，只有在出陣前稍微練習，每年三月玄天上帝聖誕及十月十九日安德宮媽祖出巡，是固定出陣的日子。館內經費靠出陣時的酬金支付，主要則靠庄中「頭人」彌補不足的部分。

—— 1994年9月12日訪問楊朝京先生（66歲，堂主），羅世明
　　採訪記錄。

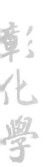

番仔寮進樂軒（北管）

番仔寮即修仁村，共有十鄰，居民約二百五十戶，一千多人，主要姓氏為祖籍福建漳浦縣的陳姓，本庄屬於二水安德宮的祭祀圈。

進樂軒成立於昭和二年（1927），當時延請坑內人謝榮裕來教了二、三年，謝氏二十天來一次，每次待五天。受訪者陳乾彰十六歲開始學北管，十八歲即外出謀生，未再學習，二年期間學會唱曲、鼓及鈔，學過的劇目有《哪吒下山》、《慶賀》、《三仙會》等，並唱老生的角色。

本館最早的館主是周金，後來為陳猜，因為陳乾彰外出謀生，所以完全不清楚本館後續的情形。

進樂軒目前已解散，陳氏返鄉後，曾再參加藍沛林新組的震樂軒，到全臺各地演出，震樂軒解散後，即未再積極參與北管團體。

—— 1994年9月5日訪問陳乾彰先生（82歲，成員），羅世明採訪記錄。

番仔寮同義堂（獅陣）

番仔寮同義堂在日治時期就已成立，主要是由蔡萬枝來教，張其永也曾來教過，現任館主為謝景結。

番仔寮的獅陣成員僅十多人，無法獨立出陣，必須和頂店仔同義堂互相支援人手。「傢俬」方面僅剩鼓及二顆獅頭，武館經費靠庄人支援，以及少數的酬金收入。

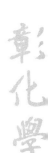

—— 1994年9月13日訪問謝景結先生（54歲，館主），羅世明採訪記錄。

大丘園振興館（獅陣）

大丘園屬大園村，共有九鄰，二百一十五戶，一千多人，主要姓氏為陳、謝二姓，陳姓祖籍福建漳州府漳浦縣。庄裡沒有庄廟，公廟是二水的安德宮，每年正月十二日，安德宮媽祖開始遶境，從上豐、水尾、五伯到過圳村，十五日休息，十六日到大園村，十七日到合興村，十八日到倡和、源泉二村，十九日入廟時，各村獅陣都要出來迎接。大丘園另有主祀觀音的私廟慈雲宮，最近幾年才落成，和大丘園振興館關係較密切，若有「鬧熱」時，本館都會出陣。

陳啓東在一九六八年接下大丘園振興館，但在上一輩時，就已有武館，那些人現在大約都已七十多歲。不過，大丘園振興館可以確定是由五伯村傳來的，上一輩是由五伯村陳其爐的父親來教武，而陳啓東這一輩，則主要是由五伯村的陳詳來教，此外，陳珪梧也教過一些。

目前大丘園獅陣出陣時，成員約有二十多人，皆五十歲以上，同館號的各村會相互支援，且幾乎只有和廟務相關的活動才出陣，一般的活動已不出陣。

—— 1995年3月26日電話訪問陳啓東先生（53歲，館主），羅世明採訪記錄。

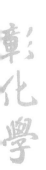

清水仔勤習堂（獅陣）

　　清水仔屬合興村，有四鄉，五十多戶，約二百多人，庄裡的村民都姓鄭，但分成二處，受訪者鄭城這邊的鄭氏，祖籍福建漳州府金浦縣十五都月眉厝。庄內沒有庄廟，屬於二水安德宮的祭祀圈。

　　清水仔勤習堂屬於太祖拳的系統，算半軟硬拳，徛三角馬，和二水鄉其他獅陣的系統完全不同，師傅是南投包尾的江鶴月（「江仔豬」，曾在埔里教過），以及「展仔」和名間鄉的「克宗」等五、六位武師。本館創立的時間在日治時期，距今至少五十年以上。

　　本館成員約二、三十人，番仔寮也有二、三人來這裡學，以前廟會活動「鬧熱」時，曾和同義堂及振興館在廟前相遇，並就地「拚館」，同義堂和振興館在二水鄉極有勢力，「拚館」時還會聯絡外鄉鎮的人手來助陣，動輒上百人，勤習堂人少，也照樣「拚館」。振興館和同義堂在二水太過普遍，大家常看，不夠新鮮，甚至有人早已對這二館的拳路瞭若指掌。勤習堂則只有這一館，打出來的拳和振興館、同義堂不同，較少見，有新鮮感，有時人們反而比較會聚集。「拚館」激烈時，有時雙手會痠痛虛脫，隔天仍舉不起來。

　　清水仔勤習堂現已解散，未再出陣，鄭城學完武藝後，獅陣就逐漸沒有人想學，故鄭氏也不再傳承，距今約有二、三十年了。

── 1994年9月17日訪問鄭城先生（82歲，館主），羅世明採訪記錄。

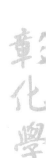

苦苓腳振興館

苦苓腳屬合興村，共九鄰，近二百戶，約八百餘人，主要姓氏為祖籍福建漳州府南靖縣的鄭姓。庄中沒有庄廟，屬於二水安德宮的祭祀圈。

日治時期，苦苓腳原和鄰庄清水仔同一武館，學習太祖拳，戰後再由本鄉五伯村的振興館師傅來教，目前庄裡武館成員所剩不多，幾乎快要解散了。

—— 1995年3月26日電話訪問鄭文化先生（52歲，村長），羅世明採訪記錄。

鼻仔頭同義堂（獅陣）

鼻仔頭屬源泉村，共有九鄰，約一百八十多戶，八百多人，大姓為陳姓。本庄參加二水安德宮祭祀圈，奉祀天上聖母，每年三月二十三日「媽祖生」都有盛大祭祀。

鼻仔頭同義堂是由「阿福」開館，並教了三館，當時適逢戰後，社會治安極差，各村庄紛紛成立武館自衛。「阿福」教完後，又延請張其永來教了一館，張氏與「阿福」為師兄弟，曾在海豐寮和裕民村教過，裕民村的楊朝京即是張氏的「頭叫師仔」。本庄同義堂起初由蔡芬負責，後由月眉巷的賴停已（現年七十六歲左右）負責，因為本庄武館人手逐漸流失，不易召集，於是已不再參與，本館也算名存實亡了，通常都是裕民村的獅陣找人手時，再配合出陣。本館未使用「傢俬」，只出獅頭，既然沒有活動，也就不需為經費傷腦筋，所以也沒有「公金」。僅剩的二顆獅頭，則是在合和村購買的。

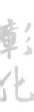

戰後那陣子「拚館」很普遍，本館到北港「刈香」回來時，三年「刈香」中，就曾有二年發生「拚館」，對象則是五伯村的振興館。

—— 1994年9月3日訪問鄭金發先生（58歲，同義堂連絡人、村長），羅世明採訪記錄。

頂厝仔同義堂（獅陣）

頂厝仔屬於倡和村，有九鄰，居民一百五十戶左右，約八百多人，主要姓氏為陳、鄭二姓，據說陳姓祖籍漳州府漳浦縣，鄭姓則是隨鄭成功來臺的。庄內有主祀太子元帥的私廟的紫微堂，僅十多年歷史。本庄屬於二水安德宮的祭祀圈。

頂厝仔同義堂是在戰後成立的，戰後初年，地方治安極差，各村庄為求自保，幾乎都成立武館防範流氓，同時也達到團結村人的目的。

受訪者陳樹圮表示，上豐村有一位被稱作「阿福」的師父（蔡水福，和蔡萬枝、陳坤山、張其永同為海豐寮人，一起在二水各處授武，協助各庄設館），是二水鄉各同義堂的開創人，在本庄至少教了三、四館以上，他的「頭叫師仔」是雲林人「秋經」，也在這裡教過四、五館左右，「秋經」的「頭叫師仔」就是陳氏。同義堂以前有館主鄭石海（現年約六、七十歲），本身不會武藝，近年來因武館逐漸沒落，年輕人也不肯投入，故不再管獅陣的事，而由陳氏負責召集。現在本館人手很少，只有近十人左右，即使再湊各村的人手組成一個獅陣，也不過二十多人而已。

同義堂練的是硬拳，包含鶴拳、四門等，祖師為達摩祖

師。過去同義堂和振興館是死對頭，一見面就「拚館」，有時候在路上，前面的獅陣看到後面有敵對的一方走來，就故意停下來，就地表演，後面的獅陣路被堵住，走不過去，也就停下來，在旁邊圍起來表演，彼此較量，一定等要到警察趕來驅散，雙方才罷休。激動起來，甚至會互毆，尤其是每館都有一對綁在「九尺」上的陣旗，由老師傅執旗，一旦陣旗被對方觸碰，一定會演變為互毆事件。

—— 1994年9月3日訪問陳樹圯先生（61歲，聯絡人），羅世明採訪記錄。

＊二水街老人會北管

〈訪問張朝發先生部分〉

二水鄉老人會位於二水街內，成立於一九八一年十二月廿二日，老人會組織採互助性質，會員每人每月繳交二百元，若有人去世，則由會費支付一份奠儀給喪家。老人會的北管樂團純粹是老人的興趣，每天早上，人手若足夠，便開始演奏。有些成員晚上會到明世界布袋戲團練習，該處才有較正式的練習和教學。

〈訪問葉國勝先生部分〉

老人會原有一位二水國小退休的老師「阿義先」教鑼鼓，幾年前，「阿義先」去世後，就沒有再聘老師了，一九八四年董仁朝五十八歲時，也曾到老人會教過。

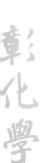

〈訪問茆明福先生部分〉

茆明福雖然不是老人會成員，但因為常往老人會跑，故略知其情況。現在老人會有成員幾百人以上，每月會費可收到二十七、八萬元。老人會現在還有大鼓陣和北管樂團，但沒有老師，僅是一些會鼓吹的成員複習過去所學，每天早上若人員到齊時，就開始演奏，但為純娛樂性質，係用來消磨時間，只有在外人要參觀時，才會調人手正式表演。

—— 1994年9月18日訪問張朝發先生（75歲，老人會會員）、葉國勝先生（50歲，二水國中老師）、茆明福先生（57歲，明世界布袋戲團團主），羅世明採訪記錄。

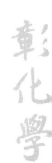

國家圖書館出版品預行編目資料

彰化縣曲館與武館V【南彰化臨山篇】／林美容著.－－
初版.－－臺中市：晨星，2012.12
面；公分.－－（彰化學叢書；041）

ISBN　978-986-177-450-3（平裝）

1.說唱戲曲　2.武術　3.機關團體　4.彰化縣

983.306　　　　　　　　　　　　　　　　99021938

彰化學叢書
041

彰化縣曲館與武館 V
【南彰化臨山篇】

作者	林 美 容
主編	徐 惠 雅
排版	林 姿 秀
總策畫	林 明 德 ・ 康 　 原
總策畫單位	彰 化 學 叢 書 編 輯 委 員 會

負責人	陳銘民
發行所	晨星出版有限公司
	臺中市407工業區30路1號
	TEL：04-23595820　FAX：04-23597123
	E-mail：service@morningstar.com.tw
	http://www.morningstar.com.tw
	行政院新聞局局版台業字第2500號
法律顧問	甘龍強律師
承製	知己圖書股份有限公司　TEL：（04）23581803
初版	西元2012年12月23日

總經銷	知己圖書股份有限公司
	郵政劃撥：15060393
	（臺北公司）臺北市106羅斯福路二段95號4F之3
	TEL：（02）23672044　FAX：（02）23635741
	（臺中公司）臺中市407工業區30路1號
	TEL：（04）23595819　FAX：（04）23597123

定價300元
ISBN　978-986-177-450-3
Published by Morning Star Publishing Inc.
Printed in Taiwan
版權所有，翻譯必究
（缺頁或破損的書，請寄回更換）

◆讀者回函卡◆

以下資料或許太過繁瑣，但卻是我們了解您的唯一途徑
誠摯期待能與您在下一本書中相逢，讓我們一起從閱讀中尋找樂趣吧！

姓名：＿＿＿＿＿＿＿＿＿＿＿ 性別：□ 男 □女生日：/ /

教育程度：＿＿＿＿＿＿＿＿＿＿＿＿＿＿＿＿＿＿＿＿＿＿＿＿＿＿

職業：□ 學生 　　　 □ 教師 　　　 □ 內勤職員 　　 □ 家庭主婦
　　　□ SOHO族 　　 □ 企業主管 　 □ 服務業 　　　 □ 製造業
　　　□ 醫藥護理 　　 □ 軍警 　　　 □ 資訊業 　　　 □ 銷售業務
　　　□ 其他＿＿＿＿＿＿＿＿＿＿＿＿＿＿＿＿＿＿＿＿＿＿＿＿
E-mail：＿＿＿＿＿＿＿＿＿＿＿＿＿＿ 聯絡電話：＿＿＿＿＿＿＿＿＿

聯絡地址：□□□＿＿＿＿＿＿＿＿＿＿＿＿＿＿＿＿＿＿＿＿＿＿

購買書名：彰化縣曲館與武館Ⅴ【南彰化臨山篇】

‧本書中最吸引您的是哪一篇文章或哪一段話呢？＿

‧誘使您購買此書的原因？

□ 於＿＿＿＿＿書店尋找新知時 □ 看＿＿＿＿＿報時瞄到 □ 受海報或文案吸引

□ 翻閱＿＿＿＿＿ 雜誌時 □ 親朋好友拍胸脯保證 □＿＿＿＿＿電台DJ熱情推薦

□ 其他編輯萬萬想不到的過程：＿＿＿＿＿＿＿＿＿＿＿＿＿＿＿＿＿

‧對於本書的評分？（請填代號：1. 很滿意 2. OK啦！ 3. 尚可 4. 需改進）

封面設計＿＿＿＿＿ 版面編排＿＿＿＿＿ 內容＿＿＿＿＿ 文／譯筆＿＿＿＿＿

‧美好的事物、聲音或影像都很吸引人，但究竟是怎樣的書最能吸引您呢？

□ 價格殺紅眼的書 □ 內容符合需求 □ 贈品大碗又滿意 □ 我誓死效忠此作者

□ 晨星出版，必屬佳作！ □ 千里相逢，即是有緣 □ 其他原因，請務必告訴我們！

＿＿＿＿＿＿＿＿＿＿＿＿＿＿＿＿＿＿＿＿＿＿＿＿＿＿＿＿＿＿＿

‧您與眾不同的閱讀品味，也請務必與我們分享：

□ 哲學 　　 □ 心理學 　 □ 宗教 　　 □ 自然生態 □ 流行趨勢 □ 醫療保健
□ 財經企管 □ 史地 　　 □ 傳記 　　 □ 文學 　　 □ 散文 　　 □ 原住民
□ 小說 　　 □ 親子叢書 □ 休閒旅遊 □ 其他＿＿＿＿＿＿＿＿＿＿＿＿＿

以上問題想必耗去您不少心力，為免這份心血白費

請務必將此回函郵寄回本社，或傳真至（04）2359-7123，感謝！
若行有餘力，也請不吝賜教，好讓我們可以出版更多更好的書！

‧其他意見：

晨星出版有限公司 編輯群，感謝您！

請填妥後對折裝訂，直接投郵即可，免貼郵票。

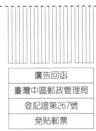
407
臺中市工業區30路1號

晨星出版有限公司

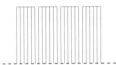

------ 請沿虛線摺下裝訂，謝謝！ ------

更方便的購書方式：

1 網站：http://www.morningstar.com.tw
2 郵政劃撥　帳號：15060393
　　　　　戶名：知己圖書股份有限公司
　請於通信欄中註明欲購買之書名及數量
3 電話訂購：如為大量團購可直接撥客服專線洽詢

◎ 如需詳細書目可上網查詢或來電索取。
◎ 客服專線：04-23595819#230　傳眞：04-23597123
◎ 客戶信箱：service@morningstar.com.tw

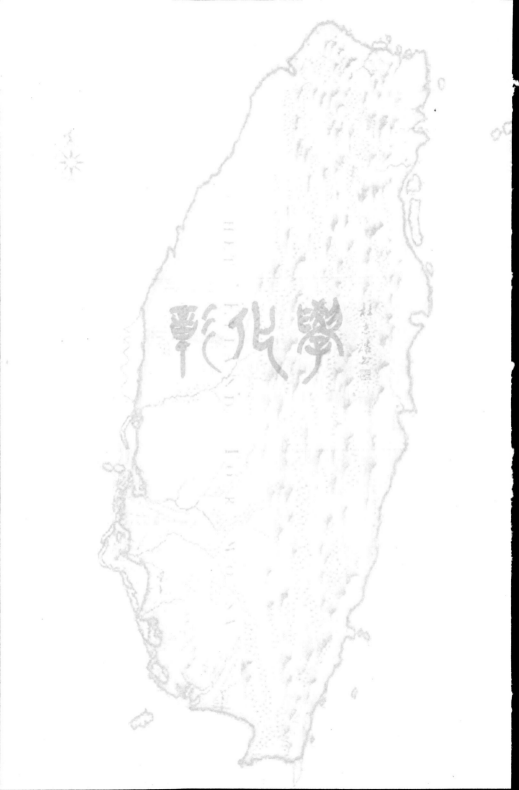